»Da verdient man ja nichts!«

Michael Heymel (Hrsg.)

»Da verdient man ja nichts!«

Berufsbiographien von Pfarrerinnen und Pfarrern

EVANGELISCHE VERLAGSANSTALT
Leipzig

Michael Heymel, Dr. theol., Jahrgang 1953, studierte Evangelische Theologie und Philosophie in Frankfurt/Main und Heidelberg. Er ist Pfarrer der Evangelischen Kirche in Hessen und Nassau (EKHN) und war als habilitierter Theologe bis 2012 Privatdozent für Praktische Theologie an der Universität Heidelberg. Seit 2016 lebt Heymel im Ruhestand, ist aber weiterhin aktiv als Mitglied der Paul-Gerhardt-Gesellschaft, der Internationalen Arbeitsgemeinschaft für Hymnologie und der Deutschen Dante-Gesellschaft.

Bibliographische Information der Deutschen Nationalbibliothek
Die Deutsche Nationalbibliothek verzeichnet diese Publikation in der Deutschen Nationalbibliographie; detaillierte bibliographische Daten sind im Internet über http://dnb.dnb.de abrufbar.

Das Buch wurde auf alterungsbeständigem Papier gedruckt.

Cover: Zacharias Bähring, Leipzig
Satz: Konrad Triltsch GmbH, Ochsenfurt
Druck und Binden: Hubert & Co., Göttingen

ISBN 978-3-374-04920-2
www.eva-leipzig.de

Vorwort

»Da verdient man ja nichts!«, sagt ein Vater zu seinem Sohn, als dieser ihm seinen Berufswunsch mitteilt: Pfarrer. Der Vater hat in einer großen Firma Karriere gemacht. Er versteht einfach nicht, wie man als Akademiker einen Beruf anstreben kann, der »nichts« einbringt, verglichen mit den Gehältern, die Leitungskräften in der Wirtschaft gezahlt werden. In gewisser Hinsicht hat der Mann sogar recht: So viel »verdienen« kann man im Pfarrberuf nicht. Das relativ gesicherte Einkommen ist, wie es auf Kirchenamtsdeutsch heißt, »auskömmlich«, aber geringer als das, was Mediziner und Juristen für ihre Leistungen erhalten.

Doch wer »verdient« schon, was er verdient? Wer Pfarrer oder Pfarrerin[1] werden will, denkt nicht zuerst an den Verdienst, auch nicht an Verdienste, um derentwillen man geehrt wird. Menschen, die den Pfarrberuf ergreifen, sind Überzeugungstäter. Sie wollen in ihrem Berufsleben etwas tun, wovon sie überzeugt sind. Sie wollen auf eine besondere, eigensinnige Weise dem Leben dienen und etwas mitteilen, was dem Leben Sinn gibt; welcher Lohn, welches Gehalt dafür bezahlt wird, ist für sie von nachrangigem Interesse. Auch wenn Pfarrer als religiöse Dienstleister in Anspruch genommen werden – ihr Beruf ist ein anderer. Ihr Beruf ist: Gnadenausteiler zu sein. Gott und den Menschen zu dienen, indem sie Gottes Gnade austeilen. *Gnade sei mit euch und Friede von Gott und dem Herrn Jesus Christus!* Und dabei erfahren sie, was andere vor ihnen erfahren haben: dass alles Wesentliche des Lebens wie das Leben selbst uns frei und umsonst, gratis eben, *sola gratia* zuteilwird. *Was hast du, das du nicht empfangen hast? Alle werden ohne Verdienst gerecht aus seiner Gnade.*

Wem das einmal aufgegangen ist, der kann es nur weitergeben. Ja, es ist wahr, man verdient nichts dabei – und empfängt doch unverdient alles! So teilen wir aus, was keiner verdient, auch die anderen nicht.

---

[1] Im weiteren Text ist um der besseren Lesbarkeit willen generell von Pfarrern usw. die Rede. Die inklusive Schreibweise wird nur da verwendet, wo es wirklich um Individuen in ihrer Geschlechterdifferenz geht.

Als ich Kollegen mitteilte, dass ich Material für eine Untersuchung über Berufsbiographien von Pfarrern sammelte, kamen sofort zustimmende Reaktionen. Ein Emeritus schrieb mir: »Ich habe meine Antworten – und vorher natürlich den Fragebogen – zwei Freunden und inzwischen auch pensionierten Kollegen zugestellt. Wir werden uns demnächst darüber austauschen. Sie sehen, Sie haben mit Ihrem Projekt das ›mutuum colloqium fratrum‹ in Bewegung gebracht!« Eine Pfarrerin und Dozentin: »Das ist ja ein *hoch spannendes* und *hoch relevantes* Thema! Sehr, sehr gerne bringe ich mich in diesem Zusammenhang ein!« Ein immer noch sehr aktiver Emeritus gestand, das Buchprojekt habe ihn »zunehmend begeistert«, und fügte hinzu: »wer reflektiert schon mal ausführlich über sein Leben als Pfarrer von sich aus und bringt dies dann auch noch zu Papier. Die Mühe und Arbeit lohnen sich [...]«. Und die älteste Beiträgerin, eine Pfarrerin von 91 Jahren, erklärte mir, »grundsätzlich« freue sie sich über mein Interesse an ihrem Werdegang.

Das wechselseitige Gespräch mit den Brüdern und Schwestern im Pfarrdienst war also in Gang gekommen. Kein Wunder, dass nun auch Bedenken und Einwände geäußert wurden. Auf vier will ich kurz eingehen.

Erstens: Theologen sollten von sich selbst schweigen und kein Geschwätz verbreiten. Erinnert wurde an Calvin: ein Theologe soll »Wahres, Gewisses und Förderliches lehren und dadurch die Gewissen aufrichten!« (Inst. I, 14,4) Wenn die vornehmste Aufgabe eines Theologen, einer Theologin darin besteht, Gott und sich selbst zu erkennen, dann tun sie allerdings gut daran, von ihrer eigenen Person und ihrer Vita nicht mehr als nötig zu reden und Geschwätzigkeit zu meiden. Aber es könnte ihre Selbsterkenntnis fördern, sich und anderen über ihren Berufsweg nüchtern Rechenschaft zu geben.

Zweitens: Mit der Befragung werde nur »historisches Herbstlaub« eingesammelt. Das gelebte Leben erfasse man damit nicht – siehe Ernst Jüngers Sammlung aufgespießter Schmetterlinge. Ein sehr berechtigter Einwand! Es wäre Selbsttäuschung, würden wir annehmen, aus den Antworten »das gelebte Leben« erfassen zu können. Aber womöglich helfen sie uns, dem gelebten Leben einer Pfarrperson ein wenig näher zu kommen und zu erkennen, wie sie dieses Leben geführt und »bewältigt« hat.

Dritter Einwand: Der eigene Lebenslauf werde in einen großen Container von Pfarrer-Statistik eingeworfen. Das unverwechselbar Besondere drohe zu verschwinden. Um genau dies zu vermeiden, habe ich einen *qualitativ*-empirischen Zugang gewählt. Die einzelne Pfarrperson kann ihre Vita darstellen, ohne sie in einen engen Schematismus hineinzupressen. Jede kann sich in ihrer Besonderheit zeigen. Jede stellt sich mit ihren Antworten den Leserinnen und Lesern vor, die selbst überprüfen können, ob die Auswertung dem Einzelfall gerecht wird.

Der vierte Einwand: »Lebensbilder« bewegten sich doch nur auf der Ebene erbaulicher Traktate. Das sei für praktisch-theologische Theoriebildung uninteressant. In diesem Einwand steckt eine normative Behauptung: nur auf der

Basis *quantitativ*-empirischer Befunde lasse sich eine solide zeitgemäße Theorie des Pfarrberufs formulieren. Eine möglichst große, repräsentative Zahl von Pfarrern müsste dann befragt werden. Dabei würde aber von vornherein unbeachtet bleiben, dass Lebensbilder, wie sie aus individuellen Auskünften zur Berufsbiographie heutiger Pfarrer zu erschließen sind, etwas leisten, was für die Pastoraltheologie unentbehrlich ist. Sie bieten nämlich der Leserin, dem Leser verschiedene *Möglichkeiten der Identifikation* an, zu denen sie oder er sich in Beziehung setzen, Gestalten, in die sie oder er sich hineinversetzen kann. Gerade eine persönlich erzählte pastorale Lebensgeschichte[2] dient der Selbstvergewisserung: ich kann am Gegenüber des Anderen sehen, wie einer in diesem Beruf lebt, was ihm dabei hilft, welche Krisen ihm zu schaffen machen und wie er sie überwindet. Was mir solche Einsichten vermittelt, dient letztlich demselben Ziel, dem, Calvin zufolge, alle christliche Lehre und auch mein Umgang mit der Bibel zu dienen hat: »wir sollen bei dem Lesen der Schrift stets das aufsuchen und bedenken, was der Auferbauung dient«.

In der Auseinandersetzung mit den Einwänden wurde mir deutlicher, weshalb die gesammelten Auskünfte für viele Pfarrer nützlich sein können: sie regen dazu an, die eigene Berufsbiographie zu reflektieren und sich mit anderen darüber auszutauschen. In mehrfacher Hinsicht ist eine solche Sammlung für sie gut:

1. Sie kann eine *Quelle der Inspiration* sein für Leser, die wissen wollen, wie Pfarrer mit ihrer je eigenen Lebensgeschichte ihre Aufgabe bewältigt haben.
2. Sie kann zur *Verständigung* zwischen verschiedenen Generationen der Pfarrer beitragen. Man versteht besser die Sicht und den Zugang des anderen zum Pfarramt, wenn man weiß, welche Einflüsse ihn geprägt haben und welchen Herausforderungen er sich gestellt hat.
3. Sie kann unseren Blick neu auf die *gemeinsame Aufgabe*, den Sinn unseres Pfarrberufs richten, indem sie uns bewusstmacht, wofür wir da sind.
4. Darin steckt auch die Möglichkeit, *die Lebensarbeit von Pfarrern zu würdigen.* Gewöhnlich nehmen Andere (Mitarbeiter, Dienstvorgesetzte, Gemeindeglieder, die Öffentlichkeit) nur einen Bruchteil davon wahr.
5. Schließlich hat die Sammlung auch einen *seelsorglichen Aspekt:* Pfarrer schreiben, was sie zu ihrer Berufswahl bewogen hat und wie sie selbst ihr Berufsleben (*curriculum vitae*) sehen. Es kann für sie selbst und für die Leser hilfreich sein, die eigene Lebensgeschichte mit ihren Licht- und Schattenseiten durchzugehen.

Dieses Buch richtet sich also zunächst an Pfarrer. Es ist aber darüber hinaus auch für Dozenten interessant, die Theologiestudenten und Vikare ausbilden, sowie für

---

[2] Vgl. dazu neuerdings Manfred Josuttis, Ich bin ein Gast auf Erden. Eine pastorale Lebensgeschichte, Gütersloh 2016.

die Studenten und Vikare, die sich auf den Pfarrberuf vorbereiten. Diese können daraus ersehen, wie Männer und Frauen mit ihrem Leben als Pfarrer zurechtkommen, was ihnen dabei geholfen und was sie behindert hat. So können die Beispiele zur Berufsorientierung und Klärung der Frage beitragen: Ist das der richtige Beruf für mich? Jene erfahren mehr darüber, wie Einzelne in ihrer besonderen Lebenssituation den Pfarrberuf wahrgenommen haben und in welchem Umfang die komplexen Einflüsse auf ihrem Bildungsweg sich steuern lassen. So lässt sich genauer unterscheiden: Was kann ich denen, die Pfarrerin oder Pfarrer werden wollen, vermitteln – und worauf kann ich sie, weil sie es anders als durch sich selbst, durch ihr Leben nicht lernen, nur eben aufmerksam machen?

Allen Pfarrern, die ihre Berufsbiographie zu diesem Buch beigesteuert haben, danke ich herzlich. Ich widme es vier emeritierten Pfarrern, die mich auf unterschiedlichen Wegstrecken begleitet haben und mir dabei, jeder auf seine Weise, zu Freunden geworden sind: Hans Siebert, Frank Philipps, Kurt Oppel und Burkard Hotz.

Die Publikation wurde überwiegend aus privaten Mitteln finanziert und durch Druckkostenzuschüsse der Evangelischen Kirche in Hessen und Nassau (EKHN), der Evangelisch-lutherischen Kirche in Norddeutschland (Nordkirche) und der Evangelischen Kirche in Mitteldeutschland (EKM) gefördert. Dafür sei allen Beteiligten gedankt.

Wiesbaden, im September 2016
Michael Heymel

Inhalt

Einführung

Über den Pfarrberuf ist schon viel geschrieben worden. Die Pastoraltheologie als Disziplin und die praktisch-theologische Literatur zum Thema haben aber einem Aspekt bisher wenig Aufmerksamkeit gewidmet: der Verknüpfung von Lebensgeschichte und Pfarrberuf oder den *Berufsbiographien* evangelischer Pfarrerinnen und Pfarrer. Merkwürdig ist das geringe Interesse der neueren Forschung deswegen, weil sich aus den Biographien wichtige Einsichten gewinnen lassen, wie Pfarrer früherer Zeiten ihren Beruf »bewältigt« haben; überdies kann aus ihnen auch viel für die eigene pastorale Praxis gelernt werden. Die ältere pastoraltheologische Forschung hat das eindrücklich demonstriert.

Johann Christian Friedrich Burk (1800–1880) war im deutschen Sprachraum der Erste, der 1838/39 eine umfangreiche »Evangelische Pastoral-Theologie in Beispielen« in zwei Bänden herausbrachte.[3] Der Verfasser war ein Vertreter des württembergischen Pietismus und gab 40 Jahre lang den »Christen-Boten. Ein kirchlich-religiöses Sonntagsblatt« heraus. Diese Herausgebertätigkeit war mit einer ständigen Sichtung der pastoraltheologischen Literatur verbunden, aus der sich auch das zweibändige Werk speist: »Ich wollte mich hinstellen unter die Kanzeln, hinter die Beichtstühle, in die Krankenzimmer, in die Studierstuben und in die geheimen Betkämmerlein der erfahrensten, treuesten und in ihrem Berufe glücklichsten evangelischen Seelsorger, und wollte zusehen und zuhören, wie sie es gemacht, um ihrem heiligen Berufe Genüge zu leisten, um das unwissende und ungläubige Volk zu belehren, Irrende zurecht zu führen, hartherzige Gemüter zu erweichen und lindernden Balsam in verwundete Herzen zu gießen. [...] Ich glaube ohne Ruhmredigkeit behaupten zu dürfen, daß wenige der jetztlebenden Theologen diesen Quellen der praktischen Pastoraltheologie, namentlich derjenigen, die sich auf das eigentliche Mark der evangelischen Wirksamkeit bezieht, mit gleicher Emsigkeit nachgegangen sind wie ich« (Vorrede, III–IV).

---

[3] Evangelische Pastoral-Theologie in Beispielen. Aus den Erfahrungen treuer Diener Gottes zusammengestellt und hauptsächlich seinen jüngeren Amtsbrüdern gewidmet. Band 1: Stuttgart 1838; Band 2: Stuttgart 1839.

Burks »evangelische Pastoraltheologie in Beispielen« (V) bringt aus dieser Fundgrube Textzitate von über 700 geistlichen Schriftstellern von J. V. Andreä und Arndt bis zu Zinzendorf und Zwingli. Das Ganze gliedert sich in sechs vielfach unterteilte Abschnitte: 1. Von der Bestimmung und Vorbereitung zum geistlichen Amt und von der Berufung. 2. Das Lehr- oder Predigtamt (Die Vorbereitung und das Halten der Predigt, der evangelische Prediger in Kriegszeiten, bei Seuchen, unter Katholiken, bei Hofe, unter verwahrlosten Christen, bei Juden und Heiden etc.). 3. Das liturgische und priesterliche Amt. 4. Das Seelsorgeramt (bei entzweiten Eheleuten, bei Lasterhaften, bei Kindern, bei leiblich Kranken und Gemütskranken, Selbstmördern, Maleficanten etc., Behandlung sektiererischer Leute, Vorsicht gegen Klatscherei). 5. Das Kirchen- und Ortsvorsteheramt. 6. Das Privatleben eines Pastoren. Wie Burk zeigt, erfreut sich die Theorie »in mancherlei Hinsicht einer Bereicherung durch den Hinblick auf die dreihundertjährige Praxis der evangelischen Kirche« (IX).

Hier hat Pastoraltheologie weisheitlichen Charakter: sie will Einsichten der Väter vermitteln und den Pfarrer durch Vorbilder anleiten, wie er seine Amtspraxis auszuüben und sein Leben zu führen hat. Dieser Anspruch lässt sich nicht mehr aufrechterhalten. Heute haben Pfarrpersonen teil an dem, was sich als »Befindlichkeit der Entwickelten Moderne« des 21. Jahrhunderts kennzeichnen lässt: die Welt, in der sie leben, ist »individualisiert und multioptional, segmentiert und multikulturell, säkular und multireligiös«.[4] Eine Pastoraltheologie, die den Bedingungen dieser Zeit entspricht, kann nur dann zur beruflichen Orientierung der Pfarrerinnen und Pfarrer dienen, wenn sie die Unterschiedlichkeit ernst nimmt, in der sie ihren Beruf verstehen und wahrnehmen,[5] und ihre Lebensgeschichten als individuell-besondere Bildungswege würdigt. Dann können Einsichten der Väter und Mütter im Pfarramt durchaus für die Jüngeren aktuell werden. Die Älteren können ihnen etwas weitergeben, tradieren, das womöglich ihren Horizont erweitert.

Die klassische pastorale Berufsbiographie ist bis zur ersten Hälfte des 20. Jahrhunderts männlich. Bemerkenswert ist daher, dass Burk als »Seitenstück« zu seinem Werk auch einen »Spiegel edler Pfarrfrauen« geschrieben hat.[6] Seiner Ansicht, dass »die gesegnete Führung des Predigtamts zum großen Theil davon abhänge, ob auch die Frauen der Prediger ihren priesterlichen Beruf erkennen und mit Liebe und Treue zu erfüllen bemüht sind« (III), werden viele

---

[4] Reinhold Becker, Beruf Pfarrperson. Eine Untersuchung zu Berufsbild und Ausbildung, Göttingen 2016, 14.

[5] Vgl. dazu die von Gerhard Maier herausgegebene bunte Sammlung von 59 Kurzbeiträgen: Lieber Pfarrberuf! Reflexionen, Erlebnisse und Ratschläge, Altenstadt o.J. (2016).

[6] Spiegel edler Pfarrfrauen. Eine Sammlung christlicher Charakterbilder, Stuttgart 1842. Auch als Digitalisat verfügbar: http://reader.digitale-sammlungen.de/de/fs1/object/display/bsb10071364_00006.html (eingesehen am 10.2.2016).

Pfarrer und viele Gemeinden zustimmen. »Der Geist im Pfarrhaus«, so formuliert Carl Büchsel pointiert, »hängt davon ab, wes Geistes Kind die Frau Pastorin ist«.[7]

Seit Friedrich Schleiermacher bezeichnet der Begriff »Pastoraltheologie« die Lehre vom Amt und Beruf des Pfarrers, seit dem 20. Jahrhundert auch der Pfarrerin. Die klassischen Pastoraltheologien stellen den Pfarrer in Werdegang, Ausbildung, Auftreten im Amt, Lebenswandel und Lebensverhältnissen sowie in seiner amtlichen Tätigkeit dar. Dazu gehören die Arbeiten von Alexandre Vinet,[8] Wilhelm Löhe,[9] Christian Palmer,[10] August F.C. Vilmar[11] und August Hardeland.[12] Sie werden ergänzt durch die kulturgeschichtliche Arbeit von Paul Drews.[13] Die vielfach aufgelegten Memoiren von Carl Büchsel[14] sind eine Quelle ersten Ranges, aus der sich eine eigene biographische Pastoraltheologie erheben lässt. Einen Überblick über die Geschichte der Disziplin bis 1970 bietet der Heidelberger praktische Theologe Gerhard Rau,[15] dessen Prognose vom Ende der Pastoraltheologie sich allerdings nicht erfüllt hat – ganz im Gegenteil. Denn seither erschienen einige neuere Beiträge zur Pastoraltheologie von Manfred Josuttis,[16] Dietrich Rössler,[17] Michael Klessmann[18] und Jan Hermelink.[19] Karl-Wilhelm Dahm[20] lieferte eine Sozialgeschichte des Pfarrberufs, Isolde Karle[21] entwarf eine

---

7 Erinnerungen aus dem Leben eines Landgeistlichen, Berlin 10. Aufl. 1925, 116.

8 Pastoraltheologie, dt. 1852.

9 Der evangelische Geistliche, Bd. I, 1858, Bd. II, 1858.

10 Evangelische Pastoraltheologie, 1860, 2. Aufl. 1863.

11 Lehrbuch der Pastoraltheologie, 1872.

12 Pastoraltheologie. Gedanken und Erwägungen aus dem Amt für das Amt, Leipzig 1907.

13 Der evangelische Geistliche in der deutschen Vergangenheit, 1905.

14 Erinnerungen aus dem Leben eines Landgeistlichen, zuerst 4 Bde. in zwei Bänden, Berlin 1861–1886, Nachdruck in einem Band, Berlin 10. Aufl. 1925. Aus dem 17.–19. Jh. gibt es viele Pfarrer-Autobiographien, jedoch kaum Untersuchungen darüber. Vgl. Lorenz Heiligensetzer, Getreue Kirchendiener – gefährdete Pfarrherren. Deutschschweizer Prädikanten des 17. Jahrhunderts in ihren Lebensbeschreibungen, Köln 2006.

15 Pastoraltheologie. Untersuchungen zur Geschichte und Struktur einer Gattung praktischer Theologie, München 1970.

16 Der Pfarrer ist anders. Aspekte einer zeitgenössischen Pastoraltheologie (Bd. 1), 1982; Der Traum des Theologen. Aspekte einer zeitgenössischen Pastoraltheologie (Bd. 2), 1988; Einführung in das Leben. Pastoraltheologie zwischen Phänomenologie und Spiritualität, 1996.

17 Grundriss der praktischen Theologie, Berlin 1993, §9: Zur Pastoraltheologie, 129ff.

18 Das Pfarramt. Einführung in die Grundfragen der Pastoraltheologie, Neukirchen-Vluyn 2012, hier: Pfarrbilder, 19ff.

19 Kirche leiten in Person. Beiträge zu einer evangelischen Pastoraltheologie, Leipzig 2014.

20 Beruf: Pfarrer. Empirische Aspekte zur Funktion von Kirche und Religion in unserer Gesellschaft, München 1971, ^{3}1974.

Berufstheorie des Pfarrberufs als Profession. Eine vergleichende Studie über Berufsbiographien ist aber, soweit ich sehe, noch nicht versucht worden.

Heute wird Pastoraltheologie als »wissenschaftliche Reflexion des Auftrags der Kirche unter dem Aspekt des pastoralen Dienstes« bzw. als »wissenschaftlich-theologische Reflexion pastoraler Praxis« definiert.[22] Es versteht sich, dass die pastorale Praxis nicht nur Werdegang und Ausbildung sowie das amtliche Handeln umfasst (das heute in gesonderten Disziplinen wie Homiletik, Katechetik, Poimenik bedacht wird), sondern auch die *subjektive Wahrnehmung* des pastoralen Dienstes durch die Pfarrperson. Wie sie ihren Dienst wahrnimmt, hängt u.a. von persönlichen Erfahrungen ab sowie von der Fähigkeit, diese konstruktiv zu verarbeiten und in ein Pfarrbild oder Berufsbild zu integrieren. Nach einer neuen Untersuchung zum Pfarrberuf wird die »individuelle Realisierung der Berufsrolle [...] bestimmt von komplexen Anforderungen, Erwartungen und Bedingungen und ist abhängig vom jeweiligen soziokulturellen Kontext, von den persönlichen Voraussetzungen und den organisatorisch-institutionellen Gegebenheiten. Der Pfarrperson wird dabei einerseits eine weit gehende Gestaltungsfreiheit zugestanden und andererseits eine umfassende Integrationsfähigkeit zugemutet«.[23] Beide Pole in den Spannungsfeldern des Pfarrberufs mit seinen zunehmend funktional differenzierten Aufgaben auszubalancieren ist die Herausforderung, der sich heute jede Pfarrerin, jeder Pfarrer stellen muss.

Michael Klessmann hat darauf hingewiesen, dass Pfarrer »ihr Berufsbild selbst entwickeln müssen. Sie haben die Chance, ein ›persönlichkeitsspezifisches Berufsbild‹ zu erarbeiten«.[24] Wenn sich im Berufsbild eines Pfarrers »die persönlich-biographischen Lebenserfahrungen sowie die theologisch-spirituellen Schwerpunkte und Vorlieben dieses Menschen widerspiegeln«,[25] dann lässt sich an den Berufsbiographien unterschiedlicher Pfarrpersonen studieren, wie ihre Pfarrbilder sich entwickelt haben. Dabei wäre zu beachten, dass Pfarrbilder niemals nur Produkte einzelner, sondern immer auch auf konkrete soziale Situationen bezogen sind. Zudem beziehen sie sich auf »biblische und reformatorische Einsichten zum Verständnis des Amtes«[26] und setzen sich direkt oder indirekt mit pastoraltheologischen Konzepten auseinander. Schließlich ist auch

---

21 Der Pfarrberuf als Profession. Eine Berufstheorie im Kontext der modernen Gesellschaft, 2001.

22 FRIEDEMANN MERKEL, Art. Pastoraltheologie II. Evangelisch, in: TRE 26 (1996), 76–83; GERHARD RAU, Art. Pastoraltheologie, in: RGG⁴ 6 (2003), Sp. 996–1000.

23 BECKER, Beruf Pfarrperson, 288. Vgl. das ganze Kapitel zum erneuerten Berufsbild, a.a.O., 249–290.

24 KLESSMANN, a.a.O., 183.

25 Ebd.

26 Ebd.

damit zu rechnen, dass Pfarrbilder beeinflussen, wie Pfarrpersonen mit bestimmten Lebenserfahrungen umgehen.

Berufsbiographien von Pfarrern geben Auskunft über das *Verhältnis der Person zum Amt.* Dieses Verhältnis ist zu reflektieren, nicht allein nach theologischen Kriterien, sondern auch unter Gesichtspunkten, die sich aus der Erforschung autobiographischen Erzählens und Einsichten der Biographiearbeit ergeben. Wie kaum ein anderer Beruf nimmt der Pfarrberuf die Person in Anspruch,[27] zumal dann, wenn er als Berufung verstanden wird. Diese Besonderheit ist ebenso zu bedenken wie die spirituelle Grundhaltung zum Leben, die für die Wahrnehmung des Pfarrberufs unabdingbar ist.[28] In der Chance des Berufs, *sich selbst* ein Berufsbild zu erarbeiten, liegt zugleich die Gefahr, sich in Fiktionen und Wunschbildern zu verlieren, die der Realität nicht standhalten. Gerade deswegen ist der kollegiale Austausch über Pfarrbilder wichtig: er hilft, eigene Vorstellungen zu korrigieren und ein realistisches Berufsbild zu entwickeln, das den persönlichen Möglichkeiten und Grenzen entspricht.

Mich interessierte, was Männer und Frauen verschiedener Lebensalter dazu veranlasst hat, diesen Beruf zu ergreifen; welche Einflüsse, Begegnungen, Lektüren auf dem Weg dorthin und im Berufsleben prägend sind, und wie eine Pfarrerin, ein Pfarrer diese Einflüsse verarbeitet. Ein genauerer Blick auf ihre Berufsbiographien hilft, die Arbeit von Pfarrpersonen besser zu verstehen und zu würdigen.

Gespräche mit sogenannten »Ruheständlern«[29] zeigten mir, wie viel Bitterkeit und Enttäuschung über die Institution Kirche und frühere Kollegen und Kolleginnen hier zum Ausdruck kamen, öfter verbunden mit Einschätzungen wie: »Diese Kirche ist mir fremd (geworden)« und: »Die Jüngeren verstehen das nicht«, aber auch: »Ich verstehe nicht, wie die Jüngeren sich so verhalten können«. Manche leiden darunter, nicht mehr gefragt und gebraucht zu werden. Keineswegs nur Emeriti, sondern auch nicht wenige Pfarrerinnen und Pfarrer im aktiven Dienst fühlen sich mit ihrer Arbeit in ihrer besonderen Lebenssituation nicht gewürdigt und unverstanden. Solche Wahrnehmungen hängen nicht nur mit den äußeren, objektiv fassbaren Bedingungen zusammen, sondern in hohem Maß auch mit individuellen Prägungen, Einstellungen und charakteristischen Eigenarten der Pfarrperson, die in ihrem Leben gelernt hat, auf ihre Weise an die

---

27 So schon Palmer, 1863, 7.

28 Vgl. Michael Heymel, Pfarrbild und Pfarrer/innenbildung heute – Möglichkeiten des reformatorisch verstandenen Pfarramts, in: DtPfBl 6/2014, 319–323.

29 Da Pfarrer beim Eintritt ins Rentenalter von ihren Dienstaufgaben »entpflichtet« werden, aber nach wie vor das Recht behalten, bestimmte Pfarrdienste zu übernehmen, und da viele von diesem Recht Gebrauch machen, halte ich den Terminus »Ruheständler« für unpassend. Der Ausdruck »Emeritus« (Ausgedienter) für einen Pfarrer, der auf Dauer von seinen Dienstpflichten entbunden ist, trifft die Sache eher; völlig befriedigend ist aber auch diese Sprachregelung nicht.

Berufsaufgaben heranzugehen, mit Chancen und Einschränkungen so oder so umzugehen, mit Erfolgen und Niederlagen zurechtzukommen. Herkunft, Nähe oder Distanz des Elternhauses zu Kirche und Christentum, religiöse Erziehung und Sozialisation, Theologiestudium, Lehrerinnen und Lehrer, erste Erfahrungen mit einer Gemeinde, Erfahrungen mit der Institution Kirche (»Amtskirche«), Beziehungen zu Kollegen und kirchlichen Mitarbeitern u. a. üben prägende Einflüsse auf die Pfarrperson aus. Hinzu kommen die sozialen Lebensbedingungen, kulturelle, politische und wirtschaftliche Strömungen, Tendenzen und Ereignisse der Zeitgeschichte, die sich auf Kirche und Pfarrerschaft auswirken.

Die historische Betrachtung lehrt, dass sich die Bedingungen des Pfarrberufs und das pastorale Berufsbild in Deutschland in den vergangenen 150 Jahren, vor allem aber nach 1900 und nach 1960 stark gewandelt haben.[30] Zwei Weltkriege haben das Gesicht der Kirche und der Pfarrerschaft verändert; sie haben auch die Theologie umgeformt. Drei Tendenzen in der Geschichte nach 1945 seien hervorgehoben.

- Erstens: der *Weg der Frauen ins Pfarramt.*[31] Während des Kirchenkampfes hatten evangelische Theologinnen (Vikarinnen) bereits Pfarrstellen verwaltet; nach 1945, wenn die Stelleninhaber aus Krieg und Gefangenschaft heimgekehrt waren, durften sie jedoch nur Alten- und Krankenseelsorge sowie Schulpfarrstellen übernehmen. Erst seit den 1960er Jahren können Frauen in der evangelischen Kirche Gemeindepfarrerinnen werden. Ihre rechtliche Gleichstellung mit den Pfarrern wurde 1970 von der EKHN als erster Landeskirche, dann in der EKD 1978 vollzogen,[32] aber es dauerte noch mehr als zehn Jahre, bis sie in allen Landeskirchen umgesetzt war.
- Zweitens: der kontinuierliche *Bedeutungs- und Machtverlust der christlichen Kirchen* in Deutschland. Dieser Trend ist vielfach unter den Stichworten Entkirchlichung, Traditionsabbruch, Privatisierung und Pluralisierung der Religion (Patchwork-Religiosität oder Cafeteria-Religion) beschrieben wor-

---

30 Vgl. Ulrike Wagner-Rau, Wichtiger und unwichtiger zugleich: Pfarrberuf und religiöser Wandel, in: PTh 105 (2016), 169–184; zur Genese der gegenwärtigen Situation des Pfarrberufs a.a.O., 170–176.

31 Vgl. dazu Klessmann, 251–266.

32 Vgl. Klessmann, 264; ferner Katrin Rogge, »Einer Frau gestatte ich nicht, dass sie lehre ...« (1Tim 2,12). Der lange und mühsame Weg evangelischer Theologinnen ins Pfarramt, in: http://alt.ikvu.de/html/archiv/ikvu/frauenordination/rogge-frauenordination.html (eingesehen am 11.2.2016). 40 Jahre Frauen gleichberechtigt im Pfarramt. Hrsg. von der Ev. Kirche im Rheinland (2015); Christine Globig, Das »Frauenamt« in der Bekennenden Kirche, in: DtPfBl 1/2016, 34–40.

den.[33] In Ostdeutschland zeigt sich der kirchliche Bedeutungsverlust verschärft. Hier haben ca. 80 Prozent der Bevölkerung, die dem konfessionslosen Milieu angehören, nicht einmal an Religionskritik Interesse; Gott ist »kein Gesprächsthema« mehr.[34]

- Drittens: die durch Kirchenmitgliedschaftsuntersuchungen (KMU) empirisch erhärtete *zunehmende Bedeutung der Pfarrer* als Repräsentanten von Kirche, die das Evangelium kommunizieren.[35] Für die Mitglieder ist die Institution Kirche primär über die Pfarrperson erfahrbar. Von ihr wird hohe Glaubwürdigkeit erwartet. »Das Evangelium wird für so gut gehalten, wie die Pfarrerin oder der Pfarrer ist, die es predigen« (Fulbert Steffensky).[36]

Die Annahme liegt nahe, dass geschichtliche Umbrüche und Neuerungen wie diese sich im Bewusstsein der verschiedenen Generationen und ihrer Wahrnehmung des Pfarrberufs widerspiegeln.

Berufsbiographien zeigen, wie Pfarrpersonen mit veränderten Bedingungen und Anforderungen ihrer Profession umgehen oder umgegangen sind. Sie vermitteln etwas, was eine Berufstheorie nicht liefern und nicht ersetzen kann, worauf aber pastoraltheologische Reflexion angewiesen ist: konkrete Beispiele gelebten Lebens, d. h. »Lebensbilder«. Inzwischen ist die »Auflösung von institutionell garantierten Formen« so weit fortgeschritten, dass gegenläufig »ein neues Interesse an verbindlichen Lebensentwürfen [entsteht], die in überzeugender und vorbildlicher Weise von einzelnen Menschen glaubwürdig repräsentiert werden. Man kann dieses neuerliche Interesse an persönlich verbürgten Lebensweisen als postmoderne Gegenbewegung zum Differenzierungsprozess der Moderne verstehen und darin eine Form der Re-Personalisierung sehen«.[37]

Um aussagekräftiges biographisches Material zu erhalten, lud ich 33 Personen aus der EKHN und anderen Landeskirchen der EKD zur Mitwirkung an einem Buchprojekt ein. Pfarrerinnen und Pfarrer unterschiedlicher Dienstalter sollten anhand eines vorgegebenen Fragenkatalogs über ihren Werdegang und ihr Berufsleben berichten. Ihre Antworten sollten unter Fragestellungen der Pastoral-

---

[33] Vgl. INGOLF ULRICH DALFERTH, »Was Gott ist, bestimme ich!« Theologie im Zeitalter der »Cafeteria-Religion«, in: ThLZ 121 (1996), 415–430 = Ders., Gedeutete Gegenwart. Zur Wahrnehmung Gottes in den Erfahrungen der Zeit, Tübingen 1997, 10–35.

[34] Vgl. WOLF KRÖTKE, Provozierende Begleiterin. Theologische Ansätze der Religionskritik, in: Herderkorrespondenz 68 (2014), Spezial 1, 38–42; auch in: http://wolf-kroetke.de/ansicht/eintrag/122.html (eingesehen am 16. 2.2016).

[35] Vgl. ISOLDE KARLE, Der Pfarrer/die Pfarrerin als Schlüsselfigur: Kontinuitäten und Diskontinuitäten, in: EvTh 75 (2015), 227–238.

[36] Nicolaigasse. Der Pfarrer und das Pfarrhaus in der Literatur, Stuttgart 2004, 14.

[37] BECKER, Beruf Pfarrperson, 523.

theologie und der Biographiearbeit ausgewertet und in einem Sammelband von mir herausgegeben werden. Der Einladung war dieser Begleittext beigefügt:

Was haben evangelische Pfarrer verschiedener Generationen gemeinsam, was unterscheidet sie in ihrer Selbstwahrnehmung? Wie sehen sie sich selbst und ihren Beruf als Anfänger, als erfahrene Pfarrer, und welche Bilanz ziehen sie im Ruhestand? Welche Rolle spielen Vorbilder, Pfarrbilder, Kirchenbilder und berufliche Ziele? Wie wird der persönliche gelebte Glaube beschrieben? Welche Bedeutung hat die Theologie für die berufliche Praxis? Dies soll an drei Gruppen von Aktiven und Ruheständlern aus der EKHN und anderen Landeskirchen untersucht werden: a) bis fünf Dienstjahre, b) mindestens 20 Dienstjahre, c) seit fünf Jahren oder länger im Ruhestand. Ausgewählte Pfarrpersonen werden eingeladen, sich an der Untersuchung zu beteiligen, indem sie schriftlich Fragen zu ihrer Berufsbiographie beantworten. Ihre Antworten sollen 2016 in einem Sammelband zusammen mit einer Auswertung veröffentlicht werden. Das Ziel der Untersuchung ist, zu ermitteln,
a) ob es generationsspezifische Pfarrer-Typen und generationsspezifische Muster gibt, den Pfarrberuf wahrzunehmen, und
b) wie sich aus der Sicht der Akteure die Bedingungen des Pfarrdienstes in der Nachkriegszeit verändert haben.

Der von mir ausgearbeitete Fragebogen enthält Fragen zur Berufsbiographie unter sieben Gesichtspunkten:

1. Beziehung des Elternhauses und der eigenen Familie (Kinder, Ehepartner) zur Kirche (Fragen 1–5)
2. Relevanz schulischer Bildung für den Pfarrberuf und Berufsmotivation (Fragen 6–7)
3. Theologische Ausbildung und Studienbedingungen (Fragen 8–16)
4. Praktische Ausbildung und Pfarrdienst (Fragen 17–22)
5. Vorstellungen von Pfarrer/Pfarrerin und Gemeinde, familiäres Umfeld (Fragen 23–25)
6. Wahrnehmung von Kirche und Pfarrberuf (Fragen 26–31)
7. Verständnis von Theologie, Glaube und Christsein (Fragen 32–35)

»Die meisten Menschen sind im Grundverhältnis zu sich selbst Erzähler«, schreibt Robert Musil im »Mann ohne Eigenschaften«.[38] Sie erzählen gern von sich selbst. Dieser elementar-menschlichen Neigung gab die Befragung einen Raum, der unterschiedlich genutzt wurde. Für eine qualitativ-empirische Untersuchung entscheidend ist, dass die Fragen dazu anregen, den eigenen individuellen Bildungsweg zum und im Pfarrberuf sowie die kommunikativen Be-

[38] Erstes Buch, Kap. 122.

ziehungen auf diesem Weg darzustellen. Zugleich sollten sie den Befragten die Freiheit lassen, mehr oder weniger ausführlich über ihre Vita Auskunft zu geben.

21 Personen waren dazu bereit, zwölf Männer und neun Frauen. Acht Personen sind Emeriti bzw. »Ruheständler«, zehn im regulären parochialen Pfarrdienst (darunter eine Pfarrerin mit 50-Prozent-Dienstauftrag in der Altenseelsorge), ein Pfarrer im Ehrenamt, ein Pfarrer in einer Einrichtung der Inneren Mission (EVIM), ein Vikar, der gerade seine praktische Ausbildung beendet hat. Pfarrer in funktionalen Diensten sind unterrepräsentiert.[39] Der hohe Anteil an Pfarrpersonen im Gemeindedienst lässt sich jedoch damit rechtfertigen, dass die *Ortsgemeinden* aus der Sicht der Kirchenmitglieder, entgegen jahrelanger Gemeindemissachtung durch Kirchensoziologen und falsch beratene Kirchenleitungen, die *Basis kirchlicher Arbeit* sind.[40] Drei der befragten Pfarrer kommen aus Ostdeutschland, einer von ihnen lebt dort als Emeritus. 16 Befragte stammen aus Westdeutschland, eine Pfarrerin aus Lettland. Ihre Antworten wurden von mir unter den oben erwähnten Gesichtspunkten ausgewertet.

---

[39] Im Jahr 2009 arbeiteten im Bereich der EKD 14.040 Pfarrpersonen in der Gemeinde, 5.554 in Funktionspfarrstellen (nach Klessmann, a.a.O., 81).

[40] Vgl. HERBERT DIECKMANN, »KMU-Schock« für alle »Gemeinde-Verächter«: Selbst die Großstadt-Kirche ist noch gemeinde- und pastorenorientiert, in: DtPfBl 3/2016, 163–165.

Fragen

1. Wie würden Sie das Verhältnis Ihrer Eltern zur evangelischen Kirche beschreiben?
2. Stammen Sie aus einem evangelischen Pfarrhaus?
3. Haben Sie Kinder, die Pfarrer oder Pfarrerin werden wollen oder geworden sind?
4. Arbeitet oder arbeitete Ihr Ehepartner in einem kirchlichen Dienstverhältnis?
5. Wenn ja, in welchem Beruf?
6. Haben Sie während Ihrer Schulzeit etwas gelernt, was nach Ihrer Einschätzung für Ihren zukünftigen Pfarrberuf von besonderem Nutzen war?
7. Was hat Sie dazu veranlasst, sich für den Beruf des Pfarrers oder der Pfarrerin zu entscheiden?
8. Wann und wo haben Sie Theologie studiert?
9. Haben Sie weitere Fächer studiert?
10. Welche Berufsausbildung haben Sie außerdem?
11. Sind Sie vor dem Studium oder während des Studiums einer Erwerbsarbeit nachgegangen?
12. Wenn ja, in welchen Bereichen?
13. Welche Hochschullehrer und andere Personen aus Ihrem Umfeld haben Sie während Ihres Studiums besonders beeindruckt und sind Ihnen zu Vorbildern geworden?
14. Was haben Sie diesen Lehrern und anderen Personen zu verdanken?
15. In welcher theologischen Disziplin bzw. welchen Disziplinen haben Sie hauptsächlich studiert?
16. Was hat Sie daran am meisten interessiert?
17. Worin sehen Sie im Rückblick den Ertrag Ihrer Vikarsausbildung (Predigerseminar und Gemeinde)?
18. Was kam dabei zu kurz oder worüber hätten Sie gern mehr erfahren?
19. Wie viele Jahre und an welchen Orten waren bzw. sind Sie im Pfarrdienst?
20. Welche Aufgaben haben Sie in dieser Zeit wahrgenommen?

21. Welche davon haben Ihnen am meisten Freude gemacht?
22. Welche kirchlichen Dienste haben Sie neben dem Gemeindepfarramt übernommen?
23. Was zeichnet für Sie einen guten Pfarrer bzw. eine gute Pfarrerin aus? (Wie sollten sie sein, was sollten sie können?)
24. Was kennzeichnet nach Ihrem Verständnis eine Christengemeinde?
25. In welcher Weise war oder ist Ihr Lebenspartner oder Ihre Familie an Ihrem beruflichen Alltag beteiligt?
26. Wenn Sie die evangelische Kirche beschreiben, was würden Sie allgemein und im Blick auf Ihre Landeskirche als besondere Merkmale (positiv und negativ) nennen?
27. Was ist für Sie das Beste und Schönste der evangelischen Kirche, und worin besteht ihre Schwäche oder Schattenseite?
28. Wie sehen Sie die EKD auf dem Weg der Reformationsdekade bis 2017: hoffnungsvoll, skeptisch, enttäuscht, ...?
29. Welches ist oder war Ihr Hauptanliegen und Ihr vornehmstes Ziel im Pfarrberuf?
30. Haben sich Ihr Anliegen und Ihr Ziel im Lauf Ihrer Dienstzeit verändert?
31. Gibt es etwas, was Sie im Rückblick auf Ihre (bisherige) Dienstzeit als Pfarrer bedauern oder gern anders gemacht hätten bzw. machen möchten?
32. Wofür ist nach Ihrer Ansicht theologische Arbeit im Pfarrberuf unabdingbar?
33. Wenn Sie nach Ihrem Glauben gefragt werden, was antworten Sie?
34. Was gehört für Sie persönlich zu einem Leben als Christ oder Christin?

Die Antworten, die ich dazu von den Beiträgern erhielt, habe ich unter den erwähnten sieben Gesichtspunkten verglichen und ausgewertet. Sie werden so weit wie möglich in der Form wiedergegeben, die die Befragten gewählt haben.

Zwölf von 33 Befragten, alle noch im Pfarrdienst, beantworteten meine Umfrage nicht. Aus Mangel an Interesse? Weil ihnen der Nutzen der Umfrage nicht einleuchtete? Oder fanden sie im Tagesgeschäft keine Zeit, den Fragebogen auszufüllen? Die Vielzahl an Informationen und Aufgaben, die im Pfarralltag zu verarbeiten und zu erledigen sind, führt dazu, dass manches übersehen oder »aussortiert« wird. Auch das gehört zur Realität im Pfarrberuf. Nach meiner Erfahrung ist es gut, sich diese Realität hin und wieder genauer anzuschauen. Die Chance der Selbstbesinnung und Introspektion der eigenen beruflichen Vita kann zu verschiedenen Zeiten und in unterschiedlicher Weise von Pfarrpersonen genutzt werden. Was sie dabei gewinnen können, zeigt dieses Buch.

Ergebnisse der Befragung

(1) Kirchenbezug der Herkunftsfamilie und der eigenen Familie

Noch immer kommen erstaunlich viele Pfarrer aus Pfarrhäusern. Sechs von 21 Personen sind Pfarrerskinder. Allerdings verbürgt diese Herkunft nicht selbstverständlich, dass der Sohn oder die Tochter den Pfarrberuf ergreifen. Für drei der befragten Pfarrerskinder stand das Berufsziel relativ früh fest. Es ergab sich aus der Familientradition und war positiv konnotiert; ein Pfarrerssohn entdeckt erst nach dem 1. Examen, dass ihm der Pfarrberuf Freude machen könnte (Nr. 8). Motivation kam aus dem Wunsch, es besser zu machen als der Vater (Nr. 5), aus einem Gefühl missionarischer Verpflichtung (Nr. 3) oder der Erkenntnis, eine bessere Alternative sei nicht zu finden (Nr. 4). Die beiden Pfarrerstöchter sehen jedoch, anders als die vier Pfarrerssöhne, deutlicher die Ambivalenzen dieses Berufs (Nr. 12 und 17). Sie sehen, was er den Eltern abfordert und wie er sich auf die Familie auswirkt. Eine lernt, dass Gemeinde zwar etwas Tolles, Kirche als übergeordnete Institution aber problematisch sei. Die andere hat von beiden Eltern gelernt, Kirche und kirchliche Entwicklungen kritisch zu sehen (ähnlich ein Pfarrerssohn, Nr. 8); Vater und Mutter waren bzw. sind im Pfarrdienst (Nr. 17). Sie interessiert sich zunächst für Theologie, ohne deshalb Pfarrerin werden zu wollen. Der Pfarrberuf war für sie nicht wegen der Herkunftsfamilie attraktiv, er erwies sich »trotzdem« als attraktiv.

15 Personen kommen aus anderen Herkunftsfamilien. Eine gelebte, auch im Alltag praktizierte Beziehung zur Kirche, Formen christlichen Lebens sind bei der Mehrzahl vorhanden. Eine Minderheit kommt jedoch aus Verhältnissen, die von Kirchendistanz bis Ablehnung der Kirche und der christlichen Botschaft geprägt sind.

Ein Emeritus berichtet über das gute Verhältnis seiner Eltern zur evangelischen Kirche (Nr. 2). Die Mutter ist in der Kirchengemeinde aktiv beteiligt. Dazu gehören Teilnahme am Gottesdienst, lange Mitgliedschaft in der Frauenhilfe und im Kirchenchor und anderes. Auch der Vater besucht oft den Gottesdienst und ist als Kirchenrechner tätig. Das Handeln als Christ ist ihm wichtiger als sein Glaube. Dies alles schafft eine familiäre Atmosphäre selbstverständlicher, nicht grundsätzlich befragter Kirchlichkeit. Für einen anderen war es die »sehr christlich[e] Mutter«, die Elementares vermittelte und den Sohn in den Kindergottesdienst schickte (Nr. 19). Für eine aus Lettland stammende Pfarrerin wurde ebenfalls das Beispiel der Mutter wichtig. Nach dem Ende des sowjetischen Regimes findet die lutherisch getaufte Mutter »eine Möglichkeit, am Konfirmandenunterricht teilzunehmen und sich konfirmieren zu lassen. Seitdem ist sie ein aktives Mitglied ihrer Ortsgemeinde« (Nr. 14). Ein Pfarrer im Ehrenamt erlebt die Eltern als grundsätzlich für Kirche aufgeschlossen. An seiner freikirchlichen Mutter beobachtet er, dass die Form der Kirchlichkeit sich verändern und eine positive Beziehung zu einem vorher abgelehnten Kirchentypus entstehen kann (Nr. 16). Vor diesem Hintergrund ist es möglich, Kirche in fremden sozialen Kontexten offen zu begegnen, aber auch, eine in hohem Maß selbstbestimmte pastorale Tätigkeit zu übernehmen.

Die gläubige Mutter (vgl. Nr. 20) und die Großmutter väterlicherseits haben einer Befragten das Beten vermittelt (Nr. 6). Dieser Einfluss und der regelmäßige Kirchgang beider Eltern wirken religiös prägend auf die Tochter, daneben aber wohl auch die skeptische, jedoch gesprächsbereite Haltung des Vaters. Eine Pfarrerin erfährt im Elternhaus, wie sich die pietistische Frömmigkeit der Mutter und die bildungsbürgerlich liberale Kirchlichkeit des Vaters einander annähern (Nr. 10). In einem anderen Fall ist der Vater religiös erzogen, bezeichnet sich aber als Atheist, die Mutter volkskirchlich eingestellt; beide betrachten den Gottesdienstbesuch nicht als wichtig. Aber eine Großmutter ist da, die »täglich nach dem Aufstehen Bibel gelesen und gebetet« hat (Nr. 13). Wie geht eine Frau mit einer solchen, durchaus ambivalenten und spannungsvollen Prägung um? Eine andere Pfarrerin beschreibt ihre Prägung durch die gemischt-konfessionellen Eltern: der Vater »kirchenferner Katholik«, die Mutter »praktizierende Protestantin« (Nr. 21). Singen und Beten waren in ihrem Elternhaus selbstverständlich, Glauben und Verstehen ergänzten einander.

Zur Herkunft aus kirchendistanziertem Elternhaus:
Politische und finanzielle Gründe, innere Vorbehalte bewegen den Vater eines Befragten zum Kirchenaustritt (Nr. 1). Das überzeugende Beispiel eines Lehrers veranlasst ihn zu einer bewussten Hinwendung zur evangelischen Kirche; mit 15 Jahren lässt er sich taufen. Ein Befragter aus volkskirchlich geprägtem Elternhaus hat sich im »kirchenfeindlichen Umfeld« der DDR für den Pfarrberuf entschieden (Nr. 11). Vor dem Hintergrund familiärer Erfahrungen während der NS-Zeit sind die Eltern eines anderen Pfarrers reserviert gegenüber allzu enger Kirchenbindung. Man hat nichts gegen die Kirche, bildet aber kein Gefühl enger Zugehörigkeit aus (Nr. 9). Auf Umwegen führt dann der Weg ins Pfarramt. Ein Emeritus stuft das Verhältnis der Eltern zur Kirche als »typisch volkskirchlich-

distanziert« ein (Nr. 18), ein Berufsanfänger als »von ›gering‹ bis ›nicht vorhanden‹« (Nr. 15). Eine Pfarrerin beschreibt das Kirchenverhältnis der Eltern als sehr volkskirchlich mit den Stichworten »konservativ, unkritisch«. Der Vater ist desinteressiert, die Mutter angepasst (Nr. 7). Interesse an Kirche und Theologie wird in solchen Fällen durch andere Bezugspersonen geweckt, hier durch Religionsunterricht, musikalische Ausbildung und das frühe Engagement im Kindergottesdienst, anderswo durch einen hartnäckigen Pfarrer und einen engagierten Kirchenvorsteher (Nr. 9).

Auf den Kirchenbezug in der eigenen Familie der Befragten wird in Abschnitt (5) näher eingegangen.

(2) Relevanz schulischer Bildung für den Pfarrberuf und Berufsmotivation

Der schulische Unterricht in den Fächern Religion und Deutsch und eine Lehrerpersönlichkeit, die deutlich ihren Glauben bekennt, beeindrucken einen Emeritus (Nr. 2), ein anderer erhält auch Anregungen im Schulchor (Nr. 3). Ein für Jugendliche ansprechender Religionsunterricht, d. h. vor allem die Person des Lehrers, wird von zehn Befragten erwähnt; eine emeritierte Pfarrerin hat ihren Religionslehrer als wunderbaren Erzähler biblischer Geschichten erlebt (Nr. 20). Das spricht für die Bedeutung dieses Schulfachs, aber auch dafür, den Unterricht möglichst von besonders dafür Befähigten erteilen zu lassen. Eine Pfarrerin würdigt die »fundierte[n] literale[n] Kompetenzen« (Nr. 21), die sie der Schule verdankt und für ein erfolgreiches Theologiestudium als unabdingbar ansieht. Ein Pfarrer wählte den Religionsunterricht in der Oberstufe ab, weil er ihn als sozialkritisch und politisch instrumentalisiert empfand (Nr. 9). Zu der ansonsten positiven Erfahrung im Religionsunterricht kommt ein guter Unterricht in Geschichte (Nr. 4), Philosophie und Gemeinschaftskunde (Nr. 5) sowie Sachkunde (Nr. 17). Zwei Emeriti haben durch das altsprachliche Gymnasium bereits alle drei für das Theologiestudium erforderlichen Sprachen gelernt (Nr. 4 und 5). Fünf Befragte lernten auf dem Gymnasium Latein und Griechisch (Nr. 4, 8, 12, 17, 18). Ein Emeritus aus Ostdeutschland entdeckt während seiner Schul- und Berufsschulzeit, dass er Freude daran hat, anderen etwas zu vermitteln; das seien seine »pädagogischen Anfänge« gewesen (Nr. 19).

In der Herkunftsfamilie einer Pfarrerin dominiert die Gymnasiallehrer-Tradition, in der ferneren Verwandtschaft gab es auch Pfarrer (Nr. 10). Bildungseinflüsse während der Schulzeit sind bedeutsam und werden sehr eigenständig verarbeitet. Sie bereiten wesentlich die Berufswahl vor, weil die Liebe zur Sprache, die Lust am Lesen und Schreiben sowie das Interesse an religiösen Fragen ernst genommen werden. Zwei der Befragten loben die Grund- bzw. Allgemeinbildung, die sie der Schule verdanken (Nr. 8 und 17), eine Pfarrerin hebt die Bedeutung eines »Debating Club« in der Oberstufe und eines dreimonatigen Schulbesuchs in England für ihren späteren Beruf hervor (Nr. 17). Für eine andere Pfarrerin war ein christlicher Andachts- und Gebetskreis, der sich jeden Morgen vor dem Schulunterricht traf, von Bedeutung, weil er im linken sozialkritischen Milieu der 1970er Jahre eine Form des religiösen Protests darstellte (Nr. 12).

Die Musik ist für einige Männer und Frauen auf dem Weg zum Pfarrberuf besonders wichtig geworden. Ein Emeritus entschied sich für eine doppelte, theologische *und* kirchenmusikalische Ausbildung, weil die Musik ihn im Glauben stärkte und der Pfarrberuf ihm mit seiner eingeschränkten Sehkraft am ehesten möglich erschien (Nr. 2). Ein anderer sah sich vor die Wahl zwischen Kirchenmusik und Theologie gestellt; letztlich wählte er den Pfarrberuf (Nr. 3), um mehr Menschen das Evangelium zu bezeugen. Ein Pfarrer kam geradezu durch die Kirchenmusik zur Theologie (Nr. 9), für zwei Pfarrerinnen ist die Musik bzw. das Singen als Mittel und Ausdruck des Glaubens bedeutsam (Nr. 7 und 10).

Als Motive für den Pfarrberuf werden von Männern genannt: Liebe zur Musik, besonders zur Kirchenmusik (Nr. 2, 9; dieses Motiv war auch für eine Frau wichtig, vgl. Nr. 7), der Wunsch, dem Vorbild eines Schulpfarrers nachzueifern (Nr. 4), der Eindruck des väterlichen Vorbilds (Nr. 5), ein intellektuelles Interesse, »der Sache des christlichen Glaubens auf den Grund [zu] gehen« (Nr. 8) oder die »Suche nach einer ganzheitlichen Welterklärung«, verbunden mit der Suche nach sich selbst (Nr. 18). Ein Vikar möchte seinen Glauben stärker für sein Leben in Anspruch nehmen und den Ertrag mit anderen teilen (Nr. 15). Hier führt das Interesse am Glauben als einer das Leben formenden Kraft in den Pfarrberuf. Bei einem anderen Befragten gaben Erfahrungen in kirchlicher Jugend- und Posaunenarbeit sowie ein Zivildienst im humanitären Bereich den Ausschlag (Nr. 16). Einen Emeritus, der früh seinen Vater verlor, ließ die »Frage nach dem Sinn des Lebens« nicht mehr los. Neben schönen Erfahrungen in Jungschar und Junger Gemeinde trug ein Jugendwart wesentlich dazu bei, dass »der Wunsch reifte, Theologie zu studieren« (Nr. 19).

Bei zwei Befragten, die in Ostdeutschland aufwuchsen, war die Erfahrung der durch den christlichen Glauben eröffneten *Freiheit* ein wesentliches Motiv, den Pfarrberuf zu ergreifen. So berichtet ein Emeritus von dem »Gespräch der Bibel, des Christentums mit der Kultur und Literatur der Weltgeschichte« sowie den Vorträgen und Diskussionen, die in einer Kirchengemeinde in der sowjetischen Besatzungszone möglich waren (Nr. 1). Für einen Pfarrer verband sich in der DDR der Glaube als »eine Form des Gehens ins Weite und Offene« mit dem Willen, die Kirche als »Raum der Freiheit« verantwortlich mitzugestalten (Nr. 11). Dies erschien ihm sinnvoll in einer Gesellschaft, in der es den Menschen »vor allem an Zuversicht und Hoffnung [mangelte]«.

Was macht den Pfarrberuf für Frauen attraktiv? Bei ihnen ist es der Wunsch, für Menschen dazusein, und die Suche nach einer Quelle der Kraft (Nr. 6), das

Engagement in Kindergottesdienst, Jugendarbeit und Kirchenmusik (Nr. 7) oder die verlockende Aussicht, den »schönste[n] und freieste[n] Beruf« zu haben, in dem evangelische Religiosität zum Lebensthema werden könnte (Nr. 10). Es können positive Erfahrungen mit kirchlicher Jugendarbeit sein (Nr. 12) sowie das frühe Eingebundensein in kirchliches Leben (sowohl in der katholischen wie in der evangelischen Gemeinde) durch viele ehrenamtliche Tätigkeiten, aus dem der Wunsch erwächst, hauptberuflich dort zu arbeiten, wo die Begegnung mit anderen Menschen und der persönliche Glaube wesentliche Bedeutung haben (Nr. 13). Die älteste Befragte, eine 91jährige Pfarrerin, wollte biblische Geschichten so erzählen, dass junge Menschen davon etwas Wichtiges und Hilfreiches für ihr Leben mitnehmen (Nr. 20). Eine Pfarrerin aus Lettland, die im Pfarrberuf früh einen Weg sah, auf dem sie »Jesus nachfolgen und seine Zeugin sein kann«, entscheidet sich schließlich in Deutschland für diesen Beruf, um so zur Gestaltung der Kirche beizutragen (Nr. 14). Für eine andere Pfarrerin wird das Berufsbild »Pfarrerin« erst interessant, als sie während des Studiums in der Homiletik die Herausforderung entdeckt, »theologische Reflexion mit konkreter Lebenswelt und Lebensgeschichte zu verbinden«, und im Vikariat erfährt, dass der Pfarrberuf einen »großen Gestaltungsraum« für die selbständige Arbeit »mit Menschen aller Altersstufen« bietet (Nr. 17). Eine weitere Pfarrerin benennt den positiven Einfluss, den das Pfarrehepaar ihrer Kirchengemeinde nach der Konfirmation auf sie hatte: »Ausschlaggebend für die Wahl des Theologiestudiums war für mich, dass ich von ihnen in meiner intellektuellen Neugier gefördert und in meiner existentiellen Sinnsuche begleitet wurde« (Nr. 21).

Charakteristisch für die jüngere Generation (bis fünf Dienstjahre) dürfte sein, dass sie zunächst nur *ausprobieren* wollten oder wollen, ob der Pfarrberuf zu ihnen passt (Nr. 15, 17, nur auf das Vikariat bezogen: Nr. 14).[41] Dieselbe Einstellung ist aber auch bei älteren Pfarrern zu finden, die aus eher intellektuellen Motiven zur Theologie kamen (Nr. 8). Die Bedeutung des Vikariats, vor allem der Gemeindephasen, als einer Zeit, die das Sich-Ausprobieren und zuweilen mühsame Prozesse der Selbst- und Rollenfindung ermöglicht (vgl. Nr. 18), muss auch in diesem berufsbiographischen Zusammenhang gesehen werden.

(3) Theologische Ausbildung und Studienbedingungen

Bei vergleichender Lektüre der Fragebögen zeigen sich erhebliche Unterschiede, sowohl was die Relevanz des Theologiestudiums und der zweiten Ausbildungsphase (Vikariat) betrifft wie auch die Bedingungen, unter denen das Studium erfolgt. Besonders deutlich treten hier Unterschiede zwischen den Generationen hervor.

---

41 Vgl. Jens Böhm, Generation Y und der Pfarrberuf. Was kommt da auf die Kirche zu?, in: HessPfBl 4/2015, 91–93.

Ein Emeritus studiert nach dem Zweiten Weltkrieg sechs Jahre in Ost- und Westdeutschland, nach der praktischen Ausbildung erhält er ein Stipendium für einen einjährigen Studienaufenthalt in Basel, der eine Promotion ermöglichen soll; diese kommt jedoch aus mehreren Gründen nicht zustande (Nr. 1). Das Studium kann nur mit harter körperlicher Erwerbsarbeit finanziert werden. Den Studenten interessieren »zuerst die Persönlichkeiten, dann erst ihre besondere Lehre und die Bücher«. Die zu lesenden Texte eröffnen ihm vor allem Zugänge zum »Gespräch der Theologie, der Heiligen Schrift mit den anderen Literaturen und Kulturen«. Dieser Theologe bleibt bis ins Alter ein Studierender, lesend Lernender auf dem Weg. Der *Typus des gelehrten Pfarrers*, den er repräsentiert, ist, wie es scheint, selten geworden, war wohl schon früher eine auffallende Erscheinung. Das 19. Jahrhundert und die erste Hälfte des 20. Jahrhunderts kennen dagegen eine Reihe beeindruckender Beispiele.

Bei mehreren Pfarrern war oder ist das Potential zu einer akademischen Laufbahn vorhanden, die üblicherweise mit der Promotion beginnt. Allerdings haben nur zwei Befragte promoviert (Nr. 16, 21); einer strebt eine Karriere an der Universität an (Nr. 16). In immerhin fünf Fällen bot sich konkret die Möglichkeit, eine theologische Dissertation zu verfassen (Nr. 1, 3, 8, 9, 13), ohne dass dies realisiert wurde. Zwei Pfarrer und eine Pfarrerin haben als wissenschaftliche Hilfskraft oder Tutor gearbeitet (Nr. 8, 16, 17). Ein Emeritus begründet seine Entscheidung, nicht zu promovieren: »Mir war der Gemeindedienst wichtiger als die Arbeit als Fachtheologe« (Nr. 3), ein Pfarrer, der bei drei Lehrern (!) hätte promovieren können, erklärt, er sei am Ende seiner Studienzeit bereits 32 Jahre alt gewesen und habe endlich das Gelernte im Pfarramt anwenden wollen (Nr. 9).

Besonders ausführlich haben sich über ihr Theologiestudium drei Emeriti geäußert (Nr. 1, 2, 5), etwas kürzer drei weitere (Nr. 4, 18, 19). Von den übrigen Pfarrpersonen geben fünf Frauen und ein Mann (Nr. 10, 12, 14, 16, 17, 21) detaillierter über ihre Lehrer und den wichtigsten Ertrag ihres Studiums Auskunft. Es fällt auf, dass eine Pfarrerin von keinem akademischen Lehrer einen tieferen Eindruck mitteilt (Nr. 13) – nach sechs Jahren Theologiestudium ein doch etwas erstaunliches Phänomen, umso mehr, als ihr eine Doktorandenstelle im Fach AT angeboten wurde. Lehrer, die durch ihre Persönlichkeit und ihre »Leidenschaft für die Sache« (Nr. 10) beeindrucken, die Begeisterung für einen Theologen und seinen Denkansatz (Nr. 4, 5) oder »Begeisterung für die Sache der Theologie« (Nr. 16) wecken, begegnen den Studenten, die ihr Theologiestudium in den 1970er Jahren oder danach absolvierten, allem Anschein nach nicht allzu oft. Aber schon *ein* solcher Lehrer kann sich nachhaltig einprägen (vgl. Nr. 8), und das kann auch ein bereits verstorbener Theologe sein, der einem durch seine Bücher zum Lehrer wird (vgl. Nr. 5 und 10).

Freilich kommt es auch auf die Lernhaltung und das Erkenntnisinteresse der Studierenden an sowie auf ihre Fähigkeit zu eigenständiger Auseinandersetzung. Was sie im Studium suchen, was sich ihnen einprägt, wirkt gewöhnlich weiter und beeinflusst ihre spätere Art, den Pfarrberuf wahrzunehmen. Ein Emeritus (Nr. 2) erinnert sich seiner Lehrer mit großer Dankbarkeit und weiß präzis zu benennen, was er jedem von ihnen verdankt. Das ist nicht jedem möglich. Welche Schwerpunkte im Studium gesetzt werden, hängt u.a. auch von vorgegebenen, nur begrenzt wählbaren Faktoren ab: von der religiösen Erziehung und Sozialisation, von gesellschaftlichen und kirchlichen Zeitströmungen und den Umständen der jeweiligen Hochschule. Ein anderer Emeritus führt neben zwei Pfarrern zwei Hochschullehrer an. Besonders der Lehrer im NT wurde ihm wichtig, »der von Hause Pfarrer war und Gottesdienst – auch als Hochschullehrer – gehalten hat, also Theologie nicht nur als Wissenschaft betrieb, wie manch anderer ohne Bezug zum Glauben [...]« (Nr. 19). Dieser »Theologe aus der Praxis für die Praxis, der für das Fach brannte und andere dafür begeistern konnte«, wurde ihm zum Vorbild. Eine emeritierte Pfarrerin bekam einen bleibenden Eindruck von demjenigen Lehrer, der den Studierenden die Schriften des NT »in seinen Seminaren nahe[brachte], indem er sehr gründlich auf unsere Fragen einging« (Nr. 20). Eine Pfarrerin unterstreicht die Bedeutung des selbstverantwortlichen Lernens in Gruppen von Studierenden, aber auch den ertragreichen Austausch mit jüngeren Dozenten (Nr. 21).

Studienaufenthalte im Ausland erweitern allemal den Horizont und vermitteln Erfahrungen anderer theologischer Zugänge und anderer Formen von Kirche (Nr. 1, 6, 16, 17), die dem Pfarrer aus der ehemaligen DDR verwehrt blieben (Nr. 11). Für die Pfarrerin aus Lettland waren die Exilletten als Lehrer interessant, weil sie Welterfahrung und »eine andere Denkweise« mitbrachten: »eine kritische Einstellung allen Systemen gegenüber, verbunden mit einer reflektierten Suche nach Wahrheit – nicht einer allgemeingültigen Wahrheit, sondern der für die konkrete Person in ihrer Situation« (Nr. 14).

Für die ältere Pfarrergeneration nicht ungewöhnlich: das Studium musste teilweise oder ganz durch Erwerbsarbeit finanziert werden (Nr. 1, 20) oder es wurde so finanziert, um selbständig zu sein und den Eltern nicht auf der Tasche zu liegen (Nr. 9). Vielfältig sind die Bereiche, in denen eine Reihe von Befragten vor oder während der Studienzeit gearbeitet oder Praktika absolviert hat. Neben Bergbau und Betonfabrik (Nr. 1), Hilfsarbeiten am Bau (Nr. 3) sind zu nennen: Organistendienst und Chorleitung (Nr. 7, 9), Arbeit als Krankenpflegehelfer, Tutor, Hilfsarbeiter in Fabriken (Nr. 8), ein Semester Psychologie, geringfügige Arbeit in einer Bäckerei, Küster- und Hausmeisterdienst (Nr. 13), Tätigkeiten in den Bereichen Diakonie, Einrichtungen für Menschen mit geistiger Behinderung, Schulunterricht (Nr. 14), Wochenenddienst als Pfleger im Altenheim, wissenschaftliche Hilfskraft und Tutor (Nr. 16), sechsmonatiges Pflegepraktikum im Krankenhaus, elf Monate Lebensgemeinschaft mit geistig und körperlich Schwerbehinderten, Pflege im Altenheim, wissenschaftliche Hilfskraft, Künstlerbetreuung in der Berliner Philharmonie (Nr. 17) und Industriepraktikum (Nr. 18).

Viele Pfarrer bringen Kenntnisse aus anderen Studienfächern neben der Theologie, eine zusätzliche berufliche Qualifikation oder Vorerfahrungen in außerkirchlichen Berufsfeldern ein. Aufgeführt werden: Ausbildung zum A-Kirchenmusiker und C-Kirchenmusiker (Nr. 2, 9), ein KSA-Kurs (Nr. 6), Studium der Germanistik (Nr. 7, 21), Psychodrama-Assistent und Gemeindeberater (Nr. 8), Studium der Pharmazie (Nr. 9), Hilfskraft in der Altenpflege (Nr. 10), Ausbildung als Schriftsetzer, Missionarisches Jahr, Tätigkeit als kirchlicher Hausmeister, Hilfspfleger bei Menschen mit geistiger Behinderung (Nr. 11), Studium der Ökotrophologie (Ernährungswissenschaften) und Kurse in Tourismus (Nr. 12), journalistische Tätigkeit und Verkauf (Nr. 14), FH-Abschluss als Dipl.-Informatiker, Tätigkeit als Informatiker beim Ev. Regionalverband Frankfurt (Nr. 15), Studium der Judaistik und der Psychologie (Nr. 16), ein Semester Kunstgeschichte und Germanistik, ein Studienjahr Psychologie (Nr. 17), Ausbildung und mehr als 10jährige Tätigkeit als Koch (Nr. 19), Studium der Pädagogik, Nebentätigkeit in der Jugendsozialarbeit, mehrjährige gestalttherapeutische Weiterbildung, Arbeit als Köchin und Servicekraft, in der Altenpflege sowie in der Betreuung schwerbehinderter Menschen (Nr. 21). Auch Erfahrungen auf militärischem Gebiet sind zu verzeichnen: 18-monatiger Wehrdienst (Nr. 5) und Bundeswehr mit Reserveoffizierslaufbahn (Nr. 9), Verpflichtung für drei Jahre bei der Nationalen Volksarmee der DDR (Nr. 19).

Die befragten Pfarrer nennen relativ selten Frauen als Vorbilder (betont anders: Nr. 20). Das mag teilweise durch die Dominanz männlicher Bezugspersonen in Hochschule und Pfarrberuf bedingt sein. Es gab bis Anfang der 1990er Jahre nicht viele Dozentinnen und Professorinnen für Theologie an deutschen Universitäten, und es fehlte an älteren Pfarrerinnen. Eine emeritierte Pfarrerin beschreibt zwei Vikarinnen, die ihr vor und nach 1945 zu Vorbildern wurden (Nr. 20); Frauenbewegung und feministische Theologie wurden für ihre Identität als Pfarrerin wichtig. Nur zwei von sieben Pfarrerinnen erwähnen eine Professorin (Nr. 6 und 7), eine vermerkt das »moderne Frauenbild«, das sie der Lehrerin verdankt (Nr. 7). Eine andere Befragte beurteilt die Mehrheit der Hochschullehrer wie auch explizit der -lehrerinnen kritisch: »Die männlichen Professoren kamen mir zu trocken und unengagiert vor; die weiblichen (die nur literarisch da waren) zu übertrieben feministisch« (Nr. 10). Eine jüngere Pfarrerin erwähnt zwar »Männer und Frauen, die mich sehr beeindruckten und zur theologischen Auseinandersetzung motivierten« (Nr. 17), führt dann aber nur zwei Professoren mit Namen als Beispiele an. Bemerkenswert ist, dass drei Frauen den Einfluss von Pfarrern in der Studienzeit betonen, der annehmend-verständnisvoll (Nr. 6) oder durch herausfordernde, anregende Fragen (Nr. 12, 14) ausgeübt wurde. Die Auskünfte der befragten Pfarrerinnen legen die Annahme nahe, dass für die Generation derjenigen, die Ende der 1970er bis Anfang der 1980er Jahre Theologie studierten, feministische Theologie keine wesentliche Rolle spielte; wichtiger war die Tatsache, dass ihnen eine Hochschullehrerin als moderne Frau begegnen konnte. Für die jüngere Frauen-Generation, die nach 2000 studiert hat, ist Feminismus kein brennendes Thema mehr, da die Zahl der Dozentinnen wie der Studentinnen deutlich zugenommen hat. Es ist abzusehen, »dass das Pfarramt zunehmend von Frauen ausgeübt werden wird«.[42]

(4) Praktische Ausbildung und Pfarrdienst

Die Bedingungen der zweiten Ausbildungsphase (praktische Ausbildung im Vikariat in der Gemeinde und im Predigerseminar oder Theologischen Seminar) haben sich seit den 1950er Jahren in mancher Hinsicht verändert.

Für die ältesten Emeriti besteht der Ertrag der Vikarsausbildung darin, dass die Kandidaten sich »gegenseitig genauer kennenlernten« und z.T. »langwährende Beziehungen« (Nr. 1) knüpften, insgesamt Hilfe erhielten, sich auf den Dienst in der Gemeinde vorzubereiten (Nr. 3). Die Gemeinde wurde als Raum wahrgenommen, in dem man pastorale Aufgaben schon selbständig erledigen konnte. Vieles hängt in diesem praktischen Teil der Ausbildung von der Wahl des richtigen, für den jeweiligen Kandidaten passenden Mentors oder Lehrpfarrers ab, die auch misslingen kann (Nr. 4) und dann kaum mehr korrigierbar ist. Im glücklichen Fall ist der Mentor ein Pfarrer, der »in viele kirchliche Bereiche hineinschauen« lässt und dem Vikar »viel Freiheit« einräumt (Nr. 5). Geradezu ideal ist das Verhältnis, wenn ein Kandidat durch seinen Lehrpfarrer sachliche und sachkundige Begleitung erlebt, wie es ein anderer Emeritus schildert (Nr. 2). Er erinnert sich an hilfreiche Gespräche »mit ihm, für die er sich viel Zeit nahm, und alles in einfühlsamer, verständnisvoller, sehr wohltuender Atmosphäre, die ihm wichtig war, und für die er, zusammen mit seiner Familie, viel tat« (vgl. Nr. 14, wo ebenfalls sehr hilfreiche Gespräche mit der Lehrpfarrerin erwähnt werden, und Nr. 21).

Wie wichtig für die persönliche Entwicklung ein guter Lehrpfarrer werden kann, zeigt das Beispiel einer Pfarrerin, die im Vikariat einen »begeisternde[n], menschennahe[n] Pragmatiker« fand, der »tiefe Frömmigkeit und politische Aktivität [verband]« (Nr. 12). Durch sein politisches Engagement half er ihr, die »während der ganzen Studienzeit bei der SMD gewesen« war, »aus der Enge heraus« und erweiterte ihren Horizont.

Eine Pfarrerin sieht den Ertrag der praktischen Ausbildung hauptsächlich im Lebensbezug und in der gelebten Gemeinschaft mit anderen Vikaren (»endlich echtes Leben!«), während die Vikariatsgemeinde bei ihr nur unter den Problemanzeigen vorkommt (Nr. 6). Eine andere Befragte nennt knapp »vertieftes Interesse an Seelsorge« (Nr. 7), zu dem sicher der von ihr erwähnte Dozent für Seelsorge beitrug, eine andere, die viel Gemeindeerfahrung mitbringt, findet es »schön, einmal eine andere Kirchengemeinde erleben zu können« (Nr. 13). Eine

---

42 Klessmann, a.a.O., 81.

junge Pfarrerin zählt zum Ertrag des Vikariats, dass sie sich »vertieft mit der Pfarrrolle auseinander[setzte] und [...] Rollenfestigkeit an[eignete]« (Nr. 17). Die Stichworte »Pfarrrolle« und »Rollenfestigkeit« zeigen einen Perspektivwechsel an, der seit den 1970er Jahren unter dem Einfluss der funktional-soziologischen Betrachtung des Pfarrberufs vollzogen wurde: jetzt steht im Vordergrund, wie ich als Pfarrer *anderen* erscheine, welche Rolle ich für sie spiele und welches Verhalten dieser Rolle entspricht, während es zuvor eher um das kirchlich-theologische Selbstverständnis der Pfarrperson ging, die ein Amt wahrnimmt.

Eine Pfarrerin betont, sie habe in dieser Zeit »nur von der Gemeinde und dem Lehrpfarrer [gelernt]. Das praktische Pfarramt war für mich eine Entdeckung und Befreiung: Endlich muss ich nicht mehr Theorien referieren und Relationen herstellen, sondern kann von dem reden, was ich immer schon mit Pfarrersein verbunden habe!« (Nr. 10) Ein Pfarrer lobt die »solide Grundausbildung in den Eckpfeilern der Gemeindearbeit« (Nr. 8), wobei in der Schwebe bleibt, ob er diese Ausbildung mehr der Vikariatsgemeinde oder dem Predigerseminar zu verdanken hat, ein anderer würdigt die Fähigkeit seines Lehrpfarrers, »Liebe zu den Menschen und zu den biblischen Texten« zu vermitteln »und wie dies auch in schwierigen Situationen (gerade in der Trauerarbeit) zusammenzubringen ist« (Nr. 16). Eine Pfarrerin bezeichnet ihre Ausbildung am Predigerseminar in Wuppertal als »sehr ertragreich, da Homiletik und Seelsorge vom selben Dozenten unterrichtet wurden, von Peter Bukowski. Weil Elemente der Selbsterfahrung konsequent verzahnt wurden mit theoretischen Impulsen, war es uns Vikaren möglich, nicht nur fachlich, sondern auch persönlich zu wachsen« (Nr. 21). Ein ostdeutscher Emeritus erlebte die Vikarsausbildung als »vielfältig, intensiv, praktisch, ich konnte relativ eigenständig sein« (Nr. 19). Auch die Ausbildung im Predigerseminar war für ihn »gut gelungen«, war er doch gemeinsam mit anderen auf dem Weg zum Gemeindedienst.

Den Dozenten bzw. Professoren an den Theologischen Seminaren, in Hessen-Nassau Herborn und bis 1999 Friedberg, wird von den Befragten im Allgemeinen keine besondere Bedeutung beigemessen (anders Nr. 21!). Umso mehr fällt auf, wo dann doch explizit eine Lehrperson erwähnt wird. Vier der Befragten, die in der EKHN ausgebildet wurden (drei Frauen und ein Mann: Nr. 7, 9, 10, 12), heben übereinstimmend positiv denselben Seelsorgelehrer hervor; auch ein Emeritus äußert sich anerkennend über seinen Lehrer in Seelsorge, der ihm die damals neue Methode des CPT vermittelte (Nr. 2). Diese Wertschätzung dürfte nicht allein der Lehrperson und dem Fach Seelsorgelehre geschuldet sein. Sie ist auch darin begründet, dass keine andere praktisch-theologische Disziplin den Vikaren soviel Gelegenheit bietet, persönliche Beziehungen zu reflektieren und in einem geschützten Setting sich selbst preiszugeben und zu erfahren. Was ein Emeritus Anfang der 1960er Jahre noch vermisste, nämlich die Vermittlung von Kenntnissen »über Psychologie und Gesprächsführung« (Nr. 3), wurde bald darauf in das Curriculum aufgenommen. Nun ging es in der Ausbildung der Pfarrer, vor allem nach 1968, um »Selbsterfahrung und Rollenfindung« (Nr. 18; vgl. Nr. 21). In den 1970er und 1980er Jahren, als die pastoralpsychologische Seelsorgebewegung für Pfarrer besonders attraktiv war, traten transsubjektive Vorgaben der klassischen evangelischen Seelsorgelehre, die Seelsorgern ein Trostamt zuschreibt, wie überhaupt die Auseinandersetzung mit der Geschichte der Seelsorge in den Hintergrund.[43]

Einige Befragte üben deutlich und differenziert Kritik an der Ausbildung im Predigerseminar (Nr. 4, 5, 9, 10, 12, 13, 16, verhaltener: Nr. 14), die praktische Ausbildung in der Gemeinde wird insgesamt besser beurteilt. Positiv wird die Ausbildung im Predigerseminar von fünf Befragten eingeschätzt (Nr. 7, 8, 17, 18, 21), was u.a. durch pragmatische Lernerwartungen der Vikare bedingt ist: sie wollten wissen, wie Gemeindearbeit funktioniert, und lernen, »das Studiumswissen auf die praktische Gemeindepfarrerarbeit herunterzubrechen« (Nr. 18). Die »Theorie-Praxis-Verzahnung« in dieser Ausbildungsphase wird von einer Befragten ausdrücklich für »sehr gewinnbringend« (Nr. 21) gehalten. Der Pfarrer aus Ostdeutschland hat eine andere Ausbildungssituation erlebt (Nr. 11). An der Kirchlichen Hochschule war das Studium »sehr kompakt (ca. sechs bis acht Pflichtvorlesungen pro Tag)«, also hochgradig verschult und insofern reglementiert (vgl. auch Nr. 19: »wenig Freiräume«). Dem Einzelnen blieb wenig Raum, nach eigenen Vorlieben Interessenschwerpunkte zu wählen. »Die Möglichkeit, ›Steckenpferde zu reiten‹, war sehr eingeschränkt«. Gleichwohl entwickelt der Befragte eine »besondere Liebe zur systematischen Theologie (Dogmatik/Ethik)«.

Es lohnt sich, die erwähnten Kritikpunkte genauer anzuschauen. In der Ausbildung Anfang der 1980er Jahre wurden bestimmte Methoden der Interaktion adaptiert und kultiviert. Bei einer Befragten erzeugte das vor allem Widerstand. Für sie hatte die Seelsorge-Ausbildung den »Ertrag«: »Dass ich mich auch für die spätere Spezialseelsorgetätigkeit weigerte, einen KSA- Kurs zu besuchen, weil mir für immer das ›Spiegeln‹ und andere Spielereien ein Gräuel geworden sind!« (Nr. 10) Ähnlich erging es einer anderen Pfarrerin in der religionspädagogischen Ausbildung: ihre »Abneigung gegen Religionspädagogik wurde in Herborn zementiert«. Sie fügt aber hinzu: »Im Schulpraktikum hatte ich [...] eine gute Mentorin« (Nr. 12). Die schärfste Kritik übt ein Pfarrer im Ehrenamt: »Das Predigerseminar war für mich weniger bildend als Zeitabsitzen, da stark unterfordernd und wenig zielführende Ausbildung, mit wenig praktischem (Pfarrverwaltung o.Ä.) oder gar pastoralem/geistlichem Tiefgang« (Nr. 16). Er erklärt selbst diese Erfahrung weitgehender Irrelevanz mit dem Curriculum des Predigerseminars, das »stark auf Berufsanfänger, als Studierende, die gerade erst ihr Studium beendet haben, ausgerichtet war«. In anderen Feldern, auch in anderen Berufen erworbene Qualifikationen und Fähigkeiten,

---

43 Vgl. dazu Christian Möller, Einführung in die Praktische Theologie, Tübingen/Basel 2004, 174–191.

die manche Vikare mitbringen (vgl. Nr. 9), wurden demnach nicht berücksichtigt; für diejenigen, die mit besonderen intellektuellen oder geistlichen Ansprüchen kommen, wirkt die Ausbildung im Predigerseminar leicht als Unterforderung, weil Lehrpersonen und/oder Vikarskollegen nicht auf solche Anliegen ansprechbar sind oder mit Unverständnis reagieren.

Von den Befragten wird eine beträchtliche Reihe an Defiziten der praktischen Ausbildung benannt. An erster Stelle steht hier das Fehlen einer angemessenen Einführung in Verwaltungsarbeit (Nr. 2, 3, 10, 14, 17), obwohl dieser Teil pfarramtlicher Tätigkeit zunimmt, an zweiter Stelle das Defizit an Beschäftigung mit Liturgie bzw. liturgische Übungen (Nr. 10, 12, 19). Da es zu den regulären Aufgaben der Pfarrer gehört, Gottesdienste zu leiten, fällt der Ausbildungsmangel hier besonders ins Gewicht. »Gemessen an der überragenden Bedeutung der öffentlichen Verkündigung waren die drei Monate homiletischer Ausbildung im Seminar (1974/75) ein Witz!« (Nr. 4), bemerkt ein Emeritus, und eine Pfarrerin vermisste Übungen, wie eine Predigt präsentiert wird (Nr. 12). Ein anderer Emeritus bemängelt »die völlig unzureichende Sprecherziehung« (Nr. 2), unter der später die Pfarrer und ihre Gemeinden zu leiden hätten. Ein kirchenmusikalisch sehr gut vorgebildeter Pfarrer beanstandet, dass Kirchenmusik während seiner Ausbildung in den 1980er Jahren zu kurz kam (Nr. 9). Diese Defizite wiegen deshalb so schwer, weil sie *Kernbereiche der Verkündigung* und ihre Wahrnehmung durch die Person betreffen und im Theologiestudium, wie es an deutschen Universitäten erfolgt, bereits angelegt sind. Anders als die Homiletik ist Liturgik kein verbindliches Studienfach für evangelische Theologen, musische und hymnologische Bildung sind nicht im Kanon der Studienfächer verankert.[44]

Aber auch auf anderen Gebieten sehen sich die befragten Pfarrer nicht gut vorbereitet: Leitung einer Dienststelle bzw. Personalrecht und Personalführung (Nr. 6, 8), Ethik, das Verhältnis von Politik und Kirche, Selbstorganisation (Nr. 7), Zeitmanagement und Teampfarramt (Nr. 14; Ersteres als Problem auch von Nr. 4 benannt), Seelsorgepraxis im Altenpflegeheim und in Trauerkasualien (Nr. 13, 15), Sozialarbeit (Nr. 3), Religionsunterricht und das Halten von Vorträgen (Nr. 6). Ein Emeritus, der in der ersten Hälfte der 1970er Jahre Vikar war, konstatiert: »Gelebter, gestalteter, persönlicher, im Wort Gottes beheimateter Glaube, der hatte nur wenig Raum in dieser Zeit« (Nr. 5). Auch eine später

[44] Auf diesen Missstand und Möglichkeiten, wie ihm abzuhelfen wäre, hat 1994 ein Memorandum der Arbeitsgemeinschaft evangelischer Liturgikdozenten für die EKD aufmerksam gemacht. Vgl. auch Michael Heymel, Das Gesangbuch als Lebensbegleiter. Wie Seelsorge mit Kirchenliedern möglich wird, in: Alexander Hanisch-Wolfram/Werner Horn (Hrsg.), StimmKraft. Kirchenlieder schreiben Geschichte. Beiträge zu Vergangenheit, Gegenwart und Zukunft evangelischen Singens (= Wissenschaftlicher Begleitband zur Sonderausstellung im Evangelischen Kulturzentrum Fresach 2015), Klagenfurt 2015, 263–275, hier: 274f.

ausgebildete Pfarrerin vermisst Spiritualität in der praktischen Ausbildung (Nr. 7). Es fehlte an Anleitung und Förderung geistlichen Lebens, auf einem Feld also, wo Theologen zumindest genauso wie alle Christenmenschen persönliche Aneignung und Übung brauchen.[45]

Einem Emeritus fehlte in den 1970er Jahren der Bezug zur jüdischen Wurzel des christlichen Glaubens (Nr. 18). Seit 1980 haben mehrere Landeskirchen, 1991 auch die EKHN, diesen Bezug in grundsätzlichen Erklärungen herausgestellt; inwieweit das in der praktischen Ausbildung der Pfarrer Konsequenzen hatte, wäre zu untersuchen. Für den Pfarrer im Ehrenamt hätte die Hälfte der Dauer der Vikarsausbildung genügt (Nr. 16).

Die Mehrzahl der Befragten (18 von 21) war bzw. ist in parochialen Gemeinden tätig, d. h. dort, wo sich in den vergangenen Jahrzehnten die Aufgaben additiv vermehrt haben.[46] Eine Person arbeitet in einer Einrichtung der Inneren Mission, eine andere an der Universität und nur ehrenamtlich im Gemeindepfarrdienst; eine Befragte arbeitete 16 Jahre auf einer ganzen Stelle für Altenseelsorge (Nr. 10). Die Breite der gemeindlichen Aufgaben spiegelt sich in den Antworten. Zwei Emeriti haben die Verkündigung an die erste Stelle gesetzt (Nr. 1, 4). Einer von ihnen hat während seiner gesamten Dienstzeit Reihenpredigten gehalten, d. h. jeweils biblische Bücher fortlaufend in Predigten ausgelegt und sich, von Ausnahmen abgesehen, nie an die kirchliche Ordnung der vorgeschlagenen Abschnitte (Perikopen) gehalten (Nr. 1). Er folgte damit dem Vorbild reformatorischer Prediger (Luther und Calvin), das v. a. in der reformierten Tradition weitergeführt wurde. Andere setzen die klassischen pastoralen Arbeitsfelder Gottesdienst inklusive Kasualien, Verkündigung, Unterricht und Seelsorge an die erste Stelle (Nr. 2, 3, 5, 6, 8, im Berufsbild: Nr. 9, eingeschränkt Nr. 12, 14–19, 21); die persönlichen Vorlieben liegen oft in diesen Feldern. Abweichend davon wurden oder werden Schwerpunkte der Gemeindearbeit wahrgenommen in Gemeindeleitung (Nr. 5), Gremienarbeit (Nr. 7), alte Musik/Kirchenmusik (Nr. 9), Familiengottesdienste (Nr. 10), Altenarbeit (Nr. 12, 14), Reisen und Ausflüge (Nr. 12), Spiritualität (Nr. 13), Bibelarbeiten (Nr. 16), Kindertagesstätte (Nr. 17, bei Nr. 12 Kindergarten eher als Problemfeld beschrieben), christlich-jüdischer Dialog samt »Passionsspiel« eines jüdischen Autors, Konfirmanden-Freizeiten; Gründonnerstags-GD im Pessachstil, Osternacht (Nr. 18).

Hinzu kommen Aufgaben, die von den Befragten sehr unterschiedlich bewertet werden, wie etwa Bau- und Renovierungsvorhaben. Kritisch urteilt ein Emeritus (Nr. 1), dies sollte eher Sache eines »Kirchmeisters« als eines Pfarrers sein, während zwei Kirchenrenovierungen einem anderen »großen Spaß« bereiten (Nr. 4). Andere erwähnen solche Aufgaben, ohne sie positiv oder negativ zu

---

45 Vgl. Christa Reich, Spiritualität im Theologiestudium, in: Dies., Evangelium: klingendes Wort. Zur theologischen Bedeutung des Singens, Stuttgart 1997, 105–110.

46 Vgl. Rudolf Roosen, Die Kirchengemeinde – Sozialsystem im Wandel, Berlin/New York 1997, 559 ff.

werten (Nr. 2, 19). Die Verwaltung wird sicher *auch* deswegen als zeitraubend angesehen, weil man auf sie in der zweiten Ausbildungsphase nicht angemessen vorbereitet wurde. In manchen Pfarrämtern erfolgt eine merkliche Entlastung von administrativen Aufgaben schon dadurch, dass ein Laie den Vorsitz im Kirchenvorstand übernommen hat (Nr. 21).

Einen ungewöhnlich langen Weg in das erstrebte Gemeindepfarramt musste eine Theologin zurücklegen, die nach Vikariat und pastoralem Hilfsdienst ins Ehrenamt ordiniert wurde, anschließend aber wegen eines Einstellungsstopps der Landeskirche nicht Pfarrerin werden konnte (Nr. 21). Sie bewältigte diese Situation durch eine berufliche Umorientierung, indem sie sieben Jahre »als Trainerin für akademisches Schreiben sowie als Schreibberaterin« arbeitete und diese Kompetenz danach sogar mit einem theologischen Forschungsprojekt »Predigt schreiben« verband, das nach fünf Jahren mit der Promotion abgeschlossen wurde. Als sie ihre erste reguläre Pfarrstelle erhielt, war sie 44 Jahre alt.

Beachtlich sind Vielfalt und Umfang der Aufgaben, die *zusätzlich* zur normalen Gemeindearbeit übernommen wurden oder werden: Vorträge in Pfarrkonventen und Religionslehrertagungen (Nr. 1), Mitarbeit im DSV (Nr. 2, 7, 8, 10), Dekanatsbeauftragter für Kirchenmusik (Nr. 2, 3), Männerarbeit und Erwachsenenbildung, Mitarbeit im hessischen Gesangbuchausschuss, bei der Vikarsausbildung im Fach Kirchenmusik, im Kuratorium und Förderverein einer Sozialstation (Nr. 2), Umweltarbeit, Kirchentagsarbeit, Krankenpflegeverein, Dekanatsauftrag für Mission und Ökumene (Nr. 3), Tätigkeiten für das GAW der EKHN, für den Dekanatsbauausschuss, im ACK Darmstadt, als Regionalmentor für Gemeindepädagogen (Nr. 4), KDV [= Kriegsdienstverweigerer]-Beratungstätigkeit, Prädikantenkurse (Nr. 5, 10, 12), stellv. Dekan (Nr. 5, 8) bzw. stellv. Dekanin (Nr. 7), Vorstandsvorsitzender einer Diakoniestation (Nr. 5), Mitglied der Kirchensynode (Nr. 5, 8), Notfallseelsorge (Nr. 6, 7), Mitarbeit beim Pfarrertag, im Pfarrverein, Mitbetreuung einer Pilgergruppe (Nr. 6), Gründungsmitglied bei Hospizverein und Tafel, Ausbilderin im Hospizverein, Referentin im Prädikantenausbildungskurs, Radioautorin und -sprecherin (Kirche im SWR), AG Kirchenmusik (Nr. 7), Betreuung der Zivildienstleistenden im Gemeindeverband, Lehrpfarrer für Vikare, Ausbildung eines Prädikanten, Gemeindeberatung (6 Jahre) (Nr. 8), Vorsitz im Förderverein eines Musikinstrumentenmuseums, Leiter verschiedener Musikgruppen (Nr. 9), Besuchsdienstseminare für Ehrenamtliche (Nr. 10, 12), Referentin bei Fortbildungstagungen in verschiedenen Landeskirchen, Vorstand des Konvents für Altenheimseelsorge (Nr. 10), Rundfunkandachten in Deutschlandfunk und MDR, Synodaler der EKU und der EKSOL (früh. Görlitzer Kirche – jetzt EKBO), Mitglied der Kirchenleitung der EKSOL, Vorsitzender eines Regionaldiakonischen Werkes (Nr. 11), Arbeit im Stadtkirchenbeirat, in verschiedenen Ausschüssen für Partnerschaften und Arbeitskreisen (Nr. 12), Delegierte der EKHN für die Arbeit der Berliner Bibelwochen (Berufung auf EKD-Ebene), Komitee-Mitglied der UEK für die Europäischen Bibeldialoge, Leiterin einer Fortbildungsveranstaltung in Berlin (bislang: European Bibleweek, ab 2016: Fortbildung der Prädikanten), Arbeitskreis der EKHN für Prädikantenausbildung (Nr. 13), Mitglied im Missionskonvent und im Europaausschuss der Nordkirche (Nr. 14), Kirchentagsfahrten, Passionsspiel-Aufführungen in Wiesbaden und beim Frankfurter Kirchentag (Nr. 18), Schreibwerkstätten für Pfarrer und Prädikanten, Tätigkeit als Referentin auf Tagungen und Konferenzen, Beratung von Predigenden bei Schreibblockaden in der Predigtarbeit, Lehrauftrag für Homiletik (Nr. 21).

Diese Aufzählung belegt die Freiheit, im Gemeindepfarramt eigenständig Schwerpunkte zu setzen und auf Dekanats-, Landeskirchen- oder EKD-Ebene, in kirchlichen oder außerkirchlichen Einrichtungen zusätzliche Dienste zu übernehmen. Zeit und Kraft für die gemeindlichen und übergemeindlichen Aufgaben auszubalancieren erfordert vom Einzelnen ein hohes Maß an Selbstorganisation und geschicktem Zeitmanagement. Schwierig wird die Balance dort, wo eine Pfarrperson regelmäßig zwei unterschiedliche Teildienststellen zu versehen hat. Eine Pfarrerin, die seit 2015 eine halbe Stelle Altenseelsorge mit einer halben Stelle in einer Kirchengemeinde verbindet, deutet das Problem an: zusätzliche Aufgaben können kaum noch übernommen werden (Nr. 10). Dass der Gemeindedienst sich naturgemäß schwerer begrenzen lässt und dazu tendiert, mehr als 50 Prozent der Arbeitszeit zu beanspruchen, macht die Verbindung noch komplizierter. Funktionale Pfarrdienste dagegen ermöglichen es, Arbeitszeiten besser einzuteilen und zwischen Arbeits- und Privatsphäre klarer zu unterscheiden, was sie für viele Pfarrer attraktiver macht als das parochiale Pfarramt. Ihre Zahl, die in Zeiten finanzierbarer Kirchenreformen anwuchs, musste freilich in den letzten Jahren von allen Landeskirchen reduziert werden. Zudem wurden viele zu Teildienststellen herabgestuft.

Mehrere Befragte berichten von extremen Arbeitsbelastungen, die v.a. in Struktur und Zuschnitt der zu betreuenden Gemeinden begründet sind. Ein Berufsanfänger musste in den 1970er Jahren in seiner ersten Gemeinde eine »harte Schule« absolvieren. Die Gemeinde »hatte damals offiziell 6.700 Gemeindeglieder in zwei Pfarrbezirken! So dass die Zahlen an Konfirmanden (immer zwischen 60 und 70, d.h. drei Gruppen), Kasualien und Besuchen in der Gemeinde gewaltig waren, drei bis vier Beerdigungen in der Woche waren normal« (Nr. 5). In ostdeutschen Landeskirchen ist die Situation oft noch belastender. Ein Vikar hatte dort Mitte der 1980er Jahre innerhalb seines ersten Jahres ca. 50 Beerdigungen (Nr. 11), ein Emeritus berichtet, dass er in seinem Pfarrdienst zuerst für drei und schließlich für 8 Gemeinden zuständig war (Nr. 19). Sein Resümee, dass »die Verwaltung des Pfarramtes auf Kosten der Seelsorge und der eigenen Weiterbildung geht«, ist unter diesen Umständen nachvollziehbar.

(5) Vorstellungen von Pfarrer und Gemeinde, familiäres Umfeld

Kirchenbezug und Rolle des Ehepartners:
Aus den Auskünften lässt sich eine große Bandbreite an Konstellationen zwischen Pfarrperson und Ehepartner entnehmen. Bei den älteren Pfarrern gab bzw. gibt es noch immer den – inzwischen selten gewordenen – Typus der klassischen Pfarrfrau in Varianten (Nr. 1–5, 9, 19). Als unterstützende Kraft, als Dialog- und Ansprechpartnerin wird die Ehefrau gebraucht, mit ihren Begabungen und Interessen kann sie sich in die Gemeinde einbringen. Bei der älteren Pfarrergeneration war es nicht ungewöhnlich, dass die Ehefrau sich um Haus und Kinder kümmerte und den Mann in der Gemeindearbeit unterstützte, d. h. »Telefondienst, Jungschararbeit und in einer Nachbargemeinde Organistendienst und Chorarbeit (Kirchenchor, Kinderchor und Flötenkreis)« übernahm (Nr. 3). Eine andere Pfarrfrau entfaltete »eine ganze Reihe ehrenamtlicher Tätigkeiten in der Kirchengemeinde und darüber hinaus im Dekanat und im Landesverband der ›Evangelischen Frauenhilfe‹ in der EKHN in dessen Vorstand« (Nr. 2). Ein ostdeutscher Emeritus berichtet, dass seine Frau, Mutter von fünf Kindern, ihn vielfältig unterstützte: sie habe »Telefonate entgegengenommen, Termine vereinbart, Krankenhausbesuche und zum Teil auch die meiner Amtskollegen gemacht, mit Kindern viele Projekte gestaltet, hat ihre Lizenz erneuert, mit Kindern Sport getrieben, getöpfert, gefilzt, viel kreativ beschäftigt« (Nr. 19). Ein anderer betont die von ihm und seiner Frau »gemeinsam gelebte Praxis der Schriftauslegung und des Gebets«. Im »Alltag der Gemeinde war der gemeinsame Gottesdienstbesuch elementar. Außerdem hat meine Frau in unterschiedlichen Gruppen und Projekten mitgearbeitet vom Kindergottesdienst über die Brot-für-die-Welt-Gruppe bis hin zum Weltgebetstag und zur gemeinsamen Ehearbeit« (Nr. 5).

Von den Pfarrerinnen sind vier mit einem Pfarrer verheiratet (Nr. 7, 10, 12, 20), eine mit einem Pfarrerssohn (Nr. 6). Sie haben Ehepartner, die in sehr unterschiedlichem Maß die eigene pastorale Arbeit unterstützen. Das gilt auch für die Ehefrauen von Pfarrern. Es kommt aber auch vor, dass die Partnerin der Berufsarbeit des Pfarrers eher fremd und distanziert gegenübersteht (Nr. 18). Da der Pfarrberuf eine der christlichen Botschaft entsprechende Lebenshaltung (was *nicht* bedeutet: eine einzige Glaubens- und Lebensform, einen bestimmten Frömmigkeitsstil!) voraussetzt und gerade im Gemeindedienst eine strikte Trennung von Berufs- und Privatleben kaum zulässt (vgl. Nr. 10: Gespräche über den Beruf reichen in die Nacht und die Freizeit hinein), legen manche Pfarrer Wert darauf, dass ihre Ehepartner in der Grundhaltung mit ihnen übereinstimmen und ihr hohes kirchliches Engagement verstehen und fördern. »Für mich wäre auch kaum ein Partner in Frage gekommen, der dieses Interesse nicht teilen kann«, schreibt eine Pfarrerin, die mit einem Pfarrer verheiratet ist (Nr. 10). Der Partner hilft dabei, die eigene Arbeit zu reflektieren (Nr. 7, 14) und kann sich ehrenamtlich in der Gemeinde seiner Frau engagieren (Nr. 13). Die eigene Familie ist für eine andere Pfarrerin ein wichtiger »Rückzugsort, der Ort, an dem ich regeneriere und keine Rolle ausüben muss« (Nr. 21). Pfarrerinnen kommen, so scheint es, leichter als ihre männlichen Kollegen damit zurecht, dass der Ehepartner in einem anderen Beruf arbeitet. Sie wissen es zu schätzen, wenn er sie nach seinen Möglichkeiten begleitet und unterstützt, etwa indem er am Gottesdienst teilnimmt (Nr. 6, 17) oder »seine beruflichen und handwerklichen Fähigkeiten ein[bringt]: IT, Bauangelegenheiten, [...] Grillen bei Festen« (Nr. 6). Eine Pfarrerin würdigt nicht nur ihren Mann und ihre Kinder, die ihr »in Jahren hoher beruflicher Belastung [...] ein sicherer emotionaler Rückhalt« (Nr. 21) waren, sondern auch ihre Mutter, die ihr bis heute »unersetzliche theologische Gesprächspartnerin« und Seelsorgerin sei.

Zwei Emeriti äußern sich offen über die Belastung, die ihr Beruf für die Ehefrau bedeutete (Nr. 1, 4). Im einen Fall war die Ehe »voller Spannungen«, aber das Paar blieb bis zum Tod der Ehefrau zusammen (Nr. 1); im anderen Fall scheiterte die Ehe (Nr. 4). Ein dritter Emeritus deutet die Gefährdung seiner jungen Ehe durch eine vielseitig fordernde Gemeindearbeit an, die erst durch den Wechsel auf eine halbe Stelle überwunden wurde (Nr. 5).

Zum Pfarrbild:

Es überrascht nicht, dass die Aussagen über das, was einen guten Pfarrer, eine gute Pfarrerin ausmacht, stark von Individualität, theologischer Prägung und pastoraler Erfahrung der Befragten gefärbt sind. Ein Emeritus, der dezidiert und mit beeindruckender Folgerichtigkeit ein sehr anspruchsvolles Pfarrbild (als »Diener am Wort Gottes«) vertritt, antwortet nur indirekt auf die Frage (Nr. 1). Ein anderer hebt die Übereinstimmung von Leben und Verkündigung hervor: die Pfarrperson sollte eine »Persönlichkeit [sein], der man abspürt, dass sie hinter dem steht, was sie tut; dass sie glaubt, was sie sagt; dass sie lebt, was sie verkündigt. Dafür sind gewiss ausreichende Sachkenntnisse und immer wieder neues Bemühen um sie nötig« (Nr. 2). Ein guter Pfarrer sollte einen »starke[n] Glaube[n] und eine gute theologische Ausbildung« haben (Nr. 3). Nur wenn er selber im Glauben lebt, kann er auch andere überzeugend zum Glauben einladen (Nr. 5). Die Glaubwürdigkeit einer Lebensführung aus dem Wort heraus bzw. der für andere erkennbare persönliche Glaube wird auch von anderen unterstrichen (Nr. 5, 8, 10, 14, 15, 17; Nr. 11, 18: Authentizität!). Der Pfarrer sollte zuallererst »ein guter, urteilsfähiger Theologe sein!« (Nr. 4) Er soll »lernend im Wort Gottes zu Hause sein« (Nr. 5; vgl. Nr. 1). Er sollte wissen, worauf er jeweils den Focus zu richten hat, und »einigermaßen frei von Menschenfurcht, ein zuhörender (!) Gesprächspartner sein, der ggf. aber auch die konfrontative Seelsorge nicht scheut« (Nr. 4). Ein in diakonischer Arbeit mit alten und behinderten Menschen erfahrener Pfarrer erklärt, es gelte »Neu ›Zuhören‹ lernen!« (Nr. 11) Das Gutzuhören-Können (Nr. 8) und gemeinsame Suchen nach gangbaren Wegen steht für ein Pfarrbild, das den Pfarrer als Ansprechpartner und ermutigenden Helfer beschreibt (Nr. 19).

Eine emeritierte Pfarrerin, die stets im Schuldienst tätig war, ist überzeugt, dass ein guter Pfarrer vor allem gute Predigten hält (Nr. 20). Diese Auffassung hat sich in ihrer Jugend gebildet, als sie während der NS-Zeit in Potsdam gegenüber den Nazis kritische und darum spannende Predigten hörte. Solche Erfahrungen sind prägend für das eigene Pfarrbild, selbst dann, wenn man später kaum Predigten zu halten hat. Sie bestimmen aber, was man von einem Pfarrer erwartet: dass er gut predigen kann.

Ein Pfarrer sollte eine »gefestigte Persönlichkeit« (Nr. 18) sein. Dazu gehört auch »Konfliktfähigkeit« (Nr. 8, vgl. Nr. 4). Er sollte »Offenheit für die Gemeindemitglieder und besonders für junge Menschen und Hilfsbedürftige ein weites, offenes Herz« haben (Nr. 3). Ein guter Pfarrer hat »Freude am Umgang mit Menschen« (Nr. 5). Er soll Menschen »für Gott und Jesus [begeistern] und dies in einer neuen verständlichen Sprache, weniger verkopft, aber mehr mit Herz« (Nr. 19). »Nähe zu den Menschen in der Gemeinde« (Nr. 12) wird angestrebt. »Die Menschen sollen möglichst selten, am besten nie das Gefühl bekommen, es sei uns vieles, womöglich alles (viel) zu viel. Wir sollen ihnen vermitteln, dass wir sie wertschätzen und dass wir gerne für sie und mit ihnen arbeiten. Unsere Verlässlichkeit ist ganz wesentlich« (Nr. 2), schreibt ein Emeritus.

Steht im Pfarrbild der Pfarrer, v. a. der älteren, öfter die Verkündigung an erster Stelle (anders Nr. 18, 19), so hat für Pfarrerinnen die Seelsorge bzw. das beziehungsvolle Ansprechen anderer Vorrang, um »das Evangelium mit der Lebenswirklichkeit der Menschen vor Ort ins Gespräch zu bringen« (Nr. 17). Die Pfarrerin soll zuerst »Zeit haben« (Nr. 6; auch bei Nr. 10, 16), sie soll ein Gespür haben für das, »was Not wendet ...«, was die Seele braucht« (Nr. 6). Ihre Fähigkeiten und Stärken liegen darin, dass sie »gut sprechen [kann] (Rhetorik)« und »im Bereich der Seelsorge« eine Zusatzqualifikation erworben hat (Nr. 7). Seelsorgliche Kompetenzen sind für sie unabdingbar sowie »die Freude daran, Menschen auf ihren Lebenswegen zu stärken und zu begleiten« (Nr. 17). Die Menschen sollen »merken, dass sie *Zeit* für sie hat, dass sie *ernstgenommen* werden, dass sie *Erfahrungen* im Glauben gemacht hat und sie auch zu teilen bereit ist (auch schwierige Zeiten)« (Nr. 10). Die Pfarrerin soll ein »offenes Ohr für die Belange der Gemeindeglieder haben, und ein offenes Ohr für Gott« (Nr. 13). Sie sollte »eine Gemeinde auf geistlicher Ebene führen können« (Nr. 13, vgl. 5). Das Stichwort »Erfahrungen im Glauben« verweist auf die spirituelle Dimension, das geistliche Leben. Zwei Befragte (Nr. 10, 12) akzentuieren ausdrücklich die Spiritualität der Pfarrerin: diese sollte »in Fragen der Spiritualität erfahren« sein und sich auskennen; so kann sie »eine spirituelle Ausstrahlung haben und Menschen mit dem Wort Gottes begegnen« (Nr. 12). Im andern Fall wird eine Diskrepanz zur Berufswirklichkeit offenkundig: »Ich wünschte, ich könnte die persönliche Spiritualität stärker im Alltag leben« (Nr. 10).

Eine andere Pfarrerin benennt sehr differenziert die verschiedenen Dimensionen persönlicher Entwicklung, die gute Pfarrer ausmachen. Sie betont zunächst die »stimmige Berufsrolle«, die eine Pfarrperson entwickeln müsse: »Maskenhaftes Auftreten ist dauerhaft weder für die Pfarrperson heilsam noch für die Gemeinde angenehm und glaubwürdig« (Nr. 21). Überzeugend wirken für sie Pfarrer, die »sich Theologie und Tradition *angeeignet*« und »die überlieferten Wahrheiten nicht nur kognitiv, sondern existentiell begriffen haben« (ebd.). »Führungskompetenz« und »kommunikative Kompetenz« seien für den Pfarrberuf unabdingbar.

Im Pfarrbild zeigt sich, wie Pfarrer sich in ihrem Beruf verstehen und wie sie sein wollen, oft auch authentisch sind. An bestimmten Punkten steht es allerdings in Spannung zur erfahrbaren Realität, formuliert eher ein anzustrebendes Ideal, das in der Realität nur annäherungsweise zu erreichen ist. Das gilt besonders für drei Bereiche: den Umgang mit Zeit, das Leben im Glauben und die theologische Arbeit.

- *Zeit haben:* Mehrere Pfarrer sind überzeugt, dass sie Zeit haben sollten, Zeit für die Menschen, für seelsorgliche Gespräche und Begleitung, fürs Predigtschreiben, kurz: Zeit für das Wesentliche des Pfarrberufs. Das erfordert »ein gutes Zeitmanagement« (Nr. 4) und Sinn für das Wichtige (Nr. 16). Sich für etwas Zeit nehmen heißt, eine Priorität setzen: das ist jetzt dran, das ist mir so wichtig, dass alles andere warten muss. Wenn alles schon im Terminkalender verplant ist, bleibt keine »Zeit für das Unvorhergesehene« (Nr. 16). Ein Pfarrer im Ehrenamt – der nicht ins normale Tagesgeschäft eingespannt ist – bemerkt, dass »Offenheit und Zeit für den Einzelnen [...] meiner Wahrnehmung nach häufig [...] in der Hektik des Pfarralltags« untergeht (Nr. 16). Pfarrer in der Alten- und Krankenseelsorge haben in ihrem Arbeitsfeld eher die Möglichkeit, als »Zeithaber« aufzutreten, weil sie ihre Arbeitszeit leichter als die im Gemeindedienst tätigen Kollegen strukturieren können.
- *Leben im Glauben:* Pfarrer vernachlässigen diese grundlegend wichtige Dimension des Pfarrberufs leicht, wenn sie nur als religiöse Dienstleister am Kunden gefragt werden und stets für andere da sein wollen. Ein Emeritus schildert, wie es bei ihm als Mitte 30-Jährigen zu einer beruflichen Krise kam (Nr. 5). Er fühlte sich als Macher im kirchlichen Betrieb, die tiefere Sehnsucht nach mehr blieb unerfüllt. Etwas Unvorhergesehenes geschieht: eine Begegnung im Krankenhaus löst bei ihm eine »persönliche Glaubenserneuerung« aus, die sein Christ- und Pfarrersein verändert. Manchmal sind es solche unfreiwilligen Auszeiten, in denen ein Pfarrer sich besinnt und neu die Kraft des Glaubens entdeckt.
- *Theologische Arbeit:* Ein guter Theologe, eine gute Theologin zu sein gelingt einer Pfarrperson nur, wenn sie sich regelmäßig Zeit dafür nimmt. Dabei geht es erst in zweiter Linie um die Lektüre theologischer Bücher und Fachdiskussionen. Vielmehr braucht es theologische Arbeit als Gegengewicht zum

Alltag, wie ein Pfarrer des 19. Jahrhunderts noch wusste: »Der Pastor muss durchaus, wenn er nicht in den Gemeinheiten des Lebens untergehen soll, ein Gebiet haben, das seiner Seele Nahrung gibt und seine Gedanken über das alltägliche Leben erhebt«. Es sei notwendig, sich wissenschaftlich zu beschäftigen. Die Frühstunden vor und nach dem Besuch der Schule gehörten der Theologie. Was macht der Pastor in seiner Studierstube? *Oratio, tentatio, meditatio* machen den Theologen (Luther). Er muss sich täglich in Gottes Wort versenken. Das Studieren auf die Predigt hat seine Zeit am Freitag und Sonnabend, »aber die Meditation geht die ganze Woche hindurch«.[47]

Die »Lust und Freude an der Theologie und ihrer Quelle, der Schrift« (Nr. 16) wollen immer wieder geweckt und genährt werden. Theologische Arbeit meint nicht Resultate, die in keiner Beziehung zum Leben stehen, sondern einen fortwährenden Lernprozess (Nr. 21: existentielle Aneignung). Im Pfarrberuf stellt sich täglich die »Aufgabe, unsere Lebenswelt und die sich stellenden Herausforderungen immer wieder neu theologisch zu reflektieren« (Nr. 17). Ein Emeritus hält »theologische Arbeit [...] für den Pfarrberuf eminent wichtig, um in diesem Beruf nicht nur bestehen zu können, sondern auch wegweisend zu wirken, die Erfahrungen der Menschen der Bibel von damals in den Erfahrungsbereich heutiger Menschen zu transportieren« (Nr. 19).

- *Verständnis der christlichen Gemeinde:* Was eine Gemeinde als Christengemeinde kennzeichnet, wird von den Befragten je nach theologischem Ansatz und Denkweise bestimmt. Mit Bezug auf die Schrift, d.h. nach dem Zeugnis der Evangelien, bestimmt ein Emeritus die Gemeinde von der Gegenwart Jesu Christi her (Nr. 1). Wo Menschen in seinem Namen versammelt sind, um auf ihn zu hören und von ihm zu lernen, da ist seine Gemeinde; eine Begrenzung auf die »sogenannte Gemeinde und ihre Kreise«, d.h. die real existierende Kirchengemeinde vor Ort, wird zurückgewiesen. Andere Emeriti sprechen sozusagen Grundvollzüge des Christseins an: »Der Wille, auf Gottes Wort und seine Verkündigung zu hören, sich auch selbst darum zu bemühen (z.B. im Bibelgespräch). [...] Wissen, was wir an Gott in Jesus Christus haben, und danach leben« (Nr. 2). Oder: »das öffentliche Bekenntnis, der Besuch des Gottesdienstes [...] Auf den Sonntagsgottesdienst folgt ›der Gottesdienst im Alltag der Welt‹ (Röm. 12,1), das christliche Zeugnis in der Pflichterfüllung des Berufs, gegenüber der eigenen Familie, dem Freundeskreis, der Nachbarschaft [...]« (Nr. 4). Kurz, die Christengemeinde ist eine »Gemeinde, die aus Gottes Wort lebt, sich im Gottesdienst versammelt und die Sendung in die Welt praktiziert« (Nr. 3). Christuszentriert, charismatisch, missionarisch, ökumenisch und diakonisch: mit diesen fünf Eckpunkten beschreibt ein Emeritus sein Verständnis einer christlichen Gemeinde (Nr. 5).

---

[47] Büchsel, a.a.O., 57f., 114f.

Hier wird die Christengemeinde deutlich unterschieden von der realen Kirchengemeinde, ihre konstitutiven Lebensvollzüge werden kritisch dem gegenübergestellt, was in der Gemeinde vor Ort bzw. »im Gemeindehaus stattfindet, der ganze, oft kleinbürgerliche Betrieb dort« (Nr. 4). Schrift und Bekenntnis geben vor, wie die christliche Gemeinde wahrzunehmen ist. Gerade Pfarrer, die auf dieser Linie Gemeinde theologisch bestimmen, neigen nicht dazu, sie mit der Sozialgestalt der Parochie zu identifizieren.[48]

Anders, nämlich vom sozialen menschlichen Erleben her wird die Christengemeinde bestimmt durch das »Verbundenheitsgefühl von vielen Gruppen und Einzelnen, die sich dann auch insgesamt als Gemeinschaft verstehen mit der biblischen Botschaft im Mittelpunkt und als tragender und zu feiernder Grund [...]« (Nr. 18). »Eine Christengemeinde besteht aus Christen, die sich begegnen [...], gemeinsam was unternehmen und auch feiern zu gegebener Zeit und andere Leute von der Sache Jesu begeistern können« (Nr. 19). Dieser Ansatz des Gemeindeverständnisses, wie ihn zwei Emeriti formulieren (vgl. z. T. auch Nr. 2), wird auch von jüngeren Pfarrern geteilt. Für sie ist Christengemeinde »Gemeinschaft, freundliches, wertschätzendes Miteinander«, das sich erweist im »Einander aushalten, einander tragen« (Nr. 6; vgl. Nr. 15). Eine weitere Pfarrerin nennt »Vielfalt, Wir-Gefühl, Angebotscharakter, Einladende Kirche, Vernetzung« (Nr. 7). Eine mittlere Position vertritt ein Pfarrer, der die Gemeinde als Leib Christi wahrnimmt. Das Bild bedeutet: »Niemand muss alles können oder machen. Alle sollen nach ihren Begabungen der Gemeinde dienen« (Nr. 9). Für eine Pfarrerin ist die Gemeinde »ein Zusammenschluss von Menschen, die gemeinsam auf dem Weg sind« und »Christus in der Mitte« haben (Nr. 21).

Auch dort, wo die Gemeinde nicht primär mit Kategorien von Schrift und Bekenntnis, sondern eher aus der Perspektive des eigenen sozialen Erlebens begriffen wird, kann die Spannung zwischen geglaubter und real erfahrener Gemeinde empfindlich spürbar werden. »Zu der geglaubten gehören Menschen, die aus Überzeugung Christen sind; Christen, die immer wieder im Denken und Tun ihr Leben im Glauben überdenken und überarbeiten [...]. Die Christengemeinde ist bei aller Unterschiedlichkeit der Einzelwesen eine Gruppe, die einander respektiert, befragt und trägt [...]. Die reale Christengemeinde kennzeichnet nach meiner Erfahrung eine weitgehende Individualisierung, bei der das Interesse nur Kontakt bei Gelegenheit bedeutet, allenfalls noch bei liebgewor-

---

48 Vgl. PETER SCHERLE, Der Pfarrberuf im Umbruch. Konturen einer erneuerten Theorie des Amtes, in: Gottes Profis? Re-Visionen des Pfarramts, hrsg. von Thorsten Peters u. a. (= Herborner Beiträge Bd. 2), Wuppertal 2004, 27–53, der sich gegen die parochiale Engführung des Gemeindebegriffs wendet, um die funktionalen Dienste würdigen zu können. »›Gemeinde‹ kann vielmehr in unterschiedlichsten kirchlichen Verhältnissen, Handlungsfeldern und christlichen Lebensformen wahrgenommen werden« (31 f.). Es bleibt dann nur wie in der Parochie die Frage, inwiefern sie als ›Gemeinde‹ *identifizierbar* ist (vgl. 32, Hervorh. von mir, MH).

denen Traditionen [...]« (Nr. 10). In ihr gibt es »aktive Mitglieder, die sich bald bis zur Erschöpfung abarbeiten in dem Ziel, mehr Lebendigkeit in die Gemeinde zu bekommen« (ebd.). In dieser Beschreibung spiegelt sich die Realität, die Pfarrer und engagierte Mitarbeiter in volkskirchlichen Kirchengemeinden oft erfahren: ein großer Anteil an Mitgliedern hält vom Gemeindemilieu Abstand und lässt sich nur bei Gelegenheit und mit Vorbehalt darauf ein. Wie soll es da gelingen, »die Mitglieder der Kirchengemeinden so gut wie möglich (!) in die unabweisbare Notwendigkeit der Umgestaltung der Kirche einzubeziehen [...]«?[49]

Die von drei Befragten als Kennzeichen angeführte Offenheit »für Neues und zunächst vielleicht Fremdes, auch für ›Neue‹ und zunächst vielleicht Fremde, auch für schwierige Menschen und Situationen« (Nr. 2), »offenes und freundliches Miteinander« sowie »Ausstrahlung nach außen« (Nr. 8), eine »Offenheit (für alle Menschen, nicht für alle Themen)« (Nr. 11) ist nicht einfach in den Ortsgemeinden schon da; sie muss eingeübt und kultiviert werden. Es gibt Gemeindemilieus, die sehr binnenorientiert und für Außenstehende wenig einladend sind. Eine Christengemeinde, schreibt ein Pfarrer, bildet keine »Nischen und Konventikel«, sie bietet »niedrigschwellige Einstiegsmöglichkeiten, keine Gemeindegruppe soll sich über die andere erheben« (Nr. 11). Streit darf sein, wenn er nicht destruktiv wird (Nr. 21). Eine Pfarrerin erklärt: »Konkurrenzkampf, Lästern und Hass, Missgunst und Bosheit in einer Gemeinde sind unerträglich!« (Nr. 12) Wie aber geht eine Christengemeinde mit solchen Verhaltensweisen um? Wenn Gottesdienst und »Fürsorge füreinander« ihre Kennzeichen sind (Nr. 13), wie verhält sich dann die Pfarrerin angesichts der Tatsache, dass beim Gottesdienst »nicht alle präsent sind« (was bedeutet: viele bleiben einfach weg)? Wenn die Christengemeinde eine »Gemeinschaft [ist], die aus Gottes Kraft lebt und wirkt und sich übt, so zu leben, wie Jesus das gepredigt und vorgelebt hat« (Nr. 14), kann sie sich mit den Verhältnissen in den realen Kirchengemeinden jedenfalls nicht abfinden.

Die Antworten zeigen, dass manche Pfarrer sich mühen, den Widerspruch zwischen geglaubter und erfahrener Gemeinde auszuhalten. Zwei jüngere Pfarrpersonen machen jedoch deutlich, dass die Kennzeichen geglaubter Gemeinde als *Leitbild* für die Gemeindearbeit unverzichtbar sind. Christengemeinde

---

49 Wagner-Rau, Wichtiger und unwichtiger zugleich, a.a.O., 179. Nach Einschätzung der Autorin müssen sich Pfarrer und Pfarrerinnen »auf einen langfristig andauernden Umbau der Kirche einstellen« (177) und nötige Reformen als theologisch gebildete Berufsgruppe gestalten. Ihre Gestaltungskraft habe sich im Gottesdienst, Offenheit für »Übergangszonen des kirchlichen Lebens« und in der »Orientierung am lokalen Sozialraum« (179 ff.) zu erweisen. Dafür seien mehr denn je Mut, sich auf unbekannte Lebenswelten einzulassen, und Bereitschaft zur Kooperation erforderlich. Dem ist entgegenzuhalten, dass der Zuschnitt der Pfarrstellen und die Arbeitsbedingungen in vielen Kirchengemeinden und kirchlichen Regionen für ein solches Gestalten oft nur geringere Spielräume lassen.

bedeutet: Hier sind »Menschen, die sich dem Evangelium von Jesus Christus verpflichtet wissen« (Nr. 17). »Zusammenhalt untereinander – Bekenntnis zum Christus: nicht nur nach innen, sondern auch eben nach außen, was sich zum Beispiel oder auch darin äußern kann, dass sie einladend und empfangend für Andere/Fremde sich gibt« (Nr. 16). In der Offenheit für »Begegnung« (Nr. 19) erweist sich die Wahrheit des Christusbekenntnisses. In den Kirchengemeinden, auf dem Land mehr als in der Stadt, die noch dem vereinskirchlichen Modell von Gemeindearbeit verhaftet sind, werden Pfarrer daher ständig herausgefordert, dem Leitbild geglaubter Gemeinde entsprechend zu handeln, so dass schon an ihrem Verhalten erkennbar wird: »Eine Christengemeinde sollte tolerant und offen sein, kein in sich abgeschlossener Verein« (Nr. 17). Wichtig ist hier der Hinweis einer Pfarrerin auf das »gemeinsame Ringen um Wahrheit« (Nr. 21), an dem erkennbar wird, dass eine Gemeinde sich an Christus orientiert.

(6) Wahrnehmung von Kirche und Pfarrberuf

Zur Wahrnehmung von Kirche:

Gefragt wurde nach der Sicht der evangelischen Kirche allgemein sowie der eigenen Landeskirche (bei den meisten ist das die EKHN) und der EKD im Besonderen.

Die evangelische Kirche ist »die Kirche des Wortes« (Nr. 4 mit deutlicher Abgrenzung von einer Kirche der Bilder und Riten). Predigten sind ihr Markenzeichen (Nr. 20), daneben die alten Choräle (Nr. 4). Die »hervorragende[n] Theologen und Schriftausleger« in ihrer Geschichte werden gewürdigt, vor allem, dass »ihr (der ev. Kirche, MH) sich durch die Reformation das biblische Evangelium und damit die Zentralität von Jesus Christus in einer neuen Leuchtkraft erschlossen haben. Dass der persönlich erlebte, gelebte und verantwortete Glaube als Priestertum aller Gläubigen Wesensmerkmal der Gemeinde ist und dass die Gemeinde der Kernbaustein der Kirche ist« (Nr. 5). Die Gemeinde und das gesellschaftlich-diakonische Engagement werden auch von einer Pfarrerin und einem Emeritus positiv bewertet (Nr. 12, 18).

Die evangelische Kirche wird mit Weltoffenheit und Aufklärung verbunden. Eine Pfarrerin lobt sie als »moderne, aufgeklärte Institution, die mit den gesellschaftlichen Gegebenheiten wach und offensiv umgeht. Sie fährt einen klaren Kurs in der Frauenfrage und hinsichtlich moderner Lebensformen« (Nr. 7). Aus der Sicht von Pfarrern liegt die »größte Stärke der Evangelischen Kirche in Deutschland [...] darin, dass sie – im Kontrast zur römisch-katholischen Schwesterkirche – den Frauen die gleichberechtigte Teilhabe an allen Ämtern ermöglicht« (Nr. 21). Ein Pfarrer, der in einer bildungsbürgerlichen Gemeinde arbeitet, sieht bei den »protestantischen Kirchen [...] eine großartige Tradition des Umgangs mit dem (biblischen) Wort und mit der Aufklärung [...]; das macht sie besonders fähig zum Dialog mit den denkenden Menschen von heute« (Nr. 8). Allerdings wird der Versuch des landeskirchlichen deutschen Protestantismus, sich »als zeitgemäß aufgeklärte Religion zu präsentieren«, teilweise auch kritisch gesehen (Nr. 5).

Ein Pfarrer ostdeutscher Herkunft rühmt die »Freiheit eines Christenmenschen« als das Schönste der evangelischen Kirche (Nr. 11), ein Emeritus in Ostdeutschland würdigt an der evangelischen Kirche »die Freiheit des Denkens und die Eigenverantwortung, die Vielfältigkeit und nicht die Uniformität« (Nr. 19). Ähnlich heben eine westdeutsche und eine Pfarrerin aus Lettland die »Freiheit des Einzelnen« (Nr. 13) sowie »Freiheit und Eigenverantwortung« (Nr. 14) positiv hervor, während eine andere Pfarrerin die »Freiheit für Geistliche und Laien« lobt, die aber an »das Wort Gottes als oberstes Kriterium« (Nr. 10) gebunden ist.

Als größte Schwäche der evangelischen Kirche, die eng mit ihrer Betonung der individuellen Freiheit zusammenhängt, werden Beliebigkeit und Unverbindlichkeit wahrgenommen (Nr. 2, 5, 9, 10, 14). Ferner »der Hang zur Amtskirche, die Selbstzufriedenheit und die mangelnde Bereitschaft, Aufgaben zu delegieren und die fehlende Bereitschaft, gemeinsam Schritte vorwärts zu tun« (Nr. 3). Zwei Pfarrerinnen sehen, dass protestantische Freiheit in Selbstbezogenheit umschlagen kann (Nr. 14, 17). Mit dem Hang zur Amtskirche (Bürokratisierung) mag zusammenhängen, dass es »bei der ev. Kirche lange [dauert], bis sich was bewegt« (Nr. 6), und zeitraubende Strukturfragen zu beklagen sind (Nr. 6, 7, 12). Fusionen und Personalabbau werden als Schwachpunkte benannt (Nr. 18; vgl. Nr. 5). Ein Emeritus beklagt die zunehmende Feminisierung, die mit einer Vorliebe für »verquaste Lyrik« einhergehe (Nr. 4). Der evangelischen Kirche sei es zu wichtig, »um jeden Preis ›anzukommen‹«, immer sei sie versucht, der »Sehnsucht nach schnellem ›Erfolg‹ nachzurennen, wie ein Emeritus mit einem Tucholsky-Zitat moniert (Nr. 2; vgl. Nr. 12). Die Predigt gerät zur »institutionell gesicherten Belanglosigkeit« (Nr. 4). Anders als der zitierte Emeritus, der sich gegen eine Kirche der Riten abgrenzt, kann ein Pfarrer es als Gefahr der protestantischen Kirchen ansehen, dass sie »die Möglichkeiten und die Kraft des Ritus als Kontakt mit dem Heiligen, mit Gott preisgeben« (Nr. 8). Eine Pfarrerin kritisiert »die Wortversessenheit schon in der Ausbildung und dagegen die Ritualvergessenheit und damit der Verlust des Sinnes und der Schönheit der geprägten Form«, die zu den »Extreme[n] Wortschwall und Event« führen können (Nr. 10). Das Bibelstudium werde beliebig, beim Reden von Gott sei möglichst »konfliktfreies Anknüpfen im Webteppich der Multireligiosität« (Nr. 5) gefragt.

Zur Wahrnehmung der eigenen Landeskirche:
Ambivalenzen zeigen sich auch, wo die Landeskirche in den Blick genommen wird. »Die EKHN bietet manche Freiheiten für die Gemeinden und für die Pfarrpersonen, die manche anderen Landeskirchen nicht gewähren. Das schafft die Chance, neben der Pflege von Altbewährtem Neues angstfrei zu erproben. Das birgt aber auch die Gefahr, beliebig zu werden und »Allotria« zu treiben [...]«

(Nr. 2). Für einen anderen ist »die EKHN im Ganzen eine lebendige Kirche, wo traditionelle Kirchlichkeit und die Bereitschaft, sich für neue Formen zu öffnen, vorhanden ist […]« (Nr. 3). Sie ist, wie eine programmatische Formel besagt, »nah bei den Menschen« (Nr. 6), »sehr weltoffen« (Nr. 7), »sehr aufgeschlossen für Menschen« (Nr. 20). Aus der Sicht einer jungen Pfarrerin zeichnet sich die EKHN »positiv durch ihre Diversität und Diskussionsfreude [aus]. Sie ist innovativ und offen für die sich verändernde Lebenswelt von Menschen – somit also nicht lebensfern« (Nr. 17).

Andererseits erscheint die EKHN als eine Kirche mit »peinliche[n] Werbekampagnen« (Nr. 4). Vieles, »was offiziell präsentiert wird«, ist »gerade deshalb auch theologisch sehr verwässert« (Nr. 16), meint ein junger Pfarrer im Ehrenamt. Er sieht die Schwäche der EKHN besonders in inneren Widersprüchen der Kirchenorganisation: »Auf ihre gemeindebasalen Strukturen (oder Wurzeln) scheint die EKHN ja sehr stolz zu sein […], diese werden aber einerseits durch die Geldmittel bzw. Geldströme und -zuweisungen der Kirchenverwaltung konterkariert (Stichwort Pfarrstellenbemessung; bricht bestimmten Gemeinden das Genick bei Herabsetzung der Gemeindepfarrstelle) und kaschiert ja nur bischöfliche Strukturen. Auf der anderen Seite erlebe ich die EKHN auch sehr als lahme Ente, was Entscheidungen etc. betrifft, gerade weil zu viele Menschen an Entscheidungsprozessen beteiligt sind. Das theologische ›Fachpersonal‹ […] scheint mir zu wenig Durchsetzungskraft zu haben« (ebd.). Eine stellvertretende Dekanin stört es erheblich, »dass die Finanzabteilung über Inhalte entscheidet« (Nr. 7). Eine Pfarrerin auf zwei halben Stellen nimmt die Arbeitsbedingungen als »immer erschöpfender« wahr: »immer mehr Regularien, Verwaltung, öffentliche Profilierung wird verlangt, entgegen allen Beteuerungen, nur noch die ›Kernkompetenzen‹ zu fordern« (Nr. 10).

Ein Vikar sieht die EKHN als Arbeitgeber kritisch (Nr. 15). Er findet, »dass Entscheidungen der Kirchenleitung bzw. einer Dienststellenleitung, weit weniger demokratisch zustande gekommen sind, als es die Strukturen vermuten lassen«. Den von der Landeskirche eingeschlagenen ›Dritten Weg‹ im Arbeitsrecht ihrer Mitarbeiter hält er »nicht für exemplarisch, wie eine Dienstgemeinschaft ›auf Augenhöhe‹ funktioniert. Stattdessen sehe ich hier eher die Gefahr, dass die Mitarbeitenden gewisse Rechte schwerer in Anspruch nehmen könnten bzw. mit weit weniger Druckmitteln als in der freien Wirtschaft ausgestattet sind« (ebd.). In »ihrer Verteilung der Zuständigkeiten« wirke die EKHN, zumindest aus interner Sicht, »unkoordiniert und unprofessionell« (Nr. 17), meint eine junge Pfarrerin.

Dezidierte Kritik übt eine Pfarrerin, die inzwischen in der Nordkirche eine Stelle gefunden hat, an der Personalpolitik »ihrer« Landeskirche EKHN: »Die EKHN hat sich meiner Meinung nach mit ihrer Personalpolitik der vergangenen 25 Jahre keinen Gefallen getan. Persönlich habe ich das EKHN-Auswahlverfahren für Pfarramtsanwärter als intransparent und unfair erlebt. Dass die evangelische

Kirche in Deutschland inzwischen massive Nachwuchsprobleme hat, ist den Personalverantwortlichen dieser Jahre anzulasten« (Nr. 21). Die Befragte hat viele Barrieren überwinden müssen, um zu dem von ihr erstrebten Pfarrberuf Zutritt zu erhalten und sich auf ihren »Umwegen« dorthin stetig weiterqualifiziert. Offensichtlich hat die EKHN hier (wie in weiteren nicht bezifferbaren Fällen) eine hochmotivierte und qualifizierte Pfarrerin verloren. Das von der Befragten beanstandete Auswahlverfahren wurde inzwischen reformiert – eine sinnvolle Entscheidung, die allerdings Jahre zu spät kommt.

Zur Wahrnehmung der EKD-Reformationsdekade:

Ein Emeritus sieht die Reformationsdekade hoffnungsvoll als Chance, »auch Andersgläubige und Andersdenkende« mit einzubeziehen, und ist überzeugt, dass »kein ›Luther-Helden-Gedenkfest‹« daraus wird (Nr. 2). Ein anderer fragt dagegen: »Wann fängt die EKD an, ihren Luther zu ›entmythologisieren‹, wie das die Schweizer schon längst mit Zwingli und Calvin getan haben?!« (Nr. 1; vgl. Nr. 8: »es gab auch andere wichtige Reformatoren, die in dem Luther-Hype missachtet zu werden drohen«.) Ein Dritter hält die Reformationsdekade zwar für »eine Gelegenheit zu Besinnung und Reformation«, doch in »den unkirchlichen Gemeinden, wo etwa nur ein Prozent der Gemeindeglieder den Gottesdienst besucht«, spiele sie »wohl kaum eine Rolle« (Nr. 3). Ein Landpfarrer sieht im Reformationsjubiläum »eine große Chance für die Ökumene«, möchte dabei aber den ›evangelischen Aspekt‹, d. h. die Lehre von der Rechtfertigung und Erlösung allein aus Gnade, nicht zurückgestellt oder gar verleugnet wissen (Nr. 9).

Wie die Bedeutung der Reformationsdekade eingeschätzt wird, hängt offenbar vom regionalen Standort der Befragten ab, aber auch davon, inwieweit diese die EKD-Kampagne als relevant für das eigene Arbeitsfeld erleben. Der ostdeutsche Emeritus, der »nicht weit von Torgau [wohnt]«, verweist auf die reformationsgeschichtliche Bedeutung des Ortes, »wo in der ersten Suptur [= Kirchenbezirk] die Torgauer Artikel verfasst worden sind, der erste evangelische Kirchenbau im Schloss Hartenfels gebaut und von Martin Luther am 5.10.1544 eingeweiht wurde« (Nr. 20). Er sieht dem Höhepunkt der Dekade im Jahr 2017 hoffnungsvoll entgegen und begreift sie als Anlass zum »Gedenken, denn zum Jubilieren gibt es keinen Grund« (Nr. 19; ähnlich Nr. 8, 9, 18). Andere Pfarrer bekunden, dass die Dekade an ihrer Gemeinde vorbeigeht bzw. ihre Arbeit kaum berührt (Nr. 6, 13, 14, 16, 17), oder äußern unverhohlen ihre Skepsis: »Ich sehe zu wenig davon, dass wirklich nach den Grundlagen gegraben, das Wesentliche und Befreiende herausgestellt und nach der Aufgabe für die heutige Zeit gesucht wird. Sich selber feiern reicht nicht, wer soll dann klatschen?« (Nr. 10) Eine andere Pfarrerin mahnt, die evangelische Kirche dürfe in der Reformationsdekade bei aller ökumenischen Verbundenheit nicht vergessen, »was das spezifisch Evangelische ist« (Nr. 21).

Eine krasse Differenz zeigt sich dort, wo zwei Emeriti zu einer EKD-Initiative im Rahmen der Dekade Stellung nahmen. Die EKD-Synode hat sich im November 2015 in einer Kundgebung von judenfeindlichen Äußerungen Martin Luthers distanziert, wie es ein Jahr zuvor die Kirchensynode der EKHN getan hatte.[50] Für einen Emeritus ist es ein »Trauerspiel«, dass man sich in der EKD »auf die Skandalgeschichte seiner späten Judenschriften bzw. seines Antijudaismus [versteift]«, statt »in der gegenwärtigen Weltlage [...] Luthers Zwei-Reiche-Lehre neu zu entdecken und sie durchzuarbeiten« (Nr. 4). Der andere richtet dagegen sein Augenmerk auf »ein sachlich-kritisches Gedenken, das vor allem den Antisemitismus Luthers zur Sprache bringt« (Nr. 18). Hier spiegelt sich eine Debatte, in der es nicht nur um die Bedeutung Martin Luthers für heute, sondern auch um seine Wirkungsgeschichte und die Mitschuld der Christen und Kirchen in Deutschland an der Verfolgung und Ermordung jüdischer Menschen geht.

Zur Selbsteinschätzung des Pfarrberufs:
Wie sprechen Pfarrer von dem, was sie in ihrem Beruf erreichen wollten? Ein Emeritus wollte in seinem Pfarrberuf »Gottes Liebe in Jesus Christus aufzeigen und bezeugen und mit der Gemeinde leben« (Nr. 2; vgl. 8). Einem anderen kam es auf »Verkündigung und Bezeugung des Evangeliums in Wort und Tat [an]. Und ich danke Gott, dass ich das in meinem Leben hauptsächlich in den 36 Dienstjahren tun durfte und dafür die Gesundheit und Kraft hatte und dass viele Menschen für meinen/unseren Dienst dankbar waren« (Nr. 3). Einem Dritten ging es darum: »Die Gemeinde – mich (!) als ersten Hörer der Predigt – immer wieder neu des Grundes zu vergewissern, ›der gelegt ist, welcher ist Jesus Christus.‹ (1Kor. 3,11)« (Nr. 4). Sein Programm »Glauben und Verstehen« ließe sich daher auch als Gewissensfrage formulieren: Verstehst du, was du glaubst? Noch stärker hebt ein anderer Emeritus sein Anliegen intellektueller Belehrung hervor: »Menschen in und außerhalb der Gemeinden fähig zu machen, ihren Glauben in ihren realen Alltag (und den der Welt) hineinzubuchstabieren« und »sich mit den neueren Forschungsergebnissen auseinanderzusetzen« (Nr. 18). Der von der charismatischen Gemeindeerneuerung geprägte Emeritus, zugleich ein guter Langstreckenläufer, beschreibt dagegen sein Ziel mit sportlichen Metaphern: »Ein Trainer im Glauben an Jesus Christus zu sein und die Gemeinde dafür als Trainingslager zu qualifizieren« (Nr. 5).

---

[50] Vgl. Kundgebung »Martin Luther und die Juden – Notwendige Erinnerung zum Reformationsjubiläum« vom 11.11.2015, in: https://www.ekd.de/synode2015_bremen/beschluesse/s15_04_iv_7_kundgebung_martin_luther_und_die_juden.html; Esther Stosch, Distanzierung von Luthers »Judenschriften«, in: Blickpunkt.e 1/2015, 2–4; auch in: http://www.luther.imdialog.org/index_htm_files/synodenbeschluss2014.pdf (beide eingesehen am 26.2.2016).

Die hier zitierten Pfarrer haben allesamt anspruchsvolle Ziele, die sie – ausgenommen Nr. 5 – in geprägten traditionell-kirchlichen Wendungen umschreiben, und anscheinend verfolgen sie zielbewusst ihre Anliegen. Selbstzweifel werden kaum geäußert. Bei den Pfarrerinnen fällt auf, dass einige eher verhalten und stärker personbezogen als die Männer von ihren Anliegen und Zielen sprechen. Traditionell-kirchliche Sprache mit großen Begriffen wird vermieden, es ist vor allem von Unterwegssein, vom Ernstnehmen Gottes und vom Glauben die Rede.

Seufzend und ratlos gesteht eine Pfarrerin, manchmal wisse sie nicht, »was die Leute wollen«. Sie selber will »immer wieder mit anderen unterwegs sein und ermutigen zum mündigen Christsein« (vgl. Nr. 21) und ihre »Handlungsweise an der Frage messen: ›Was würde Jesus dazu sagen?‹« (Nr. 6) Dieselbe Frage stellt sich auch einem Pfarrer. Ihm liegt daran, »immer zu überprüfen ›was Christum treibet‹ [Martin Luther] oder auch mit unserem ersten Kirchenpräsidenten Niemöller immer mal die Testfrage zu stellen: ›Was würde Jesus dazu sagen?‹« (Nr. 9) Eine Pfarrerin will anderen nicht nur überraschende Einsichten von Gottes Gegenwart vermitteln, sondern damit auch die Schuld ihres »Konfirmators und anderer solcher pfarrherrlicher Kollegen wettmachen« (Nr. 10). Andere Pfarrerinnen möchten »den Menschen den christlichen Glauben nahebringen« (Nr. 12), für »intensive persönliche Begleitung in Lebenskrisen« da sein (Nr. 7) oder »Menschen einen Zugang zu Gott und zum Glauben ... ermöglichen« und »die Sprachfähigkeit des Glaubens [...] fördern« (Nr. 13). Auch bei einem jungen Pfarrer wird das Hauptanliegen durch eine Suchbewegung ausgedrückt: »Mit den Menschen auf der Suche nach Gott zu sein« (Nr. 16). Eine junge Pfarrerin ist vor allem an Lebensdeutung interessiert. Ihr zentrales Anliegen ist es, »das Evangelium als deutende Kraft mit dem Leben der Menschen in Verbindung zu bringen« (Nr. 17). Eine Pfarrerin und Dozentin sieht ihre Aufgabe darin, »mit den geistlichen Schwestern und Brüdern« unterwegs zu sein, sie als Seelsorgerin zu begleiten und ihnen »die *Aktualität* der christlichen Botschaft« zu vermitteln (Nr. 21).

Kaum einer der Befragten möchte etwas anders machen, wenn er oder sie noch einmal dazu Gelegenheit hätte. Doch im Rückblick werden manche Versäumnisse bedauert. Er habe sich weiterentwickelt, schreibt ein Emeritus: »Ich bin zuversichtlicher und stärker geworden, auch gegenüber Vorgesetzten, auf der anderen Seite bescheidener«. Allerdings bedauert er, »dass ich während meines Dienstes nicht mehr Zeit zum Lesen und Studieren hatte« und »oft nicht genug Zeit für die Familie hatte« (Nr. 3). Ein anderer würde, wäre er noch einmal Vikar, eine »Gesangsausbildung machen«, um die lutherische Liturgie besser singen zu können (Nr. 4) Ein Dritter bedauert, dass »ich nicht von Anfang an konsequent den Montag als freien Tag in Anspruch genommen habe. Dass ich nicht früher auf eine gute Theologie der Ehe gestoßen bin« (Nr. 5).

Ein ostdeutscher Emeritus bedauert im Rückblick, »dass die Verwaltung des Pfarramtes auf Kosten der Seelsorge und der eigenen Weiterbildung geht« (Nr. 19). Ein anderer erkennt, dass er sich in seinen Anfangsjahren »zu sehr auf ein bestimmtes Ziel (Unterziel) versteift« hatte; »ich konnte schlechter als später Wesentliches von weniger Wesentlichem unterscheiden« (Nr. 18). Eine Pfarrerin gibt offen zu erkennen, dass sie sich in ihrem Dienst verbraucht fühlt: »Allein in einer kleinen Gemeinde arbeiten macht mich sehr mürbe. Habe den Eindruck, meine Gaben verkümmern und anderes gebe ich zu wenig« (Nr. 6). Eine Kollegin »hätte gerne noch viel früher, intensiver mit dem Kirchenvorstand gearbeitet (inhaltlich und visionär)« (Nr. 13). Angesichts fordernder Menschen, die an sie herantreten, gesteht eine andere Pfarrerin: »Ich wünsche mir sehr, ich könnte mehr inneren Abstand zu ihren Wünschen, Forderungen oder auch Nörgeleien halten« (Nr. 17).

(7) Verständnis von Theologie, Glaube und Christsein

Theologie:

Die Theologie wird geübt als Schriftauslegung, entfaltet in Predigt und Gespräch (Nr. 1). Sie fundiert den Pfarrberuf, es darf darin nicht alles in theoriefreier praktischer Arbeit aufgehen (Nr. 2). Ohne sie sollte ein Pfarrer »weder reden noch handeln«, meint ein Pfarrer in der Diakonie (Nr. 11). Theologie ist für den Pfarrer unerlässlich, nicht nur für seinen Dienst in der Gemeinde, sondern auch für ihn persönlich (Nr. 3). Sie ist wichtig, um den eigenen Glauben weiterzuentwickeln und »um auf aktuelle Fragen Antworten aus unserem Glauben heraus« geben zu können (Nr. 8). Eine emeritierte Pfarrerin meint sogar: Theologie ist für »das ganze Leben eine große Hilfe« (Nr. 20). Sie ist in *allen* Arbeitsfeldern »Grundvoraussetzung«, vom Predigtdienst bis zu Musik- und Bauentscheidungen (Nr. 7), vor allem für den Gottesdienst (Nr. 16). Ob man Theologie auch für Verwaltung braucht, ist freilich strittig (Pro: Nr. 7, Contra: Nr. 16). Ein Pfarrer braucht die »Beziehung zwischen der geistlichen Erfahrung einerseits und der reflektierenden schriftauslegendenden Theologie« (Nr. 5). Für eine Pfarrerin bindet Theologie zurück an das Wort und schützt davor, »zum Spielball von Machtinteressen und Zeitströmungen [zu] werden« (Nr. 6). Ähnlich urteilt ein Emeritus: Er brauche Theologie, um »nicht in den Erwartungen an die Pfarrperson aufzugehen [...]; um Distanz zur Pfarr-Alltags-Mühle zu gewinnen« (Nr. 18). Pfarrkonvente werden von einem anderen Befragten als Gelegenheiten zur theologischen Weiterbildung geschätzt (Nr. 9).

Theologie ist für eine Pfarrerin wichtig, damit »wir die Bibel immer besser verstehen, ergründen, in heutige Sprache umsetzen können. Damit wir durch das Denken der Bibel die Welt viel klarer deuten können« (Nr. 10). Sie ist wichtig, um »neue Aspekte des Glaubens zu entdecken, um neue Impulse zu bekommen, sowie um die eigene Position immer wieder mal kritisch zu reflektieren« (Nr. 14). Eine Pfarrerin muss Theologin sein, um »unsere Lebenswelt und die sich stellenden Herausforderungen immer wieder neu theologisch zu reflektieren«. »Die Wahrheit des Evangeliums muss immer wieder neu durchdrungen werden« (Nr. 17). Theologie ist nach Ansicht eines Emeritus auch nötig, »um fürs Bedenken der künftigen Wege von Kirche und Gemeinde eine bessere Basis zu haben« (Nr. 18). Nur als Theologe, so ein anderer, habe ein Pfarrer die Bildungsmöglichkeiten, um »wegweisend zu wirken, die Erfahrungen der Menschen der Bibel von damals in den Erfahrungsbereich heutiger Menschen zu transportieren, für sie erlebbar, erfahrbar und fruchtbar zu machen für ihr Leben als Christ[en]« (Nr. 19). Eine Pfarrerin hält theologische Arbeit im Pfarramt aus zwei Gründen für unverzichtbar: sie verhindert, dass »die eigene geistige Kapazität [...] verkümmert«, und »gewährleistet, dass das, was ich predige, sich nicht verflüchtigt in Allerweltswahrheiten« (Nr. 21).

Für zwei Emeriti hat im Lauf ihres Berufslebens das Gespräch mit dem Judentum entscheidende Bedeutung gewonnen; dies bestimmt in unterschiedlicher Weise ihre Arbeit und ihr theologisches Denken (Nr. 4, 18).

In Anbetracht der vielen Aspekte, unter denen Pfarrer die Theologie für unerlässlich zur Ausübung ihres Berufs erklären, gibt es zu denken, dass die fundamental wichtige Möglichkeit theologischen Studierens und Nachdenkens im Pfarralltag oft zu kurz kommt. Eine Pfarrerin (sicher kein Einzelfall!) gibt ihre Schwierigkeiten zu erkennen. Wenn »nicht nur wissenschaftlich-theologische Arbeit gemeint ist, sondern theologisches Denken und Urteilen überhaupt, geht es nicht ohne sie. Dann brauche ich theologische Arbeit für die Predigt, aber auch für die Auseinandersetzung mit Menschen«. Andererseits sieht sie das Unzureichende einer nur noch bedarfsorientierten pastoralen Praxis, die für gründlichere theologische Arbeit keine Zeit mehr lässt: »Ich kann vor der Predigt keine Exegese mehr machen, wie ich es eigentlich möchte. Ich kann auch nicht so viel theologische Literatur lesen. Wissenschaftlich-theologische Arbeit ist im Pfarrberuf schwer zu schaffen, nicht mal das Deutsche Pfarrerblatt« (Nr. 12). Ihre »ganze Existenz« bezeichnet diese Pfarrerin als theologisch, aber die Diskrepanz zwischen Wunsch (»ich möchte«) und Wirklichkeit (»ich kann nicht«) ist ihr bewusst. Eine andere Pfarrerin sieht deutlich die »riesige Herausforderung [...], den Dienst einzugrenzen« (Nr. 21). Bestimmte Zeiten für das Studium von Fachliteratur freizuhalten wird erst recht zum Problem, wenn jemand auf einer Pfarrstelle tätig ist, die »von einem vollen auf einen halben Dienstumfang reduziert wurde, ohne dass die Tätigkeitsgebiete verringert wurden« (Nr. 21). Ohne kollegiale Entlastung lässt sich dieses Problem nicht lösen.

Glaube und Christsein:

Aus den letzten Mitgliederumfragen (KMU) ist bekannt, dass religiöse Themen als intime Themen empfunden werden, über die Menschen nur mit vertrauten und vertrauenswürdigen Gesprächspartnern zu reden wagen. Denn religiöse Fragen sind in einer individualisierten Gesellschaft, in der es darüber keinen Konsens und keine verbindlichen Deutungen gibt, hochgradig mit Gefühlen von Angst, Scham und Unsicherheit besetzt, und die Pluralisierung der Religion ist »nicht nur außerhalb der Kirchen, sondern bis in die Kerngemeinden hinein unübersehbar präsent«.[51] Pfarrpersonen ergeht es da nicht anders, wenn sie sich untereinander über religiöse Themen austauschen.

Mit anderen über den Glauben zu sprechen, persönlich Auskunft zu geben, was zum Christsein gehört, sollte für sie eigentlich nicht schwer sein. Es ist aber schwieriger als es auf den ersten Blick scheint, weil es dabei nicht primär um theologische Richtigkeiten geht, sondern darum, sich dem Gegenüber als ein glaubender Mensch zu zeigen, sichtbar zu werden mit eigenen Erfahrungen, Fragen und Zweifeln. Im Theologiestudium wird solches Reden nicht geübt, später im Pfarrberuf erweist es sich als riskant, zu sagen, woran ich selber glaube. Manche scheuen davor zurück, sich festzulegen (vgl. Nr. 15). Doch in manchen Situationen ist es geboten, Gesicht zu zeigen und »Farbe zu bekennen« (Nr. 16). Die meisten Pfarrer, so zeigt sich, sprechen mit Vorsicht und Zurückhaltung von ihrem Glauben, ihrem Christsein (zwei Männer gehen auf die letzte Frage überhaupt nicht ein, vgl. Nr. 1 und 8). »Es genügt, dass wir Wanderer Jesu Christi sind« (Nr. 1) – mehr gibt es dazu für einen reformierten Emeritus nicht zu sagen.

Den Glauben an den dreieinigen Gott immer neu für sich zu buchstabieren und vor anderen je nach Gegenüber zu bekennen ist für einige Befragte wichtig (Nr. 2, 8, 12); für das Christenleben brauchen wir das Gebet, als Grundlagen die Bibel und das Gesangbuch (Nr. 2). Gebet und Bibellese, ohne sie geht es nicht. Ein Emeritus äußert sich bescheiden: »Ich versuche, mein Leben vom christlichen Glauben zu gestalten: täglich Bibellese, Besinnung, Gebet und Fürbitte sind mir wichtig, vor allem die Feier des Gottesdienstes mit der Gemeinde« (Nr. 3). Der Glaube bewahrt vor dem Verrücktwerden in dieser Welt, meint ein anderer Emeritus; zum Christsein sind das »tägliche Lesen der Herrnhuter Losungen, die dazugehörige Bibel-Lese und das Gebet« unentbehrlich (Nr. 4). Der Dritte definiert sein Christsein so: »Die verantwortliche Nachfolge Jesu im Alltag meines Lebens mit seinen persönlichen und gesellschaftlichen Herausforderungen, geprägt und bestimmt durch das Wort der Heiligen Schrift, erfüllt und belebt vom ausdauernden Gebet, getragen und gesandt von der Gemeinde Jesu Christi« (Nr. 5). Ein Pfarrer findet es wichtig, dass er das ganze Leben lang immer noch geistlich dazulernt und wächst in die richtige Richtung« (Nr. 9), nämlich auf Christus hin.

---

[51] Ulrike Wagner-Rau, Die Notwendigkeit religiöser Kommunikation in der individualisierten Gesellschaft, in: Wolfgang Huber u.a. (Hrsg.), Kirche in der Vielfalt der Lebensbezüge, Gütersloh 2006, 401–404, hier: 402.

Ein vom Aufbruch der 1968er und vom christlich-jüdischen Dialog geprägter Emeritus schreibt: »Ich glaube an Gott, der sich zuerst Israel geoffenbart hat und durch das Jesus-Geschehen den anderen Völkern; den befreienden Gott, der stets die Partei der Schwachen, Unterlegenen, Leidenden ergreift, der bedingungslos liebt, weshalb ich auch nach dem größten Versagen mein Leben nicht für sinnlos halten muss, sondern immer wieder neu anfangen kann [...]« (Nr. 18). Christliches Leben wird sozialethisch bestimmt: »gemeinsam mit anderen an einer gerechteren, friedvolleren Welt zu arbeiten, sie als Schöpfung Gottes zu bewahren« (ebd.). Für einen Pfarrer im Ehrenamt kommt es darauf an, als Christ zu handeln und auch »mal Farbe [zu] bekennen; Christsein ist nicht nur eine persönliche Angelegenheit oder etwas ausschließlich für gemeinde-interne Zirkel« (Nr. 16).

Ein ostdeutscher Emeritus kann sagen: »Der Glaube an Gott, Grund alles Seins, Werdens, Vergehens und neuen Seins bei ihm trägt mich, weil er mich trägt in Jesus Christus ... Christen sind trotz allem, was immer sie auch erleben, fröhliche Menschen, die letztlich alles aus Gottes Hand nehmen, was auch immer kommen mag, ›denn Gott ist mit uns am Abend und am Morgen und ganz gewiss an jedem neuen Tag‹ [Bonhoeffer]. Mit Blick auf Jesu Kreuz können wir Schweres in unserem Leben besser tragen und ertragen« (Nr. 19). Ist es Zufall, dass ein anderer aus Ostdeutschland stammender Pfarrer (Nr. 11) seinen Glauben ebenfalls mit Worten von Dietrich Bonhoeffer formuliert und Christsein durch die »Offenheit für Veränderung, für Gottes Wege« gekennzeichnet sieht?

Für sechs von neun Frauen im Pfarrberuf ist die im Gebet gelebte Beziehung zu einem personalen, als ›Du‹ ansprechbaren Gott grundlegend für ihr Christsein, zwei Pfarrerinnen sprechen von dem, was sie trägt, in transpersonalen Wendungen. An zweiter Stelle nach dem Gebet wird die Gemeinschaft, der Austausch mit anderen genannt. Vier Frauen können sich christliches Leben nicht ohne spirituelle Erfahrung vorstellen.

»Ich glaube an Gott« (Nr. 20), so einfach kann eine emeritierte Pfarrerin ihren Glauben bekennen. Eine Pfarrerin erklärt: »Ich habe Gott in meinem Leben erfahren« (Nr. 6; vgl. Nr. 13: »Ich erfahre Gott als den, der mir zur Seite steht und mich nie allein lässt«). »Verzeihen« ist für sie das erste Kennzeichen von Christen, dann auch »Anteilnehmen, Menschen in Not beistehen« (ebd.). Eine andere Pfarrerin verzichtet auf die Rede von einer göttlichen Person, wenn sie von ihrem Glauben spricht: »Ich glaube an eine tiefe, das ganze Leben in all seinen Formen umspannende spirituelle Kraft/Existenz, Seinsweise« (Nr. 7). Zu einem Leben als Christin gehören für sie »Gebet, Musik, spirituelle Erfahrungen, Austausch und Miteinander mit anderen« (ebd.). Sehr persönlich antwortet eine Pfarrerin auf die Frage nach ihrem Glauben: »Ich versuche immer ehrlich zu sagen, was *mir* jetzt einleuchtet und etwas bedeutet« (Nr. 10). Das Leben als Christin umfasst für sie eine Vertrauensbeziehung zu Gott/Jesus, sodann »auch ein spirituelles Leben im Alltag [...]; die offene Auseinandersetzung mit der biblischen Botschaft – wozu dann auch der regelmäßige Besuch von Gottesdiensten gehört; der Versuch, die ethischen Maßstäbe umzusetzen; das Leben in Gemeinschaft mit anderen Christen; der Mut, zum Glauben zu stehen« (ebd.). Für eine andere Pfarrerin gehört zum Christsein »Gemeinschaft mit anderen Christen, Singen, Beten, Gottes Wort hören. Jesus als Vorbild zu haben. Das Doppelgebot der Liebe [...]« (Nr. 12). Eine Dritte führt »Besinnung auf Gott« und »die Aufmerksamkeit für Gottes Handeln in meinem Leben« (Nr. 13) als wesentliche Elemente an. Für eine aus Lettland stammende, in Deutschland arbeitende Pfarrerin gehört zum Christsein neben einer »persönliche[n] Beziehung zu Gott«, die durch »Gemeinde, Gottesdienst, Bibellektüre« gestützt wird, ausdrücklich auch die Tradition zu den »Stützen und Korrekturen« ihrer Gottesbeziehung« (Nr. 14). Die Jüngste der Befragten versteht sich als »tiefüberzeugte Christin«. Sie würdigt die Vielfalt und Buntheit christlichen Lebens und betont ebenfalls die persönliche Gottesbeziehung im Gebet als etwas Entscheidendes. Das Gebet ist für sie das »innere Gespräch mit Gott. Es ist wie ein Gespräch mit einem inneren ›Du‹, einem Gegenüber« (Nr. 17). Eine weitere Pfarrerin sieht jede Christin, jeden Christen »eigenverantwortlich vor Gott. Mir persönlich ist es wichtig, den Zuspruch Gottes stark zu machen und den Anspruch an den Menschen dennoch nicht in Vergessenheit geraten zu lassen« (Nr. 21).

Die Auskünfte lassen erkennen, dass Pfarrer sich mit großer Ernsthaftigkeit um ein christliches Leben bemühen. Frauen im Pfarrberuf legen, so scheint es, mehr Wert darauf, konkrete Erfahrungen mit dem Glauben zu machen, und wagen es eher, ganz persönlich von ihrem Glauben, ihrer Gottesbeziehung zu sprechen als ihre männlichen Kollegen. Diese neigen dazu, die Disziplin täglichen Hörens auf Bibelworte, die bewusst gewollte Nachfolge Jesu und das verantwortliche Handeln in gesellschaftlichen Verhältnissen herauszustellen.

Auch hier wird ein bedeutsamer Unterschied der Geschlechter(rollen) deutlich. In den Familien war und ist immer noch die Mutter oder Großmutter für die religiöse Früherziehung eines Kindes zuständig. Frauen haben also aus ihrer Kindheit weibliche Vorbilder vor Augen, wenn sie in einer Face-to-face-Kommunikation von ihrem Glauben sprechen, und können, sofern sie ein solches Vorbild erlebt haben, als Pfarrerinnen daran anknüpfen (vgl. Nr. 21: die Mutter als wichtigste theologische Gesprächspartnerin). Auch als Religionslehrerinnen haben sie weibliche Vorbilder, die es ihnen ermöglichen, eine mütterliche Rolle zu spielen. Männer orientieren sich dagegen in ihrem Christsein am Vorbild solcher Pfarrer und Theologen, die auch für moderne Zeitgenossen als beispielhafte Christen gelten, wie z.B. Martin Niemöller und Dietrich Bonhoeffer; andere Vaterfiguren und theologische Lehrer kommen hinzu. Für das traditionelle männliche Pfarrbild sind tägliche Bibellese und Gebet selbstverständlich.

Zusammenfassung

Beim Vergleich der Berufsbiographien ging ich aus von der Annahme generationsspezifischer Pfarrertypen und Muster, den Pfarrberuf wahrzunehmen. Außerdem wollte ich wissen, wie sich aus der Sicht der Akteure die Bedingungen des Pfarrdienstes in der Nachkriegszeit verändert haben. Diese Annahmen haben sich teilweise bestätigt. Es gibt deutliche Unterschiede zwischen den Pfarrern, die vor oder nach 1960 Theologie studierten, und es macht einen Unterschied, aus welchen sozialen Verhältnissen sie kommen, ob sie in einem Pfarrhaus oder christlichen Elternhaus oder ob sie in einer kirchendistanzierten oder kirchenfernen Umwelt aufgewachsen sind. Bedeutend stärker als zunächst vermutet machten sich jedoch die unterschiedlichen Zugänge von Männern und Frauen zum Pfarrberuf und die unterschiedliche Lage und Entwicklung der evangelischen Kirchen in West- und Ostdeutschland in den Berufsbiographien bemerkbar.

Bei den vor 1960 Theologie Studierenden sind die theologischen Lehrer für die Identität der angehenden Pfarrer und ihr Verständnis des Pfarrberufs bedeutsamer als für die späteren Generationen von Theologen. Sie werden zu lebenswichtigen Vorbildern, von denen man theologisches Denken gelernt hat und an denen man sich während des ganzen Berufslebens und darüber hinaus orientiert. Die typische Berufsbiographie ist männlich, ständige Vollzeitarbeit bis zur Versetzung in den »Ruhestand« die Regel. Die einzige Ausnahme in dieser Generation, eine emeritierte Pfarrerin im Schuldienst (Nr. 20), bestätigt das. Die Professoren an der Universität wurden für ihr berufliches Selbstverständnis nie so wichtig wie zwei Frauen, die ihr zuvor als Pfarrerinnen (»Vikarinnen«) begegnet waren. Der Lebensweg der Befragten verweist überdies auf ein neues Modell, nämlich die durch Schwangerschaft, Geburt und Erziehungszeiten unterbrochene weibliche Berufsbiographie. In dem Maße, wie der Anteil von Frauen im Pfarrdienst steigt, muss die Struktur des Pfarramts für Frauen *und* Männer flexibler gestaltet werden. Es »müssen verbesserte Teilzeit- und Urlaubsregelungen entwickelt werden, die eine Fortführung oder einen Wiedereinstieg in den Beruf für Männer und Frauen gleichermaßen erleichtern«.[52]

Diejenigen Pfarrer, die deutlich nach 1960 Theologie studiert haben, wurden erkennbar von Einflüssen des gesellschaftlichen Umbruchs geprägt, der auch in Kirche und Theologie die Bedingungen des Pfarrberufs und seiner Wahrnehmung veränderte. Interessant ist, dass hier verschiedene Reaktionen sich abzeichnen: auf der einen Seite werden neue Denkweisen (etwa der Soziologie und der Pastoralpsychologie) in die Ausbildung der Theologen aufgenommen und von diesen adaptiert, auf der anderen Seite erfolgt ein entschlossener Rückbezug auf theologische Lehrer und beispielhafte Protestanten, die zu dieser Zeit bereits historische ›Größen‹ waren (wie z. B. Karl Barth, Dietrich Bonhoeffer und Martin Niemöller) und gegenläufig zum aktuellen Mainstream theologischen Denkens rezipiert wurden.

Der Vergleich der Berufsbiographien lässt signifikante Unterschiede zwischen den Pfarrern aus Ost- und Westdeutschland hervortreten. Für die Ostdeutschen, die im kirchenfeindlichen Umfeld der DDR aufwuchsen, war es mit sozialen Nachteilen verbunden, sich in der Kirche zu engagieren. Wer sich für ein Leben als Christ entschied, wählte die Zugehörigkeit zu einer von der gesellschaftlichen Norm abweichenden Minderheit. Folgerichtig führte der berufliche Werdegang nicht geradewegs, sondern auf schwierigen Umwegen zum Pfarrberuf. In der geschlossenen Gesellschaft des real existierenden Sozialismus, wo die offizielle Weltanschauung des Marxismus-Leninismus auf alle Fragen eine Antwort gab (vgl. Nr. 11), eröffnete die Kirche einen Raum der Freiheit, des selbständigen Fragens und Nachdenkens, des Gesprächs über Lebens- und Glaubensfragen. Pfarrer werden bedeutete in diesem sozialen Kontext, aus dem geschlossenen System heraustreten und sich mit einer Welt auseinandersetzen, die in diesem System nicht vorgesehen bzw. als vom Fortschritt überholt angesehen wurde. Ähnliches erlebte die Pfarrerin, die nach dem Zusammenbruch des Ostblocks in Lettland Theologie studierte (Nr. 14). Sie kam durch ihre theologischen Lehrer aus dem Exil mit einer Denkweise in Berührung, die sich allen Systemen gegenüber kritisch verhält.

Die Pfarrer aus Westdeutschland bewegten sich dagegen in einer Gesellschaft, in der die Kirchen seit 1949 anerkannte Institutionen sind und ein freier öffentlicher Meinungsaustausch stattfindet. Wer den Pfarrberuf ergreifen wollte, musste deswegen keine sozialen Nachteile befürchten. Die Nachkriegszeit wurde bis weit in die 1960er Jahre hinein von der restaurativen Politik der Unionsparteien bestimmt, nach 1968 sorgte die sozial-liberale Koalition für gesellschaftliche Reformen und eine in der Ost-Denkschrift der EKD schon anvisierte Politik der Aussöhnung mit dem Osten. Die Debatten über zentrale Themen von Gesellschaft und Politik wurden auch in den evangelischen Landeskirchen und bei ihren Pfarrern geführt. Theologen, die in diesen Jahrzehnten den Pfarrberuf

---

52 Klessmann, a.a.O., 265.

anstrebten, mussten sich keinen Freiraum für offene Gespräche über Lebens- und Glaubensfragen erobern. Ihr Beruf bot ihnen eine sichere bürgerliche Existenz, Pfarrstellen gab es genug.

Das änderte sich erst in den 1980er Jahren, in denen deutlich mehr Studierende der Theologie den Pfarrberuf ergreifen wollten als die evangelischen Landeskirchen Stellen anbieten konnten. In dieser Situation war in der westdeutschen Öffentlichkeit von einer »Theologenschwemme« die Rede. Die Landeskirchen entwickelten eigene Verfahren, um die Eignung der Pfarrstellenbewerber zu überprüfen. In der EKHN wurde dafür 1997 ein Assessment-Center eingerichtet. Inzwischen hat sich die Personalsituation der evangelischen Landeskirchen jedoch erheblich verändert. In den kommenden 10–15 Jahren werden geburtenstarke Jahrgänge von Pfarrern in den »Ruhestand« gehen, viele Stellen werden nicht mehr besetzt werden können. Die Zahl der Theologie Studierenden ist bereits drastisch zurückgegangen. Alle evangelischen Kirchen suchen deshalb dringend pastoralen Nachwuchs und werben für den Pfarrberuf. Jede Landeskirche versucht auf ihre Weise, zukünftige Pfarrer zu gewinnen.

EXKURS: Mehrere Studien haben inzwischen gezeigt, wie wichtig Arbeitszufriedenheit und Life-Work-Balance für den Pfarrberuf sind. Mithilfe des von Aaron Antonowsky entwickelten Konzepts der Salutogenese ist es möglich, genauer zu ermitteln, was Pfarrer in ihrer Tätigkeit gesund bleiben lässt und auf welche Gesundheitsressourcen sie zurückgreifen können.[53] Daraus lassen sich salutogene Maßstäbe für kirchenleitendes Handeln ableiten. Die Kirchenleitungen der Evangelisch-Lutherischen Kirche in Bayern (ELKB) und der Evangelischen Kirche in Hessen und Nassau (EKHN) haben ihre Verantwortung erkannt, für Bedingungen zu sorgen, unter denen Pfarrer ihren Beruf gut und mit Freude ausüben können. Sie bieten ihnen Orientierungshilfen an, den Pfarrdienst »nach menschlichem Maß zu ordnen« und entsprechende Dienstordnungen zu erstellen.[54] Dabei gilt der Grundsatz: »Wer eine Pfarrstelle innehat oder wem ein allgemeiner kirchlicher Auftrag übertragen ist, soll in der Lage sein, den Dienst nach dem Leitprinzip der Salutogenese allezeit ›gut, gerne und wohlbehalten‹ zu tun« (ELKB, 12; EKHN, 12).

---

[53] Vgl. ANDREAS ROHNKE, Gesundheitsmanagement und Salutogenese im Pfarrberuf. Empirische Studie und Analyse von Gesundheitsressourcen und Belastungspotenzialen (EuKP 14), Frankfurt a.M. 2015. ANDREAS VON HEYL / KONSTANZE KEMNITZER / KLAUS RASCHZOK (Hrsg.), Salutogenese im Raum der Kirche. Ein Handbuch, Leipzig 2015.

[54] Vgl. Gut, gerne und wohlbehalten arbeiten. Handreichung für die Erstellung von Dienstordnungen für Pfarrerinnen und Pfarrer der ELKB, München 2015; Handreichung für die Gestaltung des gemeindlichen Pfarrdienstes, hrsg. von der Kirchenverwaltung der EKHN, Darmstadt 2016. Aus diesen Texten wird unter den Abkürzungen ELKB und EKHN mit Seitenzahl zitiert.

Die Landeskirchen erklären es damit zu ihrem Anliegen, die berufliche Belastung der Pfarrpersonen in einem angemessenen Rahmen zu halten, und geben für ihre wöchentliche Dienstzeit endlich vernünftige Richtwerte vor (ELKB: 48 Stunden; EKHN: 40–48 Stunden). Das ist zu begrüßen. Eine Schwachstelle in den Handreichungen markieren die Ausführungen zur eigenen Spiritualität und theologischen Existenz der Pfarrer. Da diese ›Größen‹ sich schwer quantifizieren lassen, ist ihre Begrenzung auf eine Wochenstundenzahl (EKHN: 4, ELKB: 2–5) stets unbefriedigend. Und was gehört zur theologischen Existenz? In Bayern fallen darunter Supervision, Pflege der eigenen Spiritualität, eigene Fort- und Weiterbildung (ELKB, 32), in Hessen-Nassau erstaunlicherweise auch Coaching und die Mitwirkung in Pfarr- und Dekanatskonferenzen (EKHN, 14). Letztere wären zweifellos für die eigene theologische Existenz bedeutungsvoller, wenn Theologie in ihnen nur öfter vorkäme: als gemeinsames Bemühen, Gott ihn in der eigenen Lebensgeschichte zu erkennen und mit den Lebenszusammenhängen der einzelnen Menschen zusammenzudenken.[55] Wichtiger als anfechtbare Berechnungen dürfte für viele Pfarrer das Signal ihrer Dienstvorgesetzten sein, dass ihnen im Berufsalltag schöpferische Pausen, Zeiten und Räume für geistliches Leben und theologische Fortbildung zustehen, für die sie selbst verantwortlich sind und die ihnen gut tun können.[56]

Aus der Einsicht, dass die Bewerber es sich heute leisten können, sich ihre Kirche auszusuchen, hat die EKHN im November 2015 die Bedingungen für die Ausbildung der Pfarrer neu geregelt und das Assessment-Center bzw. die bisherige Form der Potentialanalyse aufgegeben. Die Neuregelung[57] sieht eine kirchliche Studienbegleitung vor. Sie soll den Selbstklärungsprozess fördern, »ob und wie die pastorale Rolle und die Anforderungen des Pfarrberufs angenommen werden können«, und »der frühzeitigen und qualifizierten Förderung im Hinblick auf das Berufsziel« dienen (Art. 3 § 10, Abs. 1). Für die Studierenden der Theologie sind drei Elemente verpflichtend: 1. ein »Reflexionsgespräch nach dem Gemeindepraktikum«, 2. ein mehrtägiges »Entwicklungsseminar nach der Zwischenprüfung«, das in Gruppen stattfindet, und 3. ein »Perspektivgespräch zu Beginn der Integrationsphase« (§ 13, Abs.1). Bewerbungen um die Aufnahme in den praktischen Vorbereitungsdienst werden nach Punkten bewertet. Bei der Punktwertung werden berücksichtigt: a) die Gesamtnote der Ersten Theologi-

---

55 Es ist kein gutes Zeichen, dass nach einer EKKW-Studie (Frühjahr 2013) nur wenige Pfarrer aus der Beschäftigung mit Literatur und (theologischer) Wissenschaft Kraft für ihren Berufsalltag schöpfen.

56 Berufsbiographien geben auch darüber Auskunft, aus welchen individuellen (internen) und situativen (externen) Ressourcen Pfarrpersonen schöpfen, um ihre hohe Arbeitsbelastung zu bewältigen. Siehe dazu die Abschnitte (5) und (6).

57 Vgl. Kirchengesetz zur Neuordnung des Einstellungsverfahrens in den Pfarrdienst vom 26. November 2015, in: Amtsblatt der EKHN Nr. 12/2015, 377–385.

schen Prüfung, b) Tätigkeiten außerhalb des Theologiestudiums, die zu einer beruflichen Qualifikation oder einem Studienabschluss geführt haben, und c) soziale Arbeit (Art. 4, § 5). Bestehen nach dem Vikariat »Zweifel an der persönlichen Eignung der Bewerberin oder des Bewerbers«, wird die Übernahme in den Probedienst von der erfolgreichen Teilnahme an einem Übernahmeseminar abhängig gemacht (Art. 6, § 3, Abs. 1). Eine Übernahmekommission beschließt danach mit Stimmenmehrheit über die Empfehlung zum Probedienst (§ 3, Abs. 7).

Der kirchlichen Studienbegleitung kommt insofern größte Bedeutung zu, als hier frühzeitig Weichen für den Weg zum Pfarrberuf gestellt werden können. Die bisherigen Erfahrungen mit der praktisch-theologischen Ausbildung der Pfarrer legen den Schluss nahe, dass die persönlichen Lagen und biographischen Situationen der Auszubildenden stärker im Lernprozess einbezogen und berücksichtigt werden müssen als es bisher geschieht.[58] Dafür spricht nicht allein die Vielfalt an lebensweltlichen Erfahrungen, Zweitausbildungen und Kompetenzen, die die Auszubildenden heute beim Eintritt ins Lehrvikariat mitbringen, sondern auch die Aufgabe der Verknüpfung von persönlicher und beruflicher Identität, die Pfarrer erfüllen müssen. Denn der Pfarrberuf ist den anderen klassischen Professionen und der Berufsgruppe der darstellenden Künstler darin vergleichbar, dass seine Ausübung in hohem Maß von der Subjektivität der Theologen abhängt. Dieser Beruf wirkt »so identitätsstiftend [...] wie kein anderer« (Nr. 21). Der Arbeitgeber Kirche wäre daher gut beraten, wenn er bei seiner Personalauswahl und in seinen Ausbildungsmodellen auf die subjektiven Faktoren der Kandidaten besondere Aufmerksamkeit richtete. Das könnte z.B. so geschehen, dass von vornherein nach den Kompetenzen gefragt würde, die Theologen während oder nach ihrer Studienzeit in anderen Studienfächern, Ausbildungsgängen und beruflichen Tätigkeiten erworben haben, damit diese Kenntnisse, Erfahrungen und Fähigkeiten frühzeitig und gezielt in die praktisch-theologische Ausbildung integriert werden können.

Ein Grundproblem der ›Volkskirchen‹ in Deutschland lässt sich indessen durch keine Ausbildungsreform lösen: In welcher *Gestalt* kann Kirche den Menschen in den Lebenswelten der entwickelten Moderne das Evangelium vermitteln? Reinhold Becker kommt in seiner breit angelegten Studie über Berufsbild und Ausbildung von Pfarrern zu dem Schluss, dass auch unter veränderten gesellschaftlichen und religiösen Bedingungen von den Pfarrpersonen weitgehende Übereinstimmung mit den Werten und Zielen der Kirche erwartet werde. In beruflicher Kompetenz und persönlicher Lebensführung sollen sie hohen Ansprüchen genügen. Nur wenn sie selbst von der christlichen Botschaft überzeugt seien, könnten sie auf die Dauer als Pfarrpersonen überzeugend

---

58 Vgl. Becker, Pfarrperson, 473.

sprechen und handeln.[59] Doch das stimmt nur, wenn man auch hinzufügt: die evangelischen Kirchen müssen sich wandeln. Sie brauchen in ihren Gemeinden *überzeugte Mitglieder*, die sich mit Werten und Zielen der Kirche identifizieren und dafür Verantwortung übernehmen, wie der Glaube in kirchlicher Gemeinschaft gelebt wird.

Alle christlichen Kirchen, nicht nur die evangelischen, sind zu einem tiefgreifenden Wandel herausgefordert, der durch Strukturreformen nicht zu bewerkstelligen ist, solange es ihnen nur in geringem Maß gelingt, ihre Mitglieder zu mobilisieren. Die Mehrzahl verharrt »unabhängig von kirchlichen Bemühungen in gleichbleibender Distanz zur Kirche [...]. Kirche soll es durchaus geben. Sie soll da sein als Hintergrundinstitution, die man notfalls, wenn andere nicht mehr zu helfen vermögen, in Anspruch nehmen kann. Von ihr wird neben geistlicher Kommunikation vor allem die Wahrnehmung diakonischer Funktionen erwartet. Wie aber soll die Kirche solche Erwartungen erfüllen, wenn die Unterstützung für sie immer weitere zurückgeht?«[60] Die Aufgabe, die sich daraus ergibt, kann man mit Bestimmtheit benennen: die Mitgliederbeziehung ist schrittweise zu verändern und »inhaltlich als Wandel von der volkskirchlichen ›Versorgungskirche‹ zur Kirche der aktiven Partizipation zu gestalten«.[61]

Wie das geschehen soll, lässt sich vom empirischen Ansatz her schlechterdings nicht beantworten. Ein Befund aus der jüngsten Mitgliedschaftsuntersuchung (5. KMU), den die Planungsstrategen der EKD beinahe widerwillig zur Kenntnis nehmen mussten, weist jedoch deutlich auf die Handlungsebene, auf der sich der Wandel vollziehen muss: *die örtliche Kirchengemeinde.* »Trotz aller medialer Investition gilt: Sehr viele Menschen – und ganz besonders in der jüngeren Generation – nehmen kaum etwas wahr von der Kirche. Und diejenigen, die sie noch wahrnehmen, nehmen vor allem den Geistlichen vor Ort wahr, insbesondere sein Kasualhandeln. *Die evangelische Kirche ist im Wesentlichen eine ›Vor-Ort-Kirche‹*, Kirchenkreis-, Dekanat- oder Propsteiebene sind in der Regel so unsichtbar wie die Ebene der leitenden Geistlichen einer Landeskirche [...]«.[62] Wer die Gemeinde als Ort gemeinschaftlichen christlichen Lebens wahrnimmt und anerkennt, dass die parochiale Kirchengemeinde im Wesentlichen die re-

---

59 Vgl. a.a.O., 522 und 546.

60 Detlev Pollack, Wandel im Stillstand. Eine traditionelle Institution wandelt sich und bleibt doch dieselbe, in: Weltsichten, Kirchenbindung, Lebensstile. Vierte EKD-Erhebung über Kirchenmitgliedschaft, hrsg. vom Kirchenamt der EKD, Hannover 2003, 71–75, hier: 73 f., zit. nach Becker, Pfarrperson, 140 f.

61 Becker, Pfarrperson, 141.

62 Thies Gundlach, Handlungsherausforderungen. Erste Überlegungen zu den Ergebnissen der V. KMU, in: Evangelische Kirche in Deutschland: Engagement und Indifferenz. Kirchenmitgliedschaft als soziale Praxis. V. EKD-Erhebung über Kirchenmitgliedschaft, Hannover 2014, 131, zit. nach Becker, 507 f. Hervorh. im Original.

levante Ebene kirchlichen Handelns ist, wird der Feststellung von Reinhold Becker zustimmen müssen: »Der Lebenszusammenhang einer lokalen Gemeinde kann nicht in beliebiger Weise – etwa auf dem Wege einer strukturellen Reorganisation – ersetzt werden durch eine andere Form gemeinschaftlichen Glaubens und Lebens«.[63]

Aus dem Neuen Testament hätte man es längst schon wissen können, wenn diese Sammlung von Glaubensurkunden überhaupt noch für kirchentheoretische Überlegungen zur Kirche in der Moderne als maßgebend erachtet wird: Kirche existiert primär in kommunikativer Gemeindepraxis.[64] Um deren konkrete Gestalt muss vor Ort gerungen werden. Was auf ›höheren‹ Ebenen geplant und entschieden wird, ist nur insoweit relevant, als es der Förderung von Gemeindepraxis dient. Aus dem Neuen Testament lässt sich entnehmen, dass christlicher Glaube keine individuelle Religion ist, sondern in kommunikativer Beteiligung möglichst *aller* Gemeindeglieder am gemeindlichen Geschehen gelebt wird. Das sollte allen, die über den Pfarrberuf und die Zukunft der Kirche nachdenken, bewusst sein.

---

63 BECKER, Pfarrperson, 512.

64 Vgl. WALTER REBELL, Zum neuen Leben berufen. Kommunikative Gemeindepraxis im frühen Christentum, München 1990, 201–206.

»Berufsbiographien« –
»eine Art Curriculum vitae«

Die Beiträger sind mit dem Fragebogen sehr unterschiedlich umgegangen. Einige haben die Fragen im Wortlaut aufgeführt, andere nur die Nummern angegeben. Manche antworteten nur in Stichworten, andere gingen auf meine Fragen in zusammenhängenden Sätzen ein, wieder andere in einem fortlaufenden Text. Die Beiträge wurden von mir soweit bearbeitet, wie es im Interesse guter Lesbarkeit notwendig erschien. Aufgereihte Stichworte wurden zu ganzen Sätzen ausformuliert. In der Regel werden Fragen und Antworten wiedergegeben. Die Texte von zwei Beiträgern (Nr. 9 und 21) erschließen sich im Zusammenhang; die Wiedergabe der Fragen war hier entbehrlich.

1. Das schwere Leben als »Diener am göttlichen Wort«

Emeritierter Gemeindepfarrer

Kurt Oppel VDM, 85 Jahre, Grasellenbach (seit Ende November 1995 in den »Ruhestand« versetzt, seit Februar 1996 in Altersvertretungen tätig bis Silvester 2013/Frühjahr 2014, d. h. also rund 18 Jahre nach offiziellem Dienstende)

1. *Wie würden Sie das Verhältnis Ihrer Eltern zur evangelischen Kirche beschreiben?*

2. *Stammen Sie aus einem evangelischen Pfarrhaus?*

Der Vater, Reinhard Oppel (Jahrgang 1878) [Komponist und habilitierter Musikwissenschaftler], stammte aus einem evangelischen Lehrerhaus, trat aber aus politischen Gründen in der Weimarer Republik aus der Kirche aus, zumal die letzte Frau, meine Mutter Elfriede (Jahrgang 1909), aus katholischem Elternhaus kam. Es war die vierte Ehe des Vaters. Die finanzielle Belastung durch zwei Konfessionen war zu hoch, dazu traten innerliche Vorbehalte.

1931–1945 wohnten wir in Leipzig. November 1941 starb der Vater, Dezember 1996 die Mutter. Damit ist auch Nr. 2 beantwortet.

3. *Haben Sie Kinder, die Pfarrer oder Pfarrerin werden wollen oder geworden sind?*

4. *Arbeitet oder arbeitete Ihr Ehepartner in einem kirchlichen Dienstverhältnis?*

5. *Wenn ja, in welchem Beruf?*

Nr. 3–5: Nein.

6. *Haben Sie während Ihrer Schulzeit etwas gelernt, was nach Ihrer Einschätzung für Ihren zukünftigen Pfarrberuf von besonderem Nutzen war?*

7. *Was hat Sie dazu veranlasst, sich für den Beruf des Pfarrers oder der Pfarrerin zu entscheiden?*

Zu 6.: 1945 bis 1951 wohnte ich mit der Mutter in Bitterfeld. Das Leben in der Sowjetzone ab März 1945 war schwierig und entbehrungsreich – ich habe in den Sommermonaten 1946 und 1947 bei einem Großbauern nachmittags neben der

Schulzeit gearbeitet als Erntehelfer, damit wir mehr Kartoffeln, Brot etc. zur Verfügung hatten als die bescheidenen Mengen auf Lebensmittelkarten.

Zu 7.: Zum 14. Juli 1946 ließ ich mich bewusst taufen – infolge der persönlich überzeugenden Einwirkung eines unserer Bitterfelder Pfarrer, Kurt Murach, der mit mir den gleichen Geburtstag hatte und aus der ostpreußischen BK herkam. Er war unser Religionslehrer am Gymnasium, der uns in sehr offener Weise in das Gespräch der Bibel, des Christentums mit der Kultur und Literatur der Weltgeschichte einführte – gegen die Bolschewisierungstendenz der Sowjetmacht.

So hatte er mit den anderen drei evangelischen Kollegen uns für den Kindergottesdienst gewonnen, der damals sehr zahlreich [besucht] war (etwa bis zu 100 und mehr Kinder) und einen großen Helferkreis benötigte. So war in Gottesdiensten und Gemeindehaus für viel Stoff in Diskussion und Vorträgen, Hauskreisen und musikalischen Zusammenkünften gesorgt. Wir zukünftigen drei Theologen in der Abiturklasse der Jungen (insgesamt nur elf) wurden zu den Pfarrkonferenzen eingeladen, darunter der eine, spätere Prof. Dr. Nikolaus Walter (Neutestamentler in Naumburg und Jena). Das Abitur legte ich Juni/Juli 1949 in Bitterfeld ab.

8. Wann und wo haben Sie Theologie studiert?

9. Haben Sie weitere Fächer studiert?

10. Welche Berufsausbildung haben Sie außerdem?

11. Sind Sie vor dem Studium oder während des Studiums einer Erwerbsarbeit nachgegangen?

12. Wenn ja, in welchen Bereichen?

Zu 8.–12.: Das Studium habe ich begonnen mit Klassenkameraden an der Kirchlichen Hochschule Berlin-Zehlendorf (Berlin-West) im November 1949. Dort studierte ich bis zum Sommersemester 1951, also vier Semester. Starker Einfluss ging aus von den Professoren Claus Westermann, Herbert Braun, Heinrich Vogel, Martin Fischer, Erwin Reisner, Martin Schmidt. An der Kirchlichen Hochschule war ein großer Gemeinschaftsgeist mit ökumenischem Einschlag. Im Sommer 1951 half ich mit beim Ev. Kirchentag, anschließend leistete ich wegen Geldmangel mit einem weiteren Bitterfelder Freund Werkarbeit in einer Betonfabrik für Dachziegel etc. am Spandauer Hafen.

Dann erfolgte der Wechsel nach Göttingen, wo ich zwei Semester vom Wintersemester 1951 bis zum Sommersemester 1952 studierte, besonders bei Ernst Käsemann, Walter Zimmerli, Otto Weber; anschließend nahm ich wegen Geldmangel Werkarbeit auf mich im Bergbau, Castrop-Rauxel, Klöckner-Zeche, in der gleichen Zeche, die ich in den folgenden Semester-Ferien immer wieder aufsuchte, solange ich in Freiburg im Breisgau studierte, vier Semester vom Wintersemester 1952 bis zum Sommersemester 1954. Hier belegte ich römisch-katholische Theologie, Philosophie, Geschichte, Kirchenrecht (bei Anton Vögtle, Bernhard Welte, Erik Wolf, Gerhard Ritter, Wilhelm Szilasi und Martin Heidegger).

Anschließend leistete ich wieder Werkarbeit bei einer Baufirma in Basel, weil ich von August 1954 bis November 1955 in Basel zunächst zwei Semester studierte (besonders bei Karl Barth, Eduard Thurneysen, Julius Schweizer und Karl Jaspers).

Da die EKHN die westdeutsche Patenkirche für die Provinz Sachsen war, wurde ich im Herbst 1955 übernommen und legte mein 1. Examen Dezember 1955/Januar 1956 in Hessen vor Universitätsprofessoren ab.

Die nächsten Jahre (Februar 1956 bis Oktober 1957) absolvierte ich als Vikar, genauer: cand. theol., ein Schulvikariat in Hammelbach/Odenwald, hinzu kam der Seminarbesuch in Friedberg, wo wir Kandidaten uns gegenseitig genauer kennenlernten und gar langwährende Beziehungen entstanden. Es folgte das praktische Vikariat in Rimbach (November 1956 bis April 1957) und wiederum Seminarbesuch in Herborn (Mai bis Juli 1957). Das 2. Theologische Examen machte ich im Oktober 1957 in Darmstadt. Als Pfarramtskandidat war ich November 1957 bis April 1958 in der Hilfswerk-Zentrale Frankfurt am Main bei Pfarrer Rathgeber.

Vom Mai 1958 bis zum Juli 1959 (= drei Semester) wurde mir ein von der Lutherstiftung bezahlter Studienaufenthalt in Basel gewährt, um an einer Dissertation bei Karl Barth über Friedrich Naumann zu arbeiten. In dieser Zeit habe ich viele Gottesdienste in der Schweiz gehalten.

13. *Welche Hochschullehrer und andere Personen aus Ihrem Umfeld haben Sie während Ihres Studiums besonders beeindruckt und sind Ihnen zu Vorbildern geworden?*

14. *Was haben Sie diesen Lehrern und anderen Personen zu verdanken?*

15. *In welcher theologischen Disziplin bzw. welchen Disziplinen haben Sie hauptsächlich studiert?*

16. *Was hat Sie daran am meisten interessiert?*

Zu 13.–16.: In dem Studium haben mich zuerst die Persönlichkeiten, dann erst ihre besondere Lehre und die Bücher interessiert – unter dem Gesichtspunkt, das Gespräch der Theologie, der Heiligen Schrift mit den anderen Literaturen und Kulturen zu verfolgen (auf der Linie des Johann Georg Hamann'schen Mottos: Es gibt drei »Bücher«: das Buch der Natur, das Buch der Geschichte und die *Scriptura Sacra*, Letztere gibt die Richtlinie vor).

17. Worin sehen Sie im Rückblick den Ertrag Ihrer Vikarsausbildung (Predigerseminar und Gemeinde)?

So ergeben sich immer wieder neue Gesichtspunkte zum Erkennen, Hören, Sehen, Schmecken, »Lesen« »lernen«! – zum Anerkennen, zum Bekennen – und man bleibt »unterwegs« – (»imperfect«!).

18. Was kam dabei zu kurz oder worüber hätten Sie gern mehr erfahren?

[Nr. 18 wurde nicht beantwortet.]

19. Wie viele Jahre und an welchen Orten waren bzw. sind Sie im Pfarrdienst?

20. Welche Aufgaben haben Sie in dieser Zeit wahrgenommen?

Zu 19.: Im August 1959 begann für mich der regelrechte Pfarrdienst in der EKHN (nach zehnjähriger Vorbereitung und Praktikantenzeit seit dem Abitur 1949) mit folgenden Stationen:

a) Rodenbach und Heegheim/Dekanat Büdingen vom August 1959 bis Juni 1961 (ländliche Gemeinden in der Wetterau, mit bewusstem BK-Hintergrund, durch Lic. Herfurth, der später in Wiesbaden den Knabenchor gründete).

   Ich habe hier auch mit den Reihenpredigten begonnen, die ich mein ganzes Pfarrerleben hindurch gepflegt habe. In den weitgehend bäuerlichen Dorfgemeinschaften begann ich mit dem Richter-Buch des AT (aus einer gewissen Analogie-Situation bzw. Existenz heraus: freie, selbständige Bauernschaften, mit fast 100 Morgen kirchlichem Pachtland, »Geld und Geist« und »Persönlichkeiten«; zum Vorgang der lebenslangen Reihenpredigten separat). Mit dem Neujahr 1960 habe ich begonnen, das Matthäus-Evangelium auszulegen – ähnlich Zwingli, der am 1. Januar 1519 als Leutpriester mit Matthäus anfing.

   Nach Ansicht der damaligen Leitung der EKHN, Kirchenpräsident Martin Niemöller und seines Personal-Oberkirchenrats, hatte ein junger Pfarrvikar je eine ländliche und eine städtische Gemeinde zu absolvieren: so wurden wir [meine Frau und ich] nach

b) Heppenheim/Bergstraße im Juni 1961 versetzt, wo wir bis März 1962 blieben.

   Hier habe ich die Reihenpredigten zu Matthäus fortgeführt; dazu kamen die besondere Arbeit in der Psychiatrischen Anstalt (mit Hausgottesdienst, viel Einzelseelsorge bei Epileptikern, Schizophrenen, Manierierten), systematisch-dogmatische Vorträge in Pfarrkonventen, Religionslehrertagungen.

   Infolge von Differenzen mit dem Personalchef der EKHN verweigerte ich meine erneute Versetzung nach einem Dreivierteljahr nach Friedberg/Oberhessen. Dank der Vermittlung von Propst Rau ging ich dann:

c) nach Dreieichenhain/Kreis Offenbach von April 1962 bis Dezember (bzw. September) 1969 mit Spezialaufgaben: Mithilfe bei Pfarrer-Rüstzeiten in Arnoldshain, die Bau-Fortführung eines neuen Pfarrhauses mit einem ganzen Gemeindezentrum und Verkauf des alten Pfarrhauses (in welchem noch der Vorgänger wohnte!!) sowie die Belebung der Gemeinde.

Hier führte ich die Reihenpredigten des Matthäus-Evangeliums fort. Es gab große und zahlreiche Schwierigkeiten mehrere Jahre lang wegen nicht erkannter Wasserprobleme im Fundamententeil, infolgedessen wachsende Differenzen zwischen Architekt und Kirchenvorstand bis zu einem gerichtlichen Beweissicherungs-Verfahren auf Anraten der Kirchenleitung. Dabei verdreifachte sich die Summe des Kostenvoranschlags (eine völlig »art-«fremde Tätigkeit eines Pfarrers!, die eine Art Kirchmeister hätte tun sollen!).

Schon seit der ersten Gemeinde (Rodenbach) habe ich den Konfirmanden-Unterricht umgebaut. Es gab keine Prüfung mehr öffentlich vor den Leuten, stattdessen wurden von den Konfirmanden nur noch gewisse Merkstücke (Psalmen und aus dem lutherischen Katechismus) gelernt, zum Abschluss eine interne Arbeit über einen Bibeltext geschrieben. Diese Arbeit wurde dann vor der Kirchengemeinde nur thematisch zur »Belehrung« der Zuhörer (ohne Namensnennung) vorgestellt und diskutiert – das Thema der »Arbeit« wurde im Unterricht vorbesprochen, quasi wie ein Schulaufsatz.

Die reformierten Landeskirchen der Schweiz haben schon seit Langem die Konsequenz aus dieser Konfirmationsproblematik gezogen: unabhängig von der Kindertaufe wird eine Art Erwachsenen-Katechumenat angeboten, wenn die »Jugendlichen« etwa 17–18 Jahre alt sind (da kann man »Lebens«-Probleme etc. diskutieren).

Im Frühjahr 1968 gab es eine Kirchen-Visitation als Folge der Polarisation und der Spannungen in Gemeinde und Kirchenvorstand (meine Mitschuld), so dass man mir eine Demission dringend empfahl, die dann im September 1969 erfolgte. Dabei bestanden gute Beziehungen zur politischen Gemeinde. Wir gründeten jährliche Treffen zwischen Bürgermeistern und Pfarrern und Landrat!

Inzwischen hatte ich 1966 das Matthäus-Evangelium zu Ende geführt und wechselte getreu die Testamente und begann parallel zu Matthäus den Propheten Hosea auszulegen, etwa ein Jahr lang, danach den Philipperbrief 1967–1968 (also »sogenannte Kampf«-Schriften!). Zu den Festtagen wich ich aus auf Texte aus der Acta und Joh.

Für die sich vergrößernde Gemeindearbeit schickte die Kirchenleitung zwei Vikare, einen davon 1968; er blieb nach unserem Weggang 30 Jahre in Dreieichenhain und »besänftigte« die Gemüter! – Wir wurden versetzt nach:

d) Bingen am Rhein, in welchem wir alte Musikfreunde von meinem Vater RO [= Reinhard Oppel] wohnen hatten. Dort war ich von Oktober 1969 bis August 1971 tätig und leistete wieder Mithilfe bei Pfarrerrüstzeiten etc. Aber wir fanden eine sehr konservative Gemeinde vor mit Betreuungs-»Struktur« und vielen Spannungen im Kirchenvorstand; dagegen hatte ich große Resonanz bei der Studentengemeinde der Rheinischen Ingenieursschule (Technicum) und der älteren Jugend. Wir unternahmen Tagesausflüge mit den Konfirmanden nach Luxemburg und Straßburg; es gab viele ökumenische Beziehungen zur römisch-katholischen Basilika-Gemeinde. Diesmal erarbeitete ich eine Predigtreihe zum Apostolischen Credo.

Da der KV bei einer Neuausschreibung der Pfarrstelle meine Bewerbung (wir waren nur »Stellvertreter«) nicht annahm, ließ man mir Zeit, mich um eine neue Stelle zu bewerben bzw. eine solche Stelle zu suchen. Man empfahl uns (wegen der Krankheit des Sohnes war Höhenluft notwendig) den Odenwald, die Stelle Wald-Michelbach II. Sie wurde dann zur II. Pfarrstelle umgewandelt. Wir kamen nach:

e) Siedelsbrunn, in eine gut reformierte Gemeinde; dort war ich von August 1971 bis Februar 1996. Es war eine Gemeinde mit 5 Filialen und viel Religionsunterricht in verschiedenen Schultypen, jedoch im einvernehmlichen Wechsel der sonntäglichen Gottesdienste mit dem älteren Kollegen in Wald-Michelbach I. Jeder hatte pro Sonntag jeweils zwei Gottesdienste, um in die zwei »Hauptorte« und die zehn Filialen zu kommen.

Hier setzte ich mit der Homilie der Reihenpredigten von 1972–1975 mit den beiden Samuelisbüchern ein, um dann wieder ins Neue Testament zu wechseln und das Markusevangelium von 1975–1982 auszulegen (in den verschiedensten Formen und bei ganz verschiedener Zuhörerschaft). Danach erfolgte wieder ein Wechsel ins Alte Testament, Psalmen-Homilien von 1981–1985 (wichtig für die fälligen Kasualien!). Das wurde abgelöst von der »Darstellung« der Apostelgeschichte von 1985–1988, um von 1988–1993 die Genesis (nur die Kap. 1–25) auszulegen. (Was ist es um den »Anfang« aller Anfänge und die »Geschichte«!?)

Am Ende meines Lebens als »Diener am göttlichen Wort« (die Selbstbezeichnung der reformierten Prediger, »VDM« [= *V*erbum *D*ei *M*inister]) wollte ich es noch einmal genau wissen. Um Wirklichkeit und Wahrheit evangelischen Glaubens, des Christentums, der Kirche zu »buchstabieren« und Rechenschaft mir selbst und den Anderen gegenüber zu geben, habe ich den Römerbrief gepredigt, 1993–1996 (die Kap. 1–12) und nach der Verabschiedung aus dem Pfarramt die Kap. 12–16 von 1996–2000.

21. Welche davon haben Ihnen am meisten Freude gemacht?

22. Welche kirchlichen Dienste haben Sie neben dem Gemeindepfarramt übernommen?

Ich musste wohl 70 werden, bis ich mich getraute, den letzten der Synoptiker, Johannes, im Gottesdienst auszulegen (ähnlich wie im Verhältnis zu Mozart, wo es ein Unterschied ist, als Kind oder als Älteren ihn zu spielen). So wurde von 2001–2009 Johannes von Kap. 1–21 gepredigt – mit dem Ergebnis, dass ich mich all den Neutestamentlern anschloss (eingeschlossen Markus Barth), die Johannes für den ersten und ältesten der Synoptiker halten. Diese Reihenpredigten hielt ich in den zahlreichen Vertretungsgottesdiensten in den Gemeinden des »Überwaldes« (Wald-Michelbach I und II, Affolterbach, Hammelbach und anderen).

Zu meinem 50. Ordinationsjahr 2009 bin ich mit der Auslegung des Neuen Testaments ans Ende gekommen (im doppelten Sinn) und habe mit der Apokalypse des Johannes angefangen (wenn's hoch kommt, sind's 80 Jahre!) und gelangte bis Kap. 14 (Ende 2013), habe »abgebrochen«, wie so oft in meinem Leben, und entdeckt, dass man den Zusammenhang der Apokalypse und der Apostolischen Väter/Kirchenväter die ersten drei bis vier Jahrhunderte der Kirchengeschichte neu schreiben müsste.

23. Was zeichnet für Sie einen guten Pfarrer bzw. eine gute Pfarrerin aus? (Wie sollten sie sein, was sollten sie können?)

[Nicht beantwortet.]

24. Was kennzeichnet nach Ihrem Verständnis eine Christengemeinde?

Entscheidend für die »Anschauung« einer Kirchengemeinde ist nicht mein Bild etc., sondern: »Wo zwei oder drei in meinem Namen versammelt sind, da bin ich mitten unter ihnen« (Mt 18,20), Mt 28,18–20 und die im Kreis um Jesus Christus Sitzenden (Mk 3,34!), dazu Joh 4,20 ff. und 19,26 (die *nova familia* Jesu Christi). Das *Dominus noster* »entgrenzt« die sogenannte Gemeinde und ihre Kreise.

25. In welcher Weise war oder ist Ihr Lebenspartner oder Ihre Familie an Ihrem beruflichen Alltag beteiligt?

Die Ehe mit der Basler Kindergärtnerin Charlotte, geb. Mueck (1925–2007) – der Vater (1894–1947) war Bildhauer aus Basel, die Schwiegermutter (1902–1985) kam aus dem Emmental/Bernbiet – war voller Spannungen; meine Frau hat sich sehr um das Soziale gekümmert und hat sich in deutsche Verhältnisse eingeordnet, sie war kritisch gegenüber vielen »Umständen« des Deutschen. Trotz einer kurzen Trennung blieben wir beieinander.

26. Wenn Sie die evangelische Kirche beschreiben, was würden Sie allgemein und im Blick auf Ihre Landeskirche als besondere Merkmale (positiv und negativ) nennen?

27. Was ist für Sie das Beste und Schönste der evangelischen Kirche, und worin besteht ihre Schwäche oder Schattenseite?

28. Wie sehen Sie die EKD auf dem Weg der Reformationsdekade bis 2017: hoffnungsvoll, skeptisch, enttäuscht, ...?

Wann fängt die EKD an, ihren Luther zu »entmythologisieren«, wie das die Schweizer schon längst mit Zwingli und Calvin getan haben?! Vgl. den Band: Ecclesia semper reformanda, zu Basels Reformationsjubiläum 1979, Reinhardt Verlag, Basel 1980, da ist alles Wesentliche gesagt!!

Ohne Martin Niemöller haperte es wohl in der Ökumene – d.h. nicht bloß »Rom«, sondern ebenso Byzanz und Moskau sind die Gegenüber und »Partner«, »trotz« allem. Die »Einheit« nach Joh 17,20 ff. besteht nicht in »Uniformität« oder dem Vatikan-Zentrum (monolithisch), vielmehr im »Austausch«, d.h. Partizipation und *communicatio* mit der »Trinität« – im Geist *pro hominibus!*

Das ist »Sauerstoff« und Brot und Wein der theologischen Arbeit – *satis est viatoribus IXς* [= es genügt, dass wir Wanderer Jesu Christi sind].

29. Welches ist oder war Ihr Hauptanliegen und Ihr vornehmstes Ziel im Pfarrberuf?

30. Haben sich Ihr Anliegen und Ihr Ziel im Lauf Ihrer Dienstzeit verändert?

31. Gibt es etwas, was Sie im Rückblick auf Ihre (bisherige) Dienstzeit als Pfarrer bedauern oder gern anders gemacht hätten bzw. machen möchten?

32. Wofür ist nach Ihrer Ansicht theologische Arbeit im Pfarrberuf unabdingbar?

33. Wenn Sie nach Ihrem Glauben gefragt werden, was antworten Sie?

34. Was gehört für Sie persönlich zu einem Leben als Christ oder Christin?

[Nr. 29–34 sind nicht beantwortet]

Die Fragen wurden handschriftlich beantwortet und von mir transkribiert. Diktion und Schreibweise wurden weitgehend beibehalten. Die Zusätze in eckigen Klammern stammen von mir (MH).

2. Gottes wunderbare Zuwendung zur Welt aufzeigen

Emeritierter Pfarrer und A-Kirchenmusiker

Karl Schmitt, 76 Jahre, Wald-Michelbach

1. Wie würden Sie das Verhältnis Ihrer Eltern zur evangelischen Kirche beschreiben?

Meine beiden Eltern hatten ein gutes, aber etwas unterschiedliches Verhältnis zur evangelischen Kirche. Meine Mutter beteiligte sich an sehr vielem in der Kirchengemeinde sehr intensiv: Sie nahm sehr häufig am Gottesdienst teil und war jahrzehntelang in der Frauenhilfe und im Kirchenchor aktiv – und noch einiges mehr. Mein Vater besuchte ebenfalls oft den Gottesdienst und war einige Jahre als Kirchenrechner tätig. Er fand das Handeln als Christ wichtiger als seinen Glauben.

2. Stammen Sie aus einem evangelischen Pfarrhaus?

Nein.

3. Haben Sie Kinder, die Pfarrer oder Pfarrerin werden wollen oder geworden sind?

Wir haben zwei inzwischen erwachsene Kinder, Sohn und Tochter. Beide sind nicht Pfarrer oder Pfarrerin geworden.

4. Arbeitet oder arbeitete Ihr Ehepartner in einem kirchlichen Dienstverhältnis?

Nein. Meine Ehefrau war vor unserer Ehe Krankenschwester und Unterrichtsschwester und gehörte dabei dem »Evangelischen Diakonieverein Berlin-Zehlendorf e.V.« an. Damit war sie auf ihr Wirken als Pfarrfrau sehr gut vorbereitet. Während unserer Ehe war sie nicht mehr berufstätig. Sie unterstützte mich in vielem, da ich von Geburt an stark sehbehindert bin. Außerdem entfaltete sie eine ganze Reihe ehrenamtlicher Tätigkeiten in der Kirchengemeinde und darüber hinaus im Dekanat und im Landesverband der »Evangelischen Frauenhilfe« in der EKHN in dessen Vorstand.

5. Wenn ja, in welchem Beruf?

Entfällt – s. zu Nr. 4.

6. Haben Sie während Ihrer Schulzeit etwas gelernt, was nach Ihrer Einschätzung für Ihren zukünftigen Pfarrberuf von besonderem Nutzen war?

Ja, sehr. Natürlich vor allem im Religionsunterricht, den ich als durchweg gut in Erinnerung habe, und der von Menschen mit sehr verschiedener religiöser Prägung erteilt wurde. Auch durch einen Biologielehrer, der ab und zu ganz deutlich und nie peinlich seinen Glauben bekannte, vor allem in seinem Staunen über die Wunder in der Schöpfung. Auch im Deutschunterricht gab es Anregungen und Inhalte, die mir für meinen Beruf wichtig wurden. Dazu gab es vorbildliches Verhalten von Lehrern und Lehrerinnen (auch in ihrer Hilfsbereitschaft in meiner Sehbehinderung), das ich als sehr wohltuend und förderlich für mein eigenes Berufsleben in guter Erinnerung habe und wertschätze.

7. Was hat Sie dazu veranlasst, sich für den Beruf des Pfarrers oder der Pfarrerin zu entscheiden?

Meine Entscheidung, Pfarrer werden zu wollen, hat viel mit meiner Liebe zur Musik, besonders auch zur Kirchenmusik zu tun. Ich habe schon in meiner Kindheit und Jugend verschiedene Instrumente gespielt, auch Orgel, habe zeitweise auch den Organistendienst in unserer Kirchengemeinde versehen und davor und danach auch immer wieder Orgelvertretungen übernommen. Zudem habe ich immer auch viel Musik gehört. Sie war (und ist) meine große Liebe. Die Musik hat mich auch im Glauben gestärkt und hat mir auch von dieser Seite her den Gottesdienst lieb und wichtig gemacht. Zudem haben mich Themen und Inhalte des christlichen Glaubens, gerade auch der Bibel sehr interessiert. Dazu kommt, nüchtern festgestellt, dass der Beruf des Pfarrers zu denen gehört, die bei einer solch starken Einschränkung der Sehkraft, wie sie bei mir vorliegt, möglich sind. Und ich bin unserer Landeskirche dankbar, dass sie mir dann auch die Chance zu diesem Dienst gegeben hat.

8. Wann und wo haben Sie Theologie studiert?

Die Orte und Zeiten für mein Theologiestudium waren:

- Sommersemester 1959 bis Wintersemester 1959/60: Universität Marburg,
- Sommersemester 1960 bis Sommersemester 1962: Universität Mainz,
- Wintersemester 1962/63 bis zum Abschluss mit erstem Landeskirchlichen Examen 1965: Universität Marburg.

9. Haben Sie weitere Fächer studiert?

10. Welche Berufsausbildung haben Sie außerdem?

Ich habe mich auch als evangelischer Kirchenmusiker ausbilden lassen: zwischen dem Theologiestudium mit Abschluss 1965 und dem Vikariat ab 1969, und zwar: Oktober 1965 bis Oktober 1967: B-Ausbildung mit B-Abschluss an der Kirchenmusikschule der EKHN in Frankfurt am Main (dieses ausgezeichnete

Institut gibt es nicht mehr) und Oktober 1967 bis Oktober 1969: A-Ausbildung mit A-Abschluss an der Staatlichen Hochschule für Musik und Darstellende Kunst in Frankfurt am Main.

11. Sind Sie vor dem Studium oder während des Studiums einer Erwerbsarbeit nachgegangen?

Nein.

12. Wenn ja, in welchen Bereichen?

Entfällt – s. zu Nr. 11.

13. Welche Hochschullehrer und andere Personen aus Ihrem Umfeld haben Sie während Ihres Studiums besonders beeindruckt und sind Ihnen zu Vorbildern geworden?

Das sind sowohl im Theologiestudium als auch in der Kirchenmusik-Ausbildung mehr Personen, als sie hier aufgezählt werden können. Ich nenne die Namen von Menschen, die mir besonders wichtig wurden, wobei aber diese Aufzählung unvollständig bleiben muss (von daher ist meine Auswahl recht schwierig und etwas schmerzlich): im Theologiestudium: Hans Walter Wolff (Altes Testament), Herbert Braun, Gustav Stählin, Werner Georg Kümmel, Ernst Fuchs (alle Neues Testament), Hans Graß (Systematische Theologie), Christian Zippert (als damals junger Assistent von Professor Alfred Niebergall, Praktische Theologie), in der Kirchenmusikausbildung: der damalige Kirchenmusikdirektor der EKHN Philipp Reich, der Orgel-Professor Helmut Walcha, meine beiden Gesangslehrerinnen Ricarda von Loefen (Kirchenmusikschule) und Hanne Gschwind-Koch (Musikhochschule). – Weitere Lehrende, dazu Freunde und Freundinnen müssten hier genannt werden.

14. Was haben Sie diesen Lehrern und anderen Personen zu verdanken?

Auch dabei gibt es viel mehr, als hier ausdrücklich benannt werden kann:

Im Theologiestudium: lebendiger, exakter Umgang mit dem Bibeltext mit starken Verbindungen zwischen Altem und Neuem Testament (Wolff), minuziöse Exegese in äußerst präziser Sprache (Braun), genaue Exegese mit starkem Ausblick auf das Ganze der Bibel (Stählin), sehr fleißige, fruchtbare Arbeit am Neuen Testament mit außerordentlicher Kenntnis und starker Heranziehung der Sekundär-Literatur (Kümmel), auch persönlich sehr ansprechende, in vieler Hinsicht bereichernde Gedankenarbeit am Neuen Testament mit weitem Horizont (Fuchs), sorgfältiges, gründliches systematisch-theologisches Denken (Graß), lebendige Bibelkunde, die mehr aufs Verständnis als aufs Auswendiglernen abhob (Zippert), Sinn für Qualität und Schönheit der Sprache gerade auch in der Predigt (Manfred Mezger, Praktische Theologie – ihn nannte ich bei 13. nicht.

In der Kirchenmusik-Ausbildung: prägende Persönlichkeit für Kirche und Kirchenmusik besonders im Chorsingen und in der Chorleitung sowie im Gesangbuch (Reich), überragendes Orgelspiel und ganz vorzüglicher Orgelunterricht (Walcha), sehr gute Stimm(aus)bildung, die mir auch ein Leben lang für das Sprechen in meinem Beruf sehr zugute kam (von Loefen, Gschwind-Koch).

Viel zu verdanken habe ich auch Freunden und Freundinnen aus meiner Studienzeit, besonders den vielen Gesprächen mit dem 2013 verstorbenen Pfarrer Günter Werk.

15. In welcher theologischen Disziplin bzw. welchen Disziplinen haben Sie hauptsächlich studiert?

Am intensivsten wohl Altes und Neues Testament.

16. Was hat Sie daran am meisten interessiert?

Die Exegese mit möglichst genauer philologischer Arbeit, ein möglichst genaues Erfassen dessen, was die biblischen Zeugen und Zeuginnen sagen und meinen, und was das für mich bedeutet, und wie ich es weiterdenken und weitersagen kann.

17. Worin sehen Sie im Rückblick den Ertrag Ihrer Vikarsausbildung (Predigerseminar und Gemeinde)?

Im Predigerseminar (Herborn): Erwerb neuer Kenntnisse und Erkenntnisse für Gottesdienst und Predigt, Kasualien, Unterricht und besonders für Seelsorge (hier vor allem »CPT« = Clinical Pastoral Training) und der Anwendung von diesem allen. Hier lernte ich viel von Professor Willi Born, bei dem ich dann auch mein Spezialvikariat absolvierte, das sich dem Vikariat anschloss.

In der Gemeinde: Hier war ich in Dillenburg bei dem hervorragenden Lehrpfarrer Klaus-Peter Mücke. Ich konnte da wertvolle Erfahrungen für meinen späteren Pfarrdienst sammeln, und dies unter sorgfältiger sachlicher und sachkundiger Begleitung durch meinen Lehrpfarrer, mit hilfreichen grundsätzlichen und der Praxis dienenden Gesprächen mit ihm, für die er sich viel Zeit nahm, und alles in einfühlsamer, verständnisvoller, sehr wohltuender Atmosphäre, die ihm wichtig war, und für die er, zusammen mit seiner Familie, viel tat. Wir waren und blieben einander bis heute persönlich sehr zugetan.

18. Was kam dabei zu kurz oder worüber hätten Sie gern mehr erfahren?

Im Predigerseminar (Herborn): Ein Mangel war nach meiner Meinung die völlig unzureichende Sprecherziehung. Es gab dafür zwar einen kompetenten Mann, aber ihm und seiner Arbeit wurde für diese wichtige Aufgabe viel zu wenig Zeit eingeräumt. Für mich selbst war das weniger schlimm, da ich durch meinen vierjährigen Gesangsunterricht stimmlich gut geschult wurde. Aber ich erkenne bis heute bei nicht wenigen Pfarrern und Pfarrerinnen mangelnde Aussprache und durchaus Stimmprobleme. Manche Kollegen und Kolleginnen leiden selbst darunter. In jedem Fall leiden die Gemeinden darunter.

In der Gemeinde: Hier hätte mir wohl etwas mehr Beschäftigung mit Verwaltungsaufgaben und wohl besonders mit Haushaltsplanarbeit ganz gutgetan.

19. Wie viele Jahre und an welchen Orten waren bzw. sind Sie im Pfarrdienst?
Ich war auf zwei Stellen tätig: Vom 1.10.1971 bis 31.5.1975 auf der damaligen Pfarrvikarstelle in Seligenstadt im Dekanat Rodgau und vom 1.6.1975 bis 31.5. 2002 auf der Pfarrstelle Langstadt (Stadtteil von Babenhausen) im damaligen Dekanat Groß-Umstadt, heute Dekanat Vorderer Odenwald.

20. Welche Aufgaben haben Sie in dieser Zeit wahrgenommen?
In Seligenstadt hatte ich viel Gottesdienstarbeit, Kasualien, besonders Besuchsdienst.

In Langstadt übernahm ich den gesamten Pfarrdienst. Ich war während der ganzen Zeit meines Dienstes dort auch Vorsitzender des Kirchenvorstandes. Es gab eine Reihe von Bauaufgaben: Abschluss der Renovierung der Kirche, Renovierung des Gemeindesaals, Renovierung des Pfarrhauses, Neubau des Gemeindehauses durch den Umbau der vorhandenen Pfarrscheune. Neben Gottesdienst, Kasualien, Konfirmandenunterricht und Besuchsdienst gab es viel Arbeit mit Gruppen: Kindergottesdienst (mit wöchentlichen Vorbereitungstreffen des Kindergottesdienst-Helferkreises), Jugendkreis (anfangs von mir mit meiner Frau geleitet, später selbständig von Ehrenamtlichen), Frauenhilfe (lange Jahre von mir in Absprache mit der Vorsitzenden geleitet, später von einer neuen Vorsitzenden), Altenklub (in den ganzen 27 Jahren von mir geleitet). Dazu galt es, immer wieder Mitarbeiter und Mitarbeiterinnen zu finden: für den Kindergottesdienst, für Kindergruppen (von einem Team ehrenamtlich Tätiger geleitet), für den Jugendkreis (später von Ehrenamtlichen geleitet), für Konfirmandenfreizeiten; (kaum für den Konfirmandenunterricht, den ich weitgehend allein leitete), für die Gemeindebücherei (jeweils von einem Team ehrenamtlich Tätiger betreut). Dazu hielt ich regelmäßigen Kontakt zum Kirchenchor, zum Posaunenchor und zu beiden Organisten.

21. Welche davon haben Ihnen am meisten Freude gemacht?
Am meisten erfüllten mich wohl Gottesdienstarbeit, Kasualien, Seelsorge (Besuche machen), bei den Gruppen besonders Frauenhilfe und Altenklub, Konfirmandenunterricht in einer Reihe vorzüglicher Jahrgänge.

22. Welche kirchlichen Dienste haben Sie neben dem Gemeindepfarramt übernommen?
Im Dekanat Groß-Umstadt, wie es damals hieß, übernahm ich mehrere Aufgaben: Ich war elf Jahre im Dekanatssynodalvorstand, dabei mehrere Jahre stellvertretender Präses. 25 Jahre lang war ich ehrenamtlicher Beauftragter für die Kirchenmusik im Dekanat. In den letzten Jahren wurde ich dann der ehrenamtliche Beauftragte für Männerarbeit und Erwachsenenbildung im Dekanat.

Auf der Ebene der Landeskirche nahm ich zwei Tätigkeiten wahr: Von 1981 bis 1991 und später nochmals bei einigen Sitzungen war ich Mitglied im hessen-nassauischen Gesangbuchausschuss, der das »Evangelische Gesangbuch« vorbereitete. Im Theologischen Seminar Friedberg war ich von 1986 bis zum Ende des Seminars 1999 Dozent für das Fach »Musik in der Gemeinde«; es ging da um das, was angehende Pfarrer und Pfarrerinnen zur Kirchenmusik wissen sollen. Ich unterrichtete dies zusammen mit dem damaligen Landeskirchenmusikdirektor Dr. Dietrich Schuberth und einer oder zwei Personen, die als Kantor oder Kantorin tätig waren. Diesen Dienst versah ich zunächst ehrenamtlich; in den letzten Jahren war er Teil meiner Dienstpflicht, da meine Pfarrstelle Langstadt nur noch eine Dreiviertelstelle war.

Als Vertreter der örtlichen Kirche war ich lange Jahre in der Sozialstation Babenhausen-Schaafheim (nicht in kirchlicher Trägerschaft) tätig: in deren Kuratorium und in deren Förderverein.

23. Was zeichnet für Sie einen guten Pfarrer bzw. eine gute Pfarrerin aus? (Wie sollten sie sein, was sollten sie können?)

Eine Persönlichkeit, der man abspürt, dass sie hinter dem steht, was sie tut; dass sie glaubt, was sie sagt; dass sie lebt, was sie verkündigt. Dafür sind gewiss ausreichende Sachkenntnisse und immer wieder neues Bemühen um sie nötig. Die Menschen sollen möglichst selten, am besten nie das Gefühl bekommen, es sei uns vieles, womöglich alles (viel) zu viel. Wir sollen ihnen vermitteln, dass wir sie wertschätzen und dass wir gerne für sie und mit ihnen arbeiten. Unsere Verlässlichkeit ist ganz wesentlich. Wir dürfen auch zugeben, dass es für uns weniger angenehme Dinge gibt (krasses Beispiel: das Ausfüllen von Statistiken, deren Sinn uns sehr zweifelhaft ist). Unsere Freude an der Verkündigung und am Umgang mit Menschen soll »rüberkommen«.

24. Was kennzeichnet nach Ihrem Verständnis eine Christengemeinde?

Der Wille, auf Gottes Wort und seine Verkündigung zu hören, sich auch selbst darum zu bemühen (z. B. im Bibelgespräch). Die Bereitschaft, kleinere und auch große ehrenamtliche Aufgaben zu übernehmen. Kasualien in ihrem Sinn wichtig nehmen, sie würdig begehen; wo es sich anbietet, sie auch mitgestalten. Bei Konflikten: sie in der Sache deutlich, im persönlichen Umgang miteinander freundlich bearbeiten und wenn möglich lösen. Wissen, was wir an Gott in Jesus Christus haben, und danach leben. Offen sein für Neues und zunächst vielleicht Fremdes, auch für »Neue« und zunächst vielleicht Fremde, auch für schwierige Menschen und Situationen.

25. In welcher Weise war oder ist Ihr Lebenspartner oder Ihre Familie an Ihrem beruflichen Alltag beteiligt?

Dazu ist schon zu 4. einiges gesagt. Meine Frau war in vielfacher Weise an meinem beruflichen Alltag beteiligt. Sie war mir eine ständige Hilfe, die ich aufgrund meiner angeborenen Sehnervenschwäche brauchte. Zudem vertrat sie mich öfter bei Treffen der Frauenhilfe und des Altenklubs. Für die Frauenhilfe war sie lange Jahre im Dekanat ehrenamtlich verantwortlich. Im Landesverband der »Evangelischen Frauenhilfe«, wie sie damals hieß, war sie acht Jahre im Vorstand. Im Kindergottesdienstteam war sie in den ganzen 27 Jahren in Langstadt zusammen mit mir verantwortlich. Sie gründete einen »Kreis jüngerer Frauen«, den sie mehr als 20 Jahre selbständig leitete. Sie war für viele Gemeindeglieder auch Ansprechperson.

Auch unser Sohn und unsere Tochter waren als Kinder und Jugendliche beteiligt, indem sie Dienste übernahmen: Unser Sohn arbeitete jahrelang in der Gemeindebücherei mit und trug manche kirchlichen Blätter in der Gemeinde aus. Unsere Tochter wirkte mehrere Jahre im Leitungsteam einer Jungschargruppe ehrenamtlich mit, »Kindertreff« genannt.

26. Wenn Sie die evangelische Kirche beschreiben, was würden Sie allgemein und im Blick auf Ihre Landeskirche als besondere Merkmale (positiv und negativ) nennen?

Die evangelische Kirche ist dazu da, das Wort Gottes immer wieder neu zu hören, zu verkündigen, dafür Sorge zu tragen, dass es die Chance hat, zu leben, zu wirken, zu mahnen, zu trösten, Wege aufzuzeigen. Dieser Aufgabe wird sie auch immer wieder gerecht. Und immer wieder nicht gerecht, indem es ihr zu wichtig wird, um jeden Preis »anzukommen«.

Die EKHN bietet manche Freiheiten für die Gemeinden und für die Pfarrpersonen, die manche anderen Landeskirchen nicht gewähren. Das schafft die Chance, neben der Pflege von Altbewährtem Neues angstfrei zu erproben. Das birgt aber auch die Gefahr, beliebig zu werden und »Allotria« zu treiben, indem sie auf Nebenschauplätzen wirkt und dabei (die) Hauptschauplätze vernachlässigt. – Einige Sorgen bereiten mir die ständigen Debatten um Strukturreformen und die viel zu häufigen Strukturänderungen. Die »Pfarrstellenbemessung« (= Kürzungen der Gemeindepfarrstellen) und die immer stärker werdenden Verlagerungen von der Gemeinde ins Dekanat finde ich problematisch: In den allmählich riesig werdenden Dekanaten kennen die Kollegen und Kolleginnen einander immer weniger; Dekanatssynoden und sogar Pfarrkonvente können immer seltener in kircheneigenen Räumen stattfinden, weil sie dafür zu groß besetzt sind – der Ort für diese Zusammenkünfte ist jedoch keineswegs gleichgültig. Viele durchaus wertvolle Angebote und Veranstaltungen gibt es nicht mehr in den Gemeinden, sondern »nur noch« im Dekanat; damit werden sie für viel mehr Menschen als gewollt und als gedacht unerreichbar. Der Satz »Eine Gemeinde kann und muss nicht alles machen« ist ebenso prinzipiell richtig wie in der Praxis gefährlich: Es fällt leicht »im Kleinen« viel zu viel weg.

27. Was ist für Sie das Beste und Schönste der evangelischen Kirche, und worin besteht ihre Schwäche oder Schattenseite?

Darüber ist zu 26. schon einiges gesagt. Das Beste: Für die Kernarbeit (Gottesdienst, Kasualien, Unterricht, Seelsorge, Diakonie) gibt es genug Freiraum, um dafür, nach bestem Wissen und Können angstfrei und aufrichtig zu arbeiten, ohne ständige »Erfolgskontrolle«. Das ist ein schöner, wertvoller Schatz der Kirche. – Die Schwäche und Schattenseite zeigt sich in der Gefahr, immer wieder der Sehnsucht nach schnellem »Erfolg« nachzurennen und nachzugeben (lieber spektakulär bis hin zur Gefahr des Klamaukhaften statt substantiell und existentiell!).

Diese Gefahr hat schon Kurt Tucholsky scharfsinnig gesehen und präzise ausgedrückt, wenn er an der Haltung beider großen Kirchen »ihre heraushängende Zunge« bemerkt. Er sagt: »Atemlos jappend laufen sie hinter der Zeit her, auf daß ihnen ja niemand entweiche. Wir auch, wir auch! Nicht mehr, wie vor Jahrhunderten: Wir! – Sozialismus? Wir auch. Jugendbewegung? Wir auch. Sport? Wir auch. Die Kirchen schaffen nichts, sie wandeln das bei andern Entwickelte in Elemente um, die ihnen nützlich sein können« (zitiert aus: Karl-Friedrich Wiggermann: Vertraut den neuen Wegen. Dichter des 20. Jahrhunderts im Evangelischen Gesangbuch, Stuttgart 1996, S. 125, im Artikel über Lothar Zenetti, dem bescheinigt wird, dass dies für ihn *nicht* gilt).

Dieses »Wir auch« halte ich auch für unsere evangelische Kirche heute für eine große Gefahr, die sich leicht als Schwäche und Schattenseite erweisen kann.

28. Wie sehen Sie die EKD auf dem Weg der Reformationsdekade bis 2017: hoffnungsvoll, skeptisch, enttäuscht, ...?

Am ehesten hoffnungsvoll. Es soll ja gewiss kein »Luther-Helden-Gedenkfest« werden. Seine Schwächen werden ja auch gesehen und benannt und werden – vor allem – in den Gesamtzusammenhang der Reformation eingefügt. Die Reformationsdekade bietet durchaus für unsere evangelische Kirche eine große Chance, zumal ja auch viele andere – auch Andersgläubige und Andersdenkende – miteinbezogen werden: die katholische Kirche und noch viel mehr.

29. Welches ist oder war Ihr Hauptanliegen und Ihr vornehmstes Ziel im Pfarrberuf?

Ich wollte Gottes mir unzweifelhafte Souveränität in ihrer unlösbaren Verbindung mit Gottes wunderbarer Zuwendung zu unserer Welt, zu aller Kreatur in ihr und besonders zu uns Menschen, eben Gottes Liebe in Jesus Christus aufzeigen und bezeugen und mit der Gemeinde leben. Dies sollte mit dem Leben der Gemeindeglieder nicht nur irgendetwas und nur bei besonderen Gelegenheiten und »bei Bedarf« zu tun haben, sondern für sie wirklich bedeutsam und möglichst hilfreich werden.

30. Haben sich Ihr Anliegen und Ihr Ziel im Lauf Ihrer Dienstzeit verändert?
In manchen Akzentuierungen vielleicht schon, im Prinzip nicht – nach meinem eigenen, immer auch anfechtbaren Eindruck.

31. Gibt es etwas, was Sie im Rückblick auf Ihre (bisherige) Dienstzeit als Pfarrer bedauern oder gern anders gemacht hätten bzw. machen möchten?
Im Ganzen: Nein. Ich weiß, dass es riskant ist, so zu reden. Aber dieses Wagnis gehe ich ein. Gewiss hätte ich manches falsche Verhalten meinerseits im Einzelnen gegenüber Gruppen, besonders gegenüber Einzelnen – Erwachsenen, gerade aber auch Kindern und Jugendlichen – besser unterlassen: mir und vor allem den Mitbetroffenen zugute.

32. Wofür ist nach Ihrer Ansicht theologische Arbeit im Pfarrberuf unabdingbar?
Es darf nicht alles in rein praktischer, theoriefreier Arbeit aufgehen. Reflexion, gerade auch theologische Reflexion bleibt nicht nur berufsbegleitend, sondern berufsfundierend. Sonst wird die Gefahr eines blinden Aktionismus' übermächtig.

33. Wenn Sie nach Ihrem Glauben gefragt werden, was antworten Sie?
Dazu habe ich schon einiges zu 29. gesagt. Ich glaube an Gott, der für uns wie Vater und Mutter und noch viel mehr und noch ganz anders ist. Ich glaube »an Gott, den Allmächtigen«. Seine Allmacht zeigt sich schon in seiner Schöpfung. Aber gerade in der Schöpfung aus seiner göttlichen Kraft wird auch deutlich, dass er seine Allmacht nicht gegen uns, sondern für uns wirken lässt. Das wird erst recht klar in dem, was er in Jesus Christus ins Werk setzt. Das verdient nicht nur unser Lob und unseren Dank für ihn. Darin liegt unsere Erlösung. Sein Geist, den wir zu Recht den »Heiligen Geist« nennen, hilft uns, stärkt uns dazu, daran festzuhalten. Davon kann ich und will ich leben.

34. Was gehört für Sie persönlich zu einem Leben als Christ oder Christin?
Christsein heißt für mich, immer wieder nach der Wurzel unseres Glaubens fragen, sich ihrer vergewissern lassen. Dafür und für alles andere im Christenleben brauchen wir das Gebet. Immer wieder versuchen, dass es aus der Wurzel durch unser Leben und in unserem Leben zur Frucht kommt: dass die, die unser Leben berühren, etwas davon spüren und etwas davon haben, und dies als Trost, als mutmachend, als praktische Hilfe, als etwas, das ihnen in jedem Fall förderlich ist. Als Grundlage eines Christenlebens sehe ich vor allem die Bibel und das Gesangbuch und unser angemessenes Umgehen damit.

3. Missionarisches Bewusstsein und ökumenische Offenheit

Emeritierter Pfarrer mit enger Beziehung zur Kirchenmusik

Hans Siebert, 81 Jahre, Reinsbüttel

1. *Wie würden Sie das Verhältnis Ihrer Eltern zur evangelischen Kirche beschreiben?*

Meine Eltern (der Vater wurde 1901, die Mutter 1900 geboren) haben beide der ev. Kirche angehört und waren ihr von Kind auf verbunden. Mein Vater war Pfarrer in verschiedenen Landgemeinden und hat seinen Dienst mit großem Einsatz versehen, z.B. unter großen Schwierigkeiten im Dritten Reich und mit persönlichem Einsatz in mehreren Kirchspielen mit dem Fahrrad. Meine Mutter hat trotz der großen Familie (sieben Kinder und zwei Adoptivkinder) in der Gemeinde mitgearbeitet, so in der Frauenhilfe und der Leitung des Kirchenchors.

2. *Stammen Sie aus einem evangelischen Pfarrhaus?*

Ich stamme aus einem evangelischen Pfarrhaus: Vater, die beiden Großväter waren Pfarrer, der Urgroßvater väterlicherseits war Generalsuperintendent (= Bischof) in Detmold. Großvater und Urgroßvater mütterlicherseits waren Basler Missionare in China und Ghana. In der Großfamilie waren in den 60 und 70 Jahren 17 Pfarrer, darunter zwei Theologieprofessoren. Natürlich gab es in einem Pfarrhaus auch Schwierigkeiten, die auch die Kinder betrafen. Während ich Pfarrer wurde, ist mein jüngerer Bruder aus der Kirche ausgetreten.

3. *Haben Sie Kinder, die Pfarrer oder Pfarrerin werden wollen oder geworden sind?*

Kinder, die Pfarrer geworden sind, haben wir leider nicht. Als ich unseren älteren Sohn fragte, ob er nicht wie sein Vater auch Pfarrer werden wollte, sagte er: »So viel wie du möchte ich nicht arbeiten müssen«. Meine jüngere Schwester ist Pfarrerin der EKHN und seit 1979 in der TELC in Südindien tätig. Meine jüngste Schwester ist mit einem Pfarrer verheiratet.

4. *Arbeitet oder arbeitete Ihr Ehepartner in einem kirchlichen Dienstverhältnis?*

Meine Frau arbeitet in keinem festen kirchlichen Dienstverhältnis. Sie hat eine Ausbildung als Kirchenmusikerin (C-Prüfung), Kinderkrankenschwester und

Sozialarbeiterin. Sie war in der Diakonie tätig und hat Seniorenkuren geleitet. Nach unserer Heirat hat sie sich um unsere vier Kinder gekümmert und mich in der Gemeindearbeit unterstützt: Telefondienst, Jungschararbeit und in einer Nachbargemeinde Organistendienst und Chorarbeit (Kirchenchor, Kinderchor und Flötenkreis). Sie war verantwortlich für die Familienbildungsarbeit in unserer Gemeinde.

5. Wenn ja, in welchem Beruf?
Siehe unter 4.

6. Haben Sie während Ihrer Schulzeit etwas gelernt, was nach Ihrer Einschätzung für Ihren zukünftigen Pfarrberuf von besonderem Nutzen war?
Ja, im Elternhaus und in der Gemeinde. In der Schule erhielt ich Anregungen im Religionsunterricht und im Schulchor. Durch das Elternhaus und Veranstaltungen im Kirchenkreis bekam ich viele Anregungen. Nach dem Abitur hatte ich zwei Studienziele: Theologie oder Physik. Da ich mich nicht entscheiden konnte, studierte ich zunächst zwei Semester Kirchenmusik an der Landeskirchenmusikschule in Schlüchtern mit Abschluss C-Prüfung. Die durch Pfarrer Dr. Blankenburg geprägte Gemeinschaft hat mich sehr beeindruckt. Das Studium der Kirchenmusik habe ich nicht fortgeführt, weil ich als Theologe und Pfarrer das Evangelium mehr Menschen bezeugen kann. Siehe Joh 3,16.

7. Was hat Sie dazu veranlasst, sich für den Beruf des Pfarrers oder der Pfarrerin zu entscheiden?
Siehe 6.

8. Wann und wo haben Sie Theologie studiert?
Insgesamt studierte ich zehn Semester Theologie: SS 55 in Marburg, in dieser Zeit war ich teilweise krank, WS 55/56 und SS 56 Theol. Hochschule Bethel, WS 56/57 Wien, SS 57–WS 58/59 Heidelberg, SS 59 und WS 59/60 Marburg, anschließend 1. Theol Examen. Danach hatte ich ein Studienjahr 1960–1961 als ökumenischer Stipendiat des WKR [= Weltkirchenrat] in Evanston/USA an einem Seminar der Episcopal Church.

9. Haben Sie weitere Fächer studiert?
Nein. Nur Studium Generale im 1. Semester.

10. Welche Berufsausbildung haben Sie außerdem?
Kirchenmusik mit C-Prüfung.

11. Sind Sie vor dem Studium oder während des Studiums einer Erwerbsarbeit nachgegangen?

Ich habe sechs Monate körperliche Arbeit abgeleistet (in der EKHN war das Voraussetzung für das 2. Examen): dreimal als Hilfsarbeiter am Bau und sechs Wochen als Pfleger in einem Heim für epileptische Männer in Bethel.

12. Wenn ja, in welchen Bereichen?

Siehe 11.

13. Welche Hochschullehrer und andere Personen aus Ihrem Umfeld haben Sie während Ihres Studiums besonders beeindruckt und sind Ihnen zu Vorbildern geworden?

Die Professoren an der Theologischen Fakultät in Heidelberg: Gerhard von Rad, Günther Bornkamm, Freiherr Hans v. Campenhausen, Peter Brunner.

14. Was haben Sie diesen Lehrern und anderen Personen zu verdanken?

Die Erkenntnis, dass der Glaube durch ein intensives Theologiestudium vertieft und gestärkt wird: Die alttestamentlichen Überlieferungen und das Zeugnis des NT von Jesus als dem Christus. Wenn ich promoviert hätte, dann bei v. Rad im AT, aber dafür habe ich mir keine Zeit genommen. Mir war der Gemeindedienst wichtiger als die Arbeit als Fachtheologe. Ich habe freilich eine umfangreiche theologische Bibliothek und greife oft zu den Fachbüchern, besonders für die Predigtvorbereitung.

15. In welcher theologischen Disziplin bzw. welchen Disziplinen haben Sie hauptsächlich studiert?

AT, NT, KG und Systematik.

16. Was hat Sie daran am meisten interessiert?

Die Frage, was glauben wir und worauf gründet sich dieser Glaube, wie ist dieser Glaube in der Geschichte weitergegeben worden und wie hat er die Menschen angesprochen und verbunden.

17. Worin sehen Sie im Rückblick den Ertrag Ihrer Vikarsausbildung (Predigerseminar und Gemeinde)?

Predigerseminar und Vikarsausbildung haben mir geholfen, mich für den Dienst in der Gemeinde vorzubereiten. Wie leben und denken die Menschen, was bewegt sie im Alltag, wie kann ich ihnen das Evangelium bezeugen? Ich wusste mich besonders der Jugend verbunden, habe in Beerfelden eine Jungschar gegründet und den Jugendkreis geleitet und mich musikalisch betätigt, in Posaunenchor und Kirchenchor mitgewirkt. Im Konfessionskundlichen Institut in Bensheim lernte ich die Beziehung zur katholischen Kirche kennen.

18. Was kam dabei zu kurz oder worüber hätten Sie gern mehr erfahren?
Ich hätte gern mehr erfahren über Psychologie und Gesprächsführung, Sozialarbeit und Verwaltung. Das Studium bestand hauptsächlich aus wissenschaftlicher Arbeit.

19. Wie viele Jahre und an welchen Orten waren bzw. sind Sie im Pfarrdienst?
Okt. 1963–März 1965 war ich Vikar in der Lukasgemeinde in Lampertheim, April 1965–Sept. 1972 Pfarrer in Reichelsheim/Odw., Sept. 1972–Okt. 1999 Pfarrer in der Christuskirchengemeinde Bad Vilbel. In Lampertheim habe ich einen Kinderchor gegründet, aus dem ein Pfarrer hervorgegangen ist.

20. Welche Aufgaben haben Sie in dieser Zeit wahrgenommen?
Alle Aufgaben des Pfarramtes: Gottesdienst, Amtshandlungen und Seelsorge, Verkündigungsdienst und Konfirmandenunterricht, Kinder- und Jugendarbeit, Hauskreis und Seniorenarbeit, Bezirkshelfer und Besuchsdienst, bis acht Stunden Religionsunterricht in der Schule vom 1.–10. Schuljahr, Diakonie (die Hilfsbedürftigen kamen oft zu mir), Unterstützung der kirchenmusikalischen Arbeit: Kantorei, Posaunenchor und Konzerte, Kinder- und Jugendfreizeiten, Gemeindestudienreisen. Friedhofsverwaltung, Kindergarten, Flüchtlingsarbeit, Verbindung zur syrisch-orthodoxen Gemeinde am Ort.

21. Welche davon haben Ihnen am meisten Freude gemacht?
Verkündigung, Jugendarbeit und Kirchenmusik.

22. Welche kirchlichen Dienste haben Sie neben dem Gemeindepfarramt übernommen?
Beauftragungen für Kirchenmusik, Mission und Ökumene und das Gustav-Adolf-Werk im Dekanat. Ab 1974 Umweltarbeit, im Vorstand der CAMU, Mitwirkung bei Kirchentagen, zehn Jahre Leitung des Krankenpflegevereins in Bad Vilbel, acht Jahre Leitung des Umweltausschusses im Kirchenkreis Norderdithmarschen.

23. Was zeichnet für Sie einen guten Pfarrer bzw. eine gute Pfarrerin aus? (Wie sollten sie sein, was sollten sie können?)
Ein starker Glaube und eine gute theologische Ausbildung, Offenheit für die Gemeindemitglieder und besonders für junge Menschen und Hilfsbedürftige ein weites, offenes Herz. Missionarisches Bewusstsein und ökumenische Offenheit.

24. Was kennzeichnet nach Ihrem Verständnis eine Christengemeinde?
Eine Gemeinde, die aus Gottes Wort lebt, sich im Gottesdienst versammelt und die Sendung in die Welt praktiziert.

25. In welcher Weise war oder ist Ihr Lebenspartner oder Ihre Familie an Ihrem beruflichen Alltag beteiligt?

Meine Frau Helga kommt aus einem christlichen Elternhaus. Ihr Vater war Kirchenmusiker. Durch ihre Ausbildung war sie veranlasst und befähigt, in der Gemeinde mitzuarbeiten, soweit das bei vier Kindern möglich war: Kinderarbeit, kirchenmusikalische Arbeit, Verantwortung für die Familienbildungsarbeit.

26. Wenn Sie die evangelische Kirche beschreiben, was würden Sie allgemein und im Blick auf Ihre Landeskirche als besondere Merkmale (positiv und negativ) nennen?

Im Vergleich zur Nordelbischen Kirche ist die EKHN im Ganzen eine lebendige Kirche, wo traditionelle Kirchlichkeit und die Bereitschaft, sich für neue Formen zu öffnen, vorhanden ist, siehe Ev. Christuskirchengemeinde Bad Vilbel. Es gibt in der Gemeinde viele, die offen sind für Glaubensfragen und zur Mitarbeit, freilich gelingt nicht immer die Zusammenarbeit der Pfarrer in einer großen Gemeinde. Wenn da einem Pfarrer sein Geltungsbedürfnis wichtiger ist als eine gute Zusammenarbeit, beeinträchtigt das das Gemeindeleben und den Gemeindeaufbau. Ich war viele Jahre der jüngere Kollege in der Gemeinde und habe deshalb mich mit meinen Vorstellungen und Zielen zurückhalten müssen.

27. Was ist für Sie das Beste und Schönste der evangelischen Kirche, und worin besteht ihre Schwäche oder Schattenseite?

Das Beste und Schönste an der ev. Kirche ist für mich, dass sie in der Tradition des christlichen Glaubens steht, der von der biblischen Botschaft lebt und sich an ihr orientiert, und zugleich offen ist für das Leben, die Fragen und Nöte der Menschen heute und ihnen die befreiende biblische Botschaft in Wort und Tat bezeugt. Und dass die ev. Kirche eine Gemeinschaft von Christen ist, wo einer den anderen annimmt und mitträgt und gemeinsam mit den Brüdern und Schwestern in der Ökumene die Liebe Gottes der Welt bezeugt. Schön ist auch, dass kritische Theologie wichtig ist und die Kirchenmusik eine wichtige Rolle spielt. Schwächen und Schattenseiten sind der Hang zur Amtskirche, die Selbstzufriedenheit und die mangelnde Bereitschaft, Aufgaben zu delegieren und die fehlende Bereitschaft, gemeinsam Schritte vorwärts zu tun, wie ich es in den USA erlebt habe. Vor allem das Fehlen und Vergessen des missionarischen Auftrags nach dem Missionsbefehl Jesu. Aus dem Missionsfest in der Christuskirche wurde ein Partnerschaftsfest gemacht.

28. Wie sehen Sie die EKD auf dem Weg der Reformationsdekade bis 2017: hoffnungsvoll, skeptisch, enttäuscht, ...?

Als Pfarrer im Ruhestand seit 1999 bin ich da wenig eingebunden. In den unkirchlichen Gemeinden, wo etwa nur ein Prozent der Gemeindeglieder den

Gottesdienst besucht, spielt die Reformationsdekade wohl kaum eine Rolle, obwohl sie eine Gelegenheit zu Besinnung und Reformation ist.

29. Welches ist oder war Ihr Hauptanliegen und Ihr vornehmstes Ziel im Pfarrberuf?
Aus dem zuvor Gesagten geht das bereits hervor: Verkündigung und Bezeugung des Evangeliums in Wort und Tat. Und ich danke Gott, dass ich das in meinem Leben hauptsächlich in den 36 Dienstjahren tun durfte und dafür die Gesundheit und Kraft hatte und dass viele Menschen für meinen/unseren Dienst dankbar waren. Ein junger Mann, heute Kriminalbeamter, sagte mir bei einem Treffen: Durch Sie bin ich zum Glauben gekommen.

30. Haben sich Ihr Anliegen und Ihr Ziel im Lauf Ihrer Dienstzeit verändert?
Ziel und Anliegen haben sich nicht geändert, sie haben sich aber weiterentwickelt. Ich bin zuversichtlicher und stärker geworden, auch gegenüber Vorgesetzten, auf der anderen Seite bescheidener.

31. Gibt es etwas, was Sie im Rückblick auf Ihre (bisherige) Dienstzeit als Pfarrer bedauern oder gern anders gemacht hätten bzw. machen möchten?
Ich bedaure, dass ich während meines Dienstes nicht mehr Zeit zum Lesen und Studieren hatte und dass vieles unvollendet blieb und nicht abgeschlossen wurde, dass ich oft nicht genug Zeit für die Familie hatte.

32. Wofür ist nach Ihrer Ansicht theologische Arbeit im Pfarrberuf unabdingbar?
Die theologische Arbeit ist für einen Pfarrer unerlässlich, für ihn persönlich und für seinen Dienst in der Gemeinde.

33. Wenn Sie nach Ihrem Glauben gefragt werden, was antworten Sie?
Auf diese Frage kann ich wenig und viel antworten. Mein Leben und Dienst ist eine Antwort. Eine kurze Antwort ist Luthers Erklärung zum 2. Glaubensartikel im Kleinen Katechismus.

34. Was gehört für Sie persönlich zu einem Leben als Christ oder Christin?
Ich versuche, mein Leben vom christlichen Glauben zu gestalten: täglich Bibellese, Besinnung, Gebet und Fürbitte sind mir wichtig, vor allem die Feier des Gottesdienstes mit der Gemeinde.

4. »Glauben und Verstehen«: Programm der Verkündigung

Emeritierter Pfarrer

Fritz Schubring, 68 Jahre, Darmstadt-Eberstadt

1. Wie würden Sie das Verhältnis Ihrer Eltern zur evangelischen Kirche beschreiben?

Kirche war für meine Eltern von jeher geistig-geistliche Heimat und Identitätsstifterin, aber zugleich auch Arbeitgeber und Versorgungsinstitut (spätestens mit dem Eintritt in den Ruhestand).

2. Stammen Sie aus einem evangelischen Pfarrhaus?

Ja.

3. Haben Sie Kinder, die Pfarrer oder Pfarrerin werden wollen oder geworden sind?

Nein.

4. Arbeitet oder arbeitete Ihr Ehepartner in einem kirchlichen Dienstverhältnis?

Nein.

5. Wenn ja, in welchem Beruf?

6. Haben Sie während Ihrer Schulzeit etwas gelernt, was nach Ihrer Einschätzung für Ihren zukünftigen Pfarrberuf von besonderem Nutzen war?

Ja, und zwar nicht bloß Latein und Griechisch als Übersetzungssprachen! Vor allem hat mir die Schule Empfänglichkeit und Freude am/für das gesprochene(n) und geschriebene(n) Wort wenn nicht gerade vermittelt, so diese doch unbedingt intensiviert. Das Gleiche gilt für den Sinn und die Bedeutung von Geschichte, seien es Lebensgeschichten oder Völkerschicksale.

7. Was hat Sie dazu veranlasst, sich für den Beruf des Pfarrers oder der Pfarrerin zu entscheiden?

Die Weichen wurden schon lange vor einer eigenen Urteils- und Willensbildung gestellt, vor allem durch die Mutter. Auf dem Gymnasium kam dann ein begeisternder Religionsunterricht durch den Schulpfarrer hinzu sowie dessen völlig freiwillige und ehrenamtliche Jugendarbeit im Rahmen von Filmseminaren, bei denen wir die großen Regisseure der 60er Jahre (Bergmann, Buñuel, Godard, Chabrol, Andrzej Wajda usw.) kennenlernten. Ihm wollte ich nacheifern!

8. Wann und wo haben Sie Theologie studiert?
Im WS 68/69 besuchte ich das Sprachenkonvikt in Frankfurt am Main (Hebraicum), eine Bibelkundevorlesung und eine weitere Vorlesung über Reformationsgeschichte an der Goethe-Universität. Im SS 69 bis SS 70 setzte ich mein Studium an der Philipps-Universität Marburg/Lahn fort. Im WS 70 bis WS 73 studierte ich an der Georg-August-Universität in Göttingen. Dort machte ich das 1. Examen!

9. Haben Sie weitere Fächer studiert?
Nein.

10. Welche Berufsausbildung haben Sie außerdem?
Keine.

11. Sind Sie vor dem Studium oder während des Studiums einer Erwerbsarbeit nachgegangen?
Nein (ich hatte nur gelegentliche Ferienjobs).

12. Wenn ja, in welchen Bereichen?
Entfällt.

13. Welche Hochschullehrer und andere Personen aus Ihrem Umfeld haben Sie während Ihres Studiums besonders beeindruckt und sind Ihnen zu Vorbildern geworden?
Von Vorbildern würde ich nicht sprechen. Aber begeistert haben mich einige: In der Lektüre Rudolf Bultmann, in Vorlesungen oder Seminaren Wolfgang Trillhaas (Systematik), Hans Conzelmann (NT), Adolf Martin Ritter (Kirchengeschichte, Patristik), Hans-Joachim Kraus (Systematik), Heinrich Ott (Lektüre/Systematik), Walter von Loewenich (Kirchengeschichte/Lektüre), Carl Andresen (frühe Kirchengeschichte).

14. Was haben Sie diesen Lehrern und anderen Personen zu verdanken?
Immer und in allen Disziplinen galt für mich: *Tua res agitur!* sowie der Wunsch, den Glauben auch zu verstehen (R. Bultmanns Programm: Glauben und Verstehen) und ihn denkend/verständlich in eigene Worte fassen zu können.

15. In welcher theologischen Disziplin bzw. welchen Disziplinen haben Sie hauptsächlich studiert?

S.o. Am stärksten hat es mich immer zur Kirchengeschichte und Systematik gezogen.

16. Was hat Sie daran am meisten interessiert?

Kirchengeschichte: Interessiert hat mich, wie sich das Zeugnis von Jesus Christus in die Geschichte hinein entfaltet und behauptet hat – um den Preis allerdings, dass das gar nicht so selten das Blut der Märtyrer kostete! Und dass es in jedem Falle auch Kampf bedeutet – gegen den Zeitgeist und alle möglichen sich absolut setzenden Mächte und Meinungen. Es leuchtete mir immer ein: Die Theologie hat sich aus der Apologie entwickelt (s. die Kirchenväter, vor allem Tertullian).

Systematik: Die wichtigste Lektion bestand für mich darin, Glaubenssätze als Axiome zu begreifen, die niemand beweisen, freilich auch niemand widerlegen kann; aus denen aber jeder, der bereit ist, sich auf sie einzulassen, befreiende, dem Leben dienliche und nicht zuletzt auch tröstliche (!) Erkenntnis »ziehen« kann.

17. Worin sehen Sie im Rückblick den Ertrag Ihrer Vikarsausbildung (Predigerseminar und Gemeinde)?

An diese Zeit erinnere ich mich nicht gern. Die Wahl des Lehrpfarrers – es handelte sich um meinen ehemaligen Schulpfarrer, der inzwischen in die Gemeinde gegangen war – erwies sich in Verbindung mit dem sehr eigenwilligen Profil der Gemeinde als ein großer Fehler. Ich versuchte in Schuhen zu laufen, die mir in keiner Hinsicht passten!

Aus dem Seminar wäre ich trotz wohlwollender Aufnahme seitens der Dozenten und guter Akzeptanz auch im Kreise der Kurskollegen am liebsten weggelaufen. Ich konnte nur hoffen, dass sich meine Ängste vor dem Pfarramt (letztlich vor den Menschen!) allmählich legten. Eine realistische berufliche Alternative gab es für mich nicht.

18. Was kam dabei zu kurz oder worüber hätten Sie gern mehr erfahren?

Wer Pfarrer wird, sollte wissen, dass er sich »Predigen als Beruf« (Ernst Lange) erwählt. Gemessen an der überragenden Bedeutung der öffentlichen Verkündigung waren die drei Monate homiletischer Ausbildung im Seminar (1974/75) ein Witz! Aus meiner Sicht müssten solche Kurse schon während des Universitätsstudiums verpflichtend angeboten werden – in Verbindung natürlich mit entsprechenden gottesdienstlichen Aufträgen am Studienort, begleitet von eigens dafür abgeordneten Übungsleitern. Nur so vermag ein Studierender zu erkennen, ob ihm dieser Dienst – der eben nicht nur solide exegetisch-meditative Vorbereitung, sondern auch ein Stück Kreativität erfordert – auf die Dauer liegt! Wenn nicht, wird es doch sehr beschwerlich! Mit anderen Worten: gefehlt hat ein harter »Eignungstest«, bei dem der Student seine Predigt nicht bloß theologisch begründen und notfalls gegen kritische Einwände verteidigen muss, sondern wo auch seine Selbstreflexion und seine Gefühle im Prozess der Predigtarbeit zum Gegenstand der »Prüfung« gemacht werden.

19. Wie viele Jahre und an welchen Orten waren bzw. sind Sie im Pfarrdienst?
Meine 1. Verwendung (nach Abschluss der praktischen Ausbildung) war in Groß-Zimmern, damals Dekanat Reinheim, und zwar von 1975 bis 1981, dauerte also sechs Jahre. Auf der 2. Stelle war ich 13 Jahre, von 1981 bis 1994, in den Gemeinden Habitzheim und Semd, damals Dekanat Groß-Umstadt. Schließlich hatte ich 19 Jahre, von 1994 bis 2013 in Darmstadt-Eberstadt, Dekanat Darmstadt Stadt, meiner 3. Stelle.

20. Welche Aufgaben haben Sie in dieser Zeit wahrgenommen?
Ich nahm die »klassischen« Aufgaben in Verkündigung, Unterricht und Seelsorge wahr. Darüber hinaus übernahm ich auf Dekanatsebene verschiedene Tätigkeiten für das GAW der EKHN, für den Dekanatsbauausschuss, im ACK Darmstadt und schließlich als Regionalmentor für den Einsatz der Gemeindepädagogen.

21. Welche davon haben Ihnen am meisten Freude gemacht?
An die Predigtvorbereitung (Lesen von Predigtmeditationen und Predigten) ging ich jedesmal neu hoffnungsvoll und frohgemut heran; das Schreiben war dann meist eine arge Plackerei!

Gerne war ich auf Tagesausflügen der Senioren (zwei bis drei im Jahr) oder bei insgesamt vier Studienreisen nach Griechenland und Israel »Reiseleiter«. Großen Spaß bereitete mir auch die Außen- und Innenrenovierung zweier alter Dorfkirchen, das Gespräch mit Architekten und Restauratoren, die Ausstattung dieser Kirchen mit Paramenten aus der Werkstatt des Elisabethenstifts sowie die Anschaffung silberner (handgefertigter) Altargeräte. Kurzum, die Sorge um Dinge, die einfach schön sind und eine Weile bleiben. (Natürlich gehörte auch dazu, die Gemeinde für solche Vorhaben zu gewinnen und die nötigen Gelder zu beschaffen.) In Kirchenchören habe ich seit meiner Jugend mitgesungen. Deren Verschwinden bzw. der Abstieg und Verfall im Bereich der Pflege protestantischer Musikkultur (Schütz, Walther, Hassler, Bach etc.) schmerzt mich sehr!

22. Welche kirchlichen Dienste haben Sie neben dem Gemeindepfarramt übernommen?
Siehe oben (Nr. 20).

23. Was zeichnet für Sie einen guten Pfarrer bzw. eine gute Pfarrerin aus? (Wie sollten sie sein, was sollten sie können?)
Ein Pfarrer muss – das Allerwichtigste! – ein guter, urteilsfähiger Theologe sein! Und das heißt, er muss erstens unterscheiden können zwischen Gesetz und

Evangelium, Person und Werk sowie den beiden »Regimenten Gottes«, dem geistlichen und dem weltlichen. – Und zweitens: Zu wissen, worauf er – und zwar aus der Situation heraus, unter Berücksichtigung der Gesamtlage von Kirche und Gesellschaft – den Focus jeweils zu richten hat. Sodann sollte der Pfarrer, einigermaßen frei von Menschenfurcht, ein zuhörender (!) Gesprächspartner sein, der ggf. aber auch die konfrontative Seelsorge nicht scheut. Schließlich braucht er ein gutes Zeitmanagement. (Ich habe es leider nie besessen!)

24. Was kennzeichnet nach Ihrem Verständnis eine Christengemeinde?

Zuerst und vor allem – und dann kommt erst mal lange gar nichts! – das öffentliche Bekenntnis, der Besuch des Gottesdienstes (heutzutage ein Politikum, nicht nur in der Verteidigung der »Sonntagskultur«, sondern auch als Ausdruck gelebten Rechtfertigungsglaubens und nicht zuletzt lebensdienlicher, ökologischer Vernunft und Besonnenheit)! Mit anderen Worten, das Festhalten an der Lehre der Apostel, an der Gemeinschaft, am Brotbrechen und am Gebet (vgl. Apg 2,42). – Auf den Sonntagsgottesdienst folgt »der Gottesdienst im Alltag der Welt« (Röm 12,1), das christliche Zeugnis in der Pflichterfüllung des Berufs, gegenüber der eigenen Familie, dem Freundeskreis, der Nachbarschaft – also ganz schlicht: im eigenen – hoffentlich freundlichen! – Umgang und Verhalten. Von großer Bedeutung ist in diesem Zusammenhang auch das Engagement in Vereinen und politischen Parteien. Deutlich nachrangig ist m. E. alles, was im Gemeindehaus stattfindet, der ganze, oft kleinbürgerliche Betrieb dort, vom Frauen- oder Männerfrühstück bis zum Yogatraining oder der Selbsterfahrungsgruppe.

25. In welcher Weise war oder ist Ihr Lebenspartner oder Ihre Familie an Ihrem beruflichen Alltag beteiligt?

Als unverzichtbare, immer ansprechbare Dialogpartnerin, die mir den Rücken freihielt – und natürlich auch loyal zu dem »stand«, was ich in der Öffentlichkeit zu vertreten hatte. Ohne die Bereitschaft meiner Frau, das mitzutragen – und in der spezifischen Ausformulierung oft genug auch einfach zu ertragen! –, wäre es nicht gegangen. (Dass sie unter meiner totalen Absorption durch das Pfarramt sehr gelitten hat und ich meine 1. Ehe u. a. deshalb »an die Wand gefahren habe«, steht auf einem anderen Blatt.)

26. Wenn Sie die evangelische Kirche beschreiben, was würden Sie allgemein und im Blick auf Ihre Landeskirche als besondere Merkmale (positiv und negativ) nennen?

Sie ist »die Kirche des Wortes«, und weil der Glaube nun mal aus dem Hören auf das Wort der Predigt erwächst – und nicht aus den Bildern, aus den Riten –, ist sie für mein Empfinden auch näher am Auftrag Jesu dran als unsere Schwesterkirche. Aber das macht zugleich natürlich auch ihre Not aus, lässt sie als defizitär erscheinen gegenüber der katholischen Kirche: Wie oft ist der Gottesdienst/die Predigt nur die institutionell gesicherte Belanglosigkeit. Gott sei's geklagt!

27. Was ist für Sie das Beste und Schönste der evangelischen Kirche, und worin besteht ihre Schwäche oder Schattenseite?

Das Beste und Schönste: »Die unvergessenen Choräle: Eins ist Not, ach Herr, dies eine!« (Wolfgang Köppen, Auf dem Phantasieroß, S. 502) Dazu gehören für mich auch alle (!) Lieder Martin Luthers und Paul Gerhardts.

Die Schwächen: Wenn unsere zusehends feminisierte Kirche diese Schätze nicht mehr hebt. Wenn z.B. die Gemeinde am Volkstrauertag (!) im Rahmen des Schlussliedes in die verquaste Lyrik und kunstgewerbliche Poesie von EG 610 mit seinem pastellfarbenen Gottesbild hineingezwungen wird: »Herr, deine Liebe ist wie Gras und Ufer, wie Wind und Weite und wie ein Zuhaus [...]« – und das auch noch in allen vier Strophen! Wenn sie sich dem Mainstream gefällig zu machen sucht, am deutlichsten natürlich im Rahmen der Kasualien. Wenn sie nicht nur »die billige Gnade« verkündet, sondern auch vor peinlichen Werbekampagnen (»LebensArt«; Schokoladenplätzchen mit EKHN-Kreuz inbegriffen) nicht zurückscheut.

28. Wie sehen Sie die EKD auf dem Weg der Reformationsdekade bis 2017: hoffnungsvoll, skeptisch, enttäuscht, ...?

Sehr skeptisch! Statt in der gegenwärtigen Weltlage (Stichwort: Kampf gegen den Terror, Flüchtlingskrise) Luthers Zwei-Reiche-Lehre neu zu entdecken und sie durchzuarbeiten, versteift man sich auf die Skandalgeschichte seiner späten Judenschriften bzw. seines Antijudaismus. Ein Trauerspiel!

29. Welches ist oder war Ihr Hauptanliegen und Ihr vornehmstes Ziel im Pfarrberuf?

In Predigt, Unterricht und Seelsorge ging es mir letztlich nur um eines: Die Gemeinde – mich (!) als ersten Hörer der Predigt – immer wieder neu des Grundes zu vergewissern, »der gelegt ist, welcher ist Jesus Christus.« (1Kor. 3,11) In der Verkündigung lautete mein »Programm«: Glauben und Verstehen! (s. R. Bultmann)

30. Haben sich Ihr Anliegen und Ihr Ziel im Lauf Ihrer Dienstzeit verändert?

Nein, im Prinzip nicht! Die Bedeutung des (mindestens inneren!) Gesprächs mit dem Judentum, mit den Juden (ich denke zum Beispiel an Schalom Ben Chorin) als unseren älteren Geschwistern im Glauben an den Gott Israels (sic!) ist mir allerdings erst auf der Mitte meiner beruflichen Tätigkeit bewusst geworden. Im Studium hatte ich das noch nicht erkannt.

31. Gibt es etwas, was Sie im Rückblick auf Ihre (bisherige) Dienstzeit als Pfarrer bedauern oder gern anders gemacht hätten bzw. machen möchten?
Wäre ich heute Berufsanfänger (Vikar), würde ich eine (bescheidene) Gesangsausbildung machen. Ich habe die (lutherische) Liturgie immer gerne gesungen, auch weil sie sich im Eingangspsalm auf das bezieht, was für uns geschehen ist, was wir nicht selber machen müssen und auch gar nicht machen können. Aber es hätte sicher etwas voller/schöner klingen dürfen ...

32. Wofür ist nach Ihrer Ansicht theologische Arbeit im Pfarrberuf unabdingbar?
s. Antwort zu 23.

33. Wenn Sie nach Ihrem Glauben gefragt werden, was antworten Sie?
Dass ich in dieser Welt verrückt würde, wenn ich ihn (den Glauben im Sinne der *fides quae creditur!*) nicht hätte.

34. Was gehört für Sie persönlich zu einem Leben als Christ oder Christin?
Das tägliche Lesen der Herrnhuter Losungen, die dazugehörige Bibellese und das Gebet.

5. Trainer im gelebten Glauben an Jesus Christus

Emeritierter Pfarrer

Burkard Hotz, 68 Jahre, Wiesloch

1. Wie würden Sie das Verhältnis Ihrer Eltern zur evangelischen Kirche beschreiben?

Ich stamme aus einem Pfarrhaus, ich war das jüngste von drei Kindern. Mein Vater, der vor dem Krieg eine wissenschaftliche Laufbahn plante, er hatte Theologie und Kunstgeschichte studiert, wurde erst nach dem Krieg, sozusagen mit meiner Geburt im November 1947 Gemeindepfarrer und übte diesen Beruf bis zu seiner Pensionierung Mai 1977 aus. Mein Vater war einem konservativen bildungsorientierten Luthertum verpflichtet und hatte es in der zunehmend linksliberalen EKHN nicht leicht.

2. Stammen Sie aus einem evangelischen Pfarrhaus?

Ja.

3. Haben Sie Kinder, die Pfarrer werden wollen oder geworden sind?

Nein.

4. Arbeitet oder arbeitete Ihr Ehepartner in einem kirchlichen Dienstverhältnis?

Nein.

5. Wenn ja, in welchem Beruf?

–

6. Haben Sie während Ihrer Schulzeit etwas gelernt, was nach Ihrer Einschätzung für Ihren zukünftigen Pfarrberuf von besonderem Nutzen war?

Ich besuchte in Darmstadt das altsprachliche Gymnasium und hatte mit dem Abitur die drei alten Sprachen. Ich hatte einen originellen Philosophieunterricht, wir lasen damals Romano Guardini, den ich in den letzten Jahren wieder neu entdeckte; wir hatten einen engagierten Gemeinschaftskundeunterricht, in dem wir intensiv den Nationalsozialismus (1965/1966!) bearbeiteten.

Hilfreich war für mich auch die Wehrpflicht (18 Monate) und die Werkstudentenzeiten während des Studiums. Ich habe während des Studiums (1968–1972) regelmäßig zweieinhalb Monate im Jahr bei der Fa. Merck in Darmstadt gearbeitet. Die intensiven menschlichen Kontakte in dieser Zeit – auch weil es klar war, dass ich Theologie studierte – waren für mich herausfordernd und hilfreich.

7. Was hat Sie dazu veranlasst, sich für den Beruf des Pfarrers/der Pfarrerin zu entscheiden?

Sicher war da die positive Prägung durch das Elternhaus. Wenn mein Vater in der Kirche auf der Kanzel stand und predigte, hat mich das schon als Junge beeindruckt und den Wunsch wachsen lassen, das möchte ich auch machen. Dann kamen später auch bewusst kritische und distanzierende Aspekte in der Auseinandersetzung (es war ja die Zeit des Aufstands gegen den Nationalsozialismus der Eltern) mit meinem Vater dazu, nach der Devise: ich zeig's ihm, wie man's richtig macht!

8. Wann und wo haben Sie Theologie studiert?

1968–1970 in Marburg und 1970–1972 in Tübingen.

9. Haben Sie weitere Fächer studiert?

In Tübingen habe ich auch drei Semester Pädagogik studiert.

10. Welche Berufsausbildung haben Sie außerdem?

Keine.

11. Sind Sie vor dem Studium oder während des Studiums einer Erwerbsarbeit nachgegangen?

Ja.

12. Wenn ja, in welchen Bereichen?

Außer der 18-monatigen Wehrpflicht und den Semesterferienjobs keinen.

13. Welche Hochschullehrer und andere Personen aus Ihrem Umfeld haben Sie während Ihres Studiums besonders beeindruckt und sind Ihnen zu Vorbildern geworden?

Eberhard Amelung (Marburg), Assistent bei von Oppen; Eberhard Jüngel, Jürgen Moltmann, Otto Michel, Karl E. Nipkow (Tübingen).

14. Was haben Sie diesen Lehrern und anderen Personen zu verdanken?

Über Eberhard Amelung, der einen sehr mitgestaltungsfreudigen Seminarstil pflegte, bin ich früh an Bonhoeffer herangeführt worden. Er bot ein systematisches Proseminar an über »Sanctorum Communio« mit einem abschließenden

Besuch bei Eberhard Bethge, der damals in der rheinischen Pfarrerfortbildung tätig war. Das ganze Seminar und besonders dieser Besuch bei Bethge, der Bonhoeffers Lebensgeschichte ungemein interessant darstellte, beeindruckten mich sehr. Meine Bonhoefferbegeisterung hat bis heute nicht aufgehört, im Gegenteil. Bei Moltmann musste man in Tübingen einfach sein, wenn man aktualitätsbezogen Theologie studieren wollte. Seine Weise, Theologie zu präsentieren, hatte etwas sehr Eingängiges. Bei Jüngel beeindruckte mich die Präzision des theologischen Denkens, die klare und harte Arbeit an den theologischen und philosophischen Quellen. Ich habe bei ihm ein sehr spannendes Seminar über Feuerbachs »Wesen des Christentums« gemacht und der Feuerbach'sche Satz: »Erst wer Gott denkt, denkt radikal« hat mich, natürlich anders als im Feuerbach'schen Sinn, bis heute nicht losgelassen. Bei Otto Michel habe ich kurz vor meinem 1. Examen ein äußerst interessantes NT-Seminar über die Johannesoffenbarung besucht. Ich hatte vorher mit einigen Freunden Ernst Bloch studiert, und nun saßen wir als eher Linke bei Michel, wo eben in großer Zahl das Bengelhaus und die Frommen waren. Doch das Seminar wurde wirklich ein hermeneutisches Abenteuer. Michel hat aus der Johannesoffenbarung heraus ein faszinierendes geschichtstheologisches Verständnis entfaltet: Gott als *Herr* der Geschichte, der auch das Böse herauswachsen lässt, bis es zu Seiner Zeit besiegt wird. Und darum ist die Johannesoffenbarung *das* Trost- und Hoffnungsbuch der christlichen Gemeinde. Auch mich hat die Johannesoffenbarung seit dieser Zeit nicht mehr losgelassen.

15. In welcher theologischen Disziplin bzw. welchen Disziplinen haben Sie hauptsächlich studiert?
In der Systematischen Theologie.

16. Was hat Sie daran am meisten interessiert?
In der Systematischen Theologie betreibt die Theologie die Aufklärung und Vergewisserung ihrer selbst, sie reflektiert sich selbst, ihren Gegenstand, ihre Methoden, ihre Auswirkungen, ihren kirchlichen, sozialen und biographischen Sitz im Leben. Sie trainiert die Gesprächs- und Anschlussfähigkeit und zugleich aber auch die Widerspruchsfähigkeit der Theologie bzw. des Glaubens an Gott in die verschiedenen kulturellen Kontexte hinein. Das war mir während meines Studiums wichtig. Große Bedeutung hatte damals auch (der junge) Paul Tillich für mich (»Die sozialistische Entscheidung«). Über ihn schrieb ich meine Examenshausarbeit. Der andere Strang in der Systematischen Theologie, der sich langsam herausbildete, war der Kirchenkampf und die Bedeutung der Wort-Gottes-Theologie, das Barmer Bekenntnis und die Bekennende Kirche, die Auseinandersetzung mit der völkischen Theologie. Es begannen auch schon meine ersten Auseinandersetzungen mit den heutigen »empirischen Sozialingenieuren« in Theologie und Kirche.

17. Worin sehen Sie im Rückblick den Ertrag Ihrer Vikarsausbildung (Predigerseminar und Gemeinde)?

Meine Vikarsausbildung erfolgte in Friedberg. Ich gehörte zum sogenannten Rollkurs 8 (Jan. 73 bis September 74). Unsere Ausbildung organisierten wir weitgehend eigenständig, die Dozenten spielten damals keine große Rolle. Eine echte Entdeckung allerdings wurde gegen Ende dann doch Walther Fürst, der die Homiletik vertrat und Barthianer war, eine damals in der Leitungsebene der EKHN selten werdende theologische Spezies. Unsere Vikarszeit wurde theologisch geprägt durch die stärker werdende Kritik an der Funktionalen Theorie und in erklärter Opposition dazu durch eine bewusste neue Hinwendung zu dialektischen Ansätzen. Unvergessen ist mir (am gleichen Tag) der Besuch im Predigerseminar von K.W. Dahm am Nachmittag, er kam mit einem Koffer voller Schaubilder, und der Besuch von Martin Niemöller am Abend. Er kam mit der Erzählung seiner Lebens- und Glaubenserfahrungen. Es war mir nach diesem Tag ganz klar: Wenn ich zwischen den beiden und der Theologie und Kirche, die sie jeweils vertreten, mich entscheiden muss, dann ist es eindeutig Niemöller. Und im Rückblick nach 40 Jahren kann ich sagen: Ja, so ist es!

Meine Vikarsgemeinde war die Erlösergemeinde in Bad Homburg mit ihrer mächtigen byzantinischen Erlöserkirche. Mein Lehrpfarrer war Heinz Bergner. Er wurde während meiner Vikarszeit zum Dekan gewählt. Es war eine sehr interessante und produktive Zeit, mein Lehrpfarrer ließ mich in viele kirchliche Bereiche hineinschauen und er räumte mir viel Freiheit ein. Ich gewann Freude am Gottesdienst und am Predigen und überhaupt an der Gemeinde mit ihren vielen Möglichkeiten, Christsein zu leben.

18. Was kam dabei zu kurz oder worüber hätten Sie gern mehr erfahren?

Im Predigerseminar: Gelebter, gestalteter, persönlicher, im Wort Gottes beheimateter Glaube, der hatte nur wenig Raum in dieser Zeit. Wir waren doch sehr mit der politischen Veränderung der Verhältnisse und einem Glaubensverständnis beschäftigt, das davon überzeugt war, permanent seine politische Legitimität unter Beweis stellen zu müssen. Die Kapelle des Predigerseminars war bezeichnenderweise ein unaufgeräumter Abstellraum. Erst gegen Ende des Kurses tat sich da ein wenig. Wir hatten auch niemand, der uns damals in guter Weise anleitete. Hier haben die 68er Jahre und ihre Folgen zu einem Abbruch von tragfähigen Formen des gemeinschaftlich gelebten Glaubens gerade im pastoralen Zusammenhang der Kirche geführt. Die theologische Reflexion wurde hoch gewertet, die persönliche Glaubenserfahrung und ihre bewusste und verantwortliche Gestaltung waren einfach unterbelichtet und irgendwie auch wenig bedeutsam. Der Gemeindeteil des Vikariats hat dem, Gott sei Dank, etwas entgegengesteuert.

19. Wie viele Jahre und an welchen Orten waren bzw. sind Sie im Pfarrdienst?
Mein aktiver Pfarrdienst begann nach der Vikarszeit und dem Spezialpraktikum am Konfessionskundlichen Institut in Bensheim am 1. April 1975 und endete am 30. Juni 2012.

Vom 1. April 1975 bis 31. August 1978 war ich in der Lukasgemeinde in Lampertheim. Vom 1. September 1978 bis 30. April 1982 war ich mit halber Stelle in Hüttenfeld. Wir (meine Frau Renate Hotz-Stock, geb. Stock, und ich) haben in dieser Zeit bzw. kurz davor unsere beiden Kinder bekommen. Da wir uns die Aufgaben in dieser Kleinkindzeit teilten, reduzierten wir beide. Meine Frau war Lehrerin. Vom 1. Mai 1982 bis zu meiner Pensionierung am 30. 6.2012 war ich Pfarrer in Rimbach.

20. Welche Aufgaben haben Sie in dieser Zeit wahrgenommen?
Lampertheim war für einen Berufsanfänger eine harte Schule. Die Lukasgemeinde hatte damals offiziell 6.700 Gemeindeglieder in zwei Pfarrbezirken! So dass die Zahlen an Konfirmanden (immer zwischen 60 und 70, d.h. drei Gruppen), Kasualien und Besuchen in der Gemeinde gewaltig waren, drei bis vier Beerdigungen in der Woche waren normal. Außer dem hohen Standard der normalen Gemeindearbeit, ich war auch mit der Jugend sehr zugange, war für diese Zeit die intensive KDV-Beratungstätigkeit prägend. Oft war ich als Beistand beratend tätig und habe dann die jungen Männer auch zu den Verhandlungen meist vor dem Ausschuss für Kriegsdienstverweigerung beim Kreiswehrersatzamt in Heppenheim begleitet. Auch war dies eine Zeit mit vielen Vakanzen, so dass immer wieder auch Vertretungsdienste angesagt waren.

Der Weg nach Hüttenfeld auf die halbe Stelle war der Rettungsring für unsere Ehe und unsere junge Familie, denn Lampertheim war für unsere junge Ehe ein gefährlicher Strudel, in dem wir unterzugehen drohten. Während meiner Hüttenfelder Zeit habe ich zwei Prädikantenkurse ausgebildet. Das hat mir, mit dem gottesdienstlichen Schwerpunkt, viel Freude gemacht. In diese Zeit fiel auch der 40. Jahrestag der Reichspogromnacht am 9. November 1978, den wir intensiv im Kontakt mit der jüdischen Gemeinde in Mannheim vorbereiteten.

In den Hüttenfelder Jahren erlebte ich eine tiefe und herausfordernde Anfrage an meine berufliche Tätigkeit: Ist das schon alles? So fragte ich mich. Mache ich nur kirchlichen Betrieb und »nette« Projekte, oder muss es, wenn es um Gott geht, nicht um mehr gehen? Muss es nicht radikaler, tiefer, ernsthafter werden? Es gab in mir diese Sehnsucht nach »mehr«. Durch einen längeren Aufenthalt vor Weihnachten 1980 in einem katholischen Krankenhaus in Mannheim bekam ich Kontakt zu einer Schwester, die aktiv in der katholischen Charismatischen Erneuerung engagiert war. Von ihr hörte ich interessante Dinge, vor allem von einem lebendigen Glauben, der mit der Gegenwart Gottes rechnet und sie auch erfährt. Das machte mich neugierig. Und diese Neugierde blieb.

Ab 1. Mai 1982 war ich Pfarrer in Rimbach gemeinsam bis Sommer 1996 mit Hermann Birschel. In diese Anfangszeit in Rimbach fiel auch meine Hinwendung zur charismatischen Bewegung, der Geistlichen Gemeindeerneuerung in der ev. Kirche. Diese persönliche Glaubenserneuerung hat nun mein Christ- und Pfarrersein, mein Leben und Arbeiten in der Kirche und mein theologisches Denken entscheidend verändert und dauerhaft geprägt.

In den 30 Jahren in Rimbach lebte ich nun zunehmend bewusster und profilierter einen geistlichen Gemeindeaufbau, in dem zum persönlichen Glauben an Jesus Christus eingeladen wird, erfahren und erlebt in der Kraft des Heiligen Geistes, und in dem dieser persönliche Glaube verantwortlich eingebunden ist in eine lebendige Gemeinde, in ihre Gottesdienste und ihre biblischen Fundamente, in ihre Seelsorge und in ihre diakonischen und politischen Aufgaben.

Ein spezielles Gemeindeprojekt war besonders prägend: Mit einem zweijährigen Vorlauf haben wir rund um Ostern 1991 die missionarische und ökumenische Aktion: »Neu anfangen« durchgeführt. Hier werden Menschen durch eine engagierte Hauskreisarbeit in einer sympathischen Weise zum Glauben an Jesus Christus eingeladen.

21. Welche davon haben Ihnen am meisten Freude gemacht?

Der Gottesdienst, die Predigt als elementarisierte Schriftauslegung in allen Bereichen der Gemeinde und des Unterrichts, die Seelsorge und die Gemeindeleitung, die sich durch Gottes Wort und den Heiligen Geist leiten lässt. Eine solche Gemeindeleitung gemeinsam mit einer engagierten Mitarbeiterschaft in Kontinuität und Innovation mit der ganzen Gemeinde zu leben, und so die Berufung der Gemeinde wahrzunehmen, das hat mir große Freude gemacht.

22. Welche kirchlichen Dienste haben Sie neben dem Gemeindepfarramt übernommen?

Von 1985 bis 1991 war ich stellv. Dekan; von 1991 bis 1994 war ich Vorstandsvorsitzender der neu entstandenen Diakoniestation »Südlicher Odenwald«; von 2004 bis 2010 war ich Mitglied der Landessynode.

23. Was zeichnet für Sie einen guten Pfarrer bzw. eine gute Pfarrerin aus? (Wie sollten sie sein, was sollten sie können?)

Er sollte eine innere Berufung für dieses Amt und seine Aufgaben haben, in der er die Klarheit gewinnt, dass Gott ihn an diesem Ort haben will. Er sollte lernend im Wort Gottes zu Hause sein, er sollte in der eigenen Lebensführung glaubwürdig aus diesem Wort heraus leben und im öffentlichen Umgang mit diesem Wort der Heiligen Schrift theologisch verantwortlich auskunftsfähig sein. Er sollte gerne Menschen zum Glauben an den dreieinigen Gott einladen bzw. darin bestärken. Er sollte nicht nur eine professionelle Beziehung zum Gottesdienst haben, sondern auch einen persönlichen Umgang mit dem Gottesdienst und seinen unterschiedlichen Elementen pflegen. Er sollte regelmäßig persönlich und für seine Gemeinde beten und dies nicht als ›Fremdarbeit‹ erleben. Er sollte Freude am Umgang mit Menschen haben. Er sollte eine geschwisterliche Gemeinschaft jenseits der Gemeinde haben, in der geistliche Freundschaft in Ermahnung und Ermutigung lebt. Er sollte Gemeindeglieder zur Mitarbeit in der Gemeinde einladend befähigen. Er sollte über die Gemeinde hinaus einen guten Ruf haben. Er sollte selbst regelmäßig Seelsorge bzw. geistliche Beratung in Anspruch nehmen.

24. Was kennzeichnet nach Ihrem Verständnis eine Christengemeinde?

Da ist zum einen natürlich die Beschreibung nach CA VII, dass die Kirche die Versammlung der Gläubigen ist, bei denen das Evangelium rein gepredigt und die Sakramente schriftgemäß ausgeteilt werden. Dies verbindet sich für mich mit der Beschreibung des Epheserbriefs, dass die Gemeinde erbaut ist als Tempel der lebendigen Steine auf dem Grund der Apostel und Propheten, da Jesus Christus der Eckstein ist (Eph 2,20), also ein wesentlich christologisches Verständnis von Gemeinde. Dies verbindet sich für mich sehr gut mit [der Theol. Erklärung von] Barmen und mit Bonhoeffers Sicht, in der ja Christologie und Ekklesiologie sehr eng zusammengehören. So kann ich mein Verständnis der christlichen Gemeinde mit fünf Eckwerten beschreiben:

a) *christuszentriert:* Jesus, der Messias Israels und der Heiland der Welt, ist der *Herr*, *Er* rettet und versöhnt, ist Zuspruch der Vergebung Gottes und ruft uns als gerecht gesprochene Sünder mit unserer ganzen Person in Seine Nachfolge;
b) *charismatisch:* Der Heilige Geist schenkt die Begeisterung für den Glauben an Jesus, *Er* schafft durch Buße und Umkehr Gemeinde, *Er* schließt die Schrift auf und schenkt den Glauben an den Dreieinigen Gott, die Freude an der Anbetung und die Ausdauer in der Fürbitte. *Er* beschenkt die Gemeinde mit den Gaben des Geistes, deren höchste die Liebe ist;
c) *missionarisch:* Die Gemeinde lädt als oberste Priorität zum lebendigen Glauben an Jesus ein; durch alltagstaugliche Auslegung des Wortes Gottes bestärkt und ermutigt, ermahnt und tröstet sie diesen Glauben und fördert sein Wachstum in der Gemeinde;
d) *ökumenisch:* Die Gemeinde hat ein Verständnis vom Leib Christi, der die anderen christlichen Kirchen mit umschließt, und daher lebt sie in ihrer Sehnsucht nach der Einheit der Christen ökumenische Gastfreundschaft;
e) *diakonisch:* die Gemeinde lässt sich durch ihren *Herrn* hineinrufen in die Nöte und das Leid dieser Welt. Als Werkzeug Seiner Liebe ist sie helfende und heilende und prophetische Gemeinschaft.

25. In welcher Weise war oder ist Ihr Lebenspartner bzw. Ihre Familie an Ihrem beruflichen Alltag beteiligt?

Das war in den verschiedenen Lebens-, Familien- und Berufsphasen unterschiedlich. Wichtig war uns nach innen als Ehe- und Elternpaar eine gemeinsam gelebte Praxis der Schriftauslegung und des Gebets. Nach außen im Alltag der Gemeinde war der gemeinsame Gottesdienstbesuch elementar. Außerdem hat meine Frau in unterschiedlichen Gruppen und Projekten mitgearbeitet vom Kindergottesdienst über die ›Brot-für-die-Welt-Gruppe‹ bis hin zum Weltgebetstag und zur gemeinsamen Ehearbeit.

26. *Wenn Sie die evangelische Kirche beschreiben, was würden Sie allgemein und im Blick auf die EKHN als besondere Merkmale (positiv und negativ) nennen?*

27. *Was ist für Sie das Beste und Schönste der evangelischen Kirche, und worin besteht ihre Schwäche oder Schattenseite?*

Ich versuche diese beiden Fragen zusammen zu beantworten: Das Beste an der ev. Kirche ist für mich, dass sie in ihrer Geschichte viele hervorragende Theologen und Schriftausleger geschenkt bekam. Dass ihr sich durch die Reformation das biblische Evangelium und damit die Zentralität von Jesus Christus in einer neuen Leuchtkraft erschlossen haben. Dass der persönlich erlebte, gelebte und verantwortete Glaube als Priestertum aller Gläubigen Wesensmerkmal der Gemeinde ist und dass die Gemeinde der Kernbaustein der Kirche ist.

Die kritische Seite beschreibe ich ausführlicher, auch mit dem Schmerz, der darin enthalten ist. Ich begann 1973 mein Vikariat als einer, der in der EKHN aufgewachsen ist, und habe dann über die Jahre immer stärker die Erfahrung gemacht, dass ich in meiner eigenen Kirche zu einem Fremden wurde. Zunehmend deutlicher erlebte ich, wie das, was in meiner Kirche als »theologischer Konsens« zu gelten schien, mich an den Rand, aus der Sicht der Tonangebenden sogar meist an den »rechten Rand« schob. Mir wurde dies besonders a) am Schriftverständnis, b) an der Christologie und der Mission, c) am Verständnis von Kirche und Gemeinde und d) an den ethischen Konsequenzen deutlich.

Zu a): Ich erlebte in meiner Kirche immer mehr, dass die Bibel immer weniger als *norma normans* für Verkündigung, Lehre und persönliche Frömmigkeit galt. Nach der Devise auch unter Pfarrkollegen: »Mit der Bibel kannst du doch alles beweisen!« wurden das Bibelstudium und damit das Verstehen des Wortes Gottes einer abwertenden Unverbindlichkeit preisgegeben, und damit werden sowohl wir Theologen als auch die Gemeinde geistlich zunehmend sprachloser. Die Bibel und eine auf ihr aufbauende Theologie sind heute für die Substanz kirchlichen Lebens kaum von Bedeutung, manchmal sogar eher störend!

Zu b): Die christologische Zentrierung des christlichen Glaubens, der Gott, der sich exklusiv in Jesus Seinem Sohn rettend und befreiend offenbart, eben weil der Mensch erlösungs- und befreiungsbedürftig ist, wurde zunehmend dispensiert. An die Stelle von Jesus Christus, der HERR und Richter und Erlöser ist, tritt der »gute Gott«, der ein multiples und konfliktfreies Anknüpfen im Webteppich der Multireligiosität gewährleistet. Mit der Christologie verliert sich auch das missionarische Interesse, denn den »guten Gott« teilen wir ja sowieso wie auch immer mit allen Menschen guten Willens, besonders mit dem Islam!

Zu c): Der landeskirchliche Protestantismus hat kein elementares Interesse mehr an Gemeinde. Die Gemeinden werden zu Filialen, die durch immer neue Fusionen verschoben und abgewickelt werden. Gemeinden, die mit hoher Eigenverantwortlichkeit ihre biblische Berufung leben, sind nicht vorgesehen und stören eher. Dagegen wird die »Kirche in der Region« zum neuen Hoffnungsträger, eine wenig nachhaltige Entscheidung, die den Niedergang des landeskirchlichen Protestantismus beschleunigen wird. Die Erklärung der Barmer Synode (1934) zum »Aufbau der Bekennenden Gemeinde«: »Pfarrer und Gemeinde gehören aufs engste zusammen; denn der Hirte steht in der Gemeinde, und die Gemeinde steht mit ihrem Hirten«, klingt heute wie eine sektiererische Fremdsprache!

Zu d): In den ethischen Entscheidungen des Lebensschutzes und dem ganzen Feld und Umfeld von Geschlecht, Gender, Ehe und Familie verengt der landeskirchliche Protestantismus zur Zeit den Korridor der theologischen Auseinandersetzung in völlig unzulässiger Weise. Positionen, die vor 25 Jahren noch zur Mitte des evangelischen Selbstverständnisses gehörten, z.B. dass die Ehe der exklusive Liebes- und Treuebund von einem Mann und einer Frau ist, werden heute innerhalb des Protestantismus in atemberaubender Geschwindigkeit und im klaren Widerspruch zu substanziellen biblischen Aussagen als rechtspopulistisch und homophob gemobbt. So erscheint mir der landeskirchliche Protestantismus unbeirrbar entschlossen, sich um jeden Preis als zeitgemäß aufgeklärte Religion zu präsentieren, die jedes kritische Infragestellen souverän ignoriert.

28. Wie sehen Sie die EKD auf dem Weg der Reformationsdekade bis 2017: hoffnungsvoll, skeptisch, enttäuscht, ...?

Nach dem bisher Gesagten bin ich natürlich skeptisch: Ein konsequent durchliberalisierter Protestantismus will sich mit einem großen 2017-Feuerwerk selbst feiern, bevor die Lichter ausgehen ... Ich denke, es wäre viel mehr ein starker Ruf zur Buße angesagt, so wie es Martin Luther in seinen 95 Thesen macht, eine neue Umkehr zur Heiligen Schrift, zu Jesus Christus, zu Israel, zur Gemeinde, zum Gebet, zur Beichte, zu einem Leben nach Gottes Geboten!

29. Welches ist oder war Ihr Hauptanliegen und Ihr vornehmstes Ziel im Pfarrberuf?

Ein Trainer im Glauben an Jesus Christus zu sein und die Gemeinde dafür als Trainingslager zu qualifizieren.

30. Haben sich Ihr Anliegen und Ihr Ziel im Lauf Ihrer Dienstzeit verändert?

Rückblickend kann ich sagen: Ich war immer schon in der Schule des Heiligen Geistes ein Lernender, auch dort, wo ich es so noch nicht wahrnahm. Dann gab es in dieser Schule die starke Veränderung durch meinen persönlichen Glaubens-Weg in die geistliche Erneuerung. Und dann gab es da wachstümliche Prozesse. Im Lauf der Zeit über Stationen der Vergebung und der inneren Heilung habe ich meine Berufung als Christ, als Ehemann, als Vater und als Gemeindepfarrer klarer erkannt und entscheidungsfreudiger und profilierter gelebt.

31. Gibt es etwas, was Sie im Rückblick auf Ihre (bisherige) Dienstzeit als Pfarrer bedauern oder gern anders gemacht hätten bzw. machen möchten?
Dass ich nicht von Anfang an konsequent den Montag als freien Tag in Anspruch genommen habe. Dass ich nicht früher auf eine gute Theologie der Ehe gestoßen bin.

32. Wofür ist nach Ihrer Ansicht theologische Arbeit im Pfarrberuf unabdingbar?
Weil der Pfarrer in seiner öffentlichen Aufgabe der Verkündigung des Wortes Gottes und der Leitung der Gemeinde, des Unterrichts und der Seelsorge die lebendige und dauerhafte Beziehung zwischen der geistlichen Erfahrung einerseits und der reflektierenden schriftauslegendenden Theologie andererseits braucht. Diese dynamische und spannungsreiche Beziehung ist eine wesentliche Ressource seiner pastoralen Existenz und des verantwortlichen Umgangs mit ihr.

33. Wenn Sie nach Ihrem Glauben gefragt werden, was antworten Sie?
Mein Leben ist ein Marathonlauf und mein Trainer ist Jesus Christus. Er war beim Start bei mir. *Er* gab mir eine gute Einweisung in die Strecke. *Er* begleitet mich unterwegs an den Verpflegungsstationen und auf den Durststrecken, wenn es gut läuft und wenn alles weh tut. *Er* schenkt mir bei jedem Kilometer die Kraft zum Durchhalten und lässt gute Mitläufer an meiner Seite sein. *Er* bremst mich, wenn ich zu schnell bin und muntert mich auf, wenn ich aufgeben will. Und *Er* wartet am Ziel voller Freude auf mich. In Seine offenen Arme werde ich laufen.

34. Was gehört für Sie persönlich zu einem Leben als Christ oder Christin?
»Wenn ihr bleiben werdet an meinem Wort, so seid ihr wahrhaftig meine Jünger und ihr werdet die Wahrheit erkennen und die Wahrheit wird euch frei machen.« Joh 8,31+32 (mein Konfirmationsspruch)

Die verantwortliche Nachfolge Jesu im Alltag meines Lebens mit seinen persönlichen und gesellschaftlichen Herausforderungen, geprägt und bestimmt durch das Wort der Heiligen Schrift, erfüllt und belebt vom ausdauernden Gebet, getragen und gesandt von der Gemeinde Jesu Christi.

6. »Ein Christ lebt nicht im Schneckenhaus«

Pfarrerin in einer kleinen Gemeinde

Roswitha Velte-Hasselhorn, 56, Wallerstädten

1. *Wie würden Sie das Verhältnis Ihrer Eltern zur evangelischen Kirche beschreiben?*

Meine Mutter ist gläubig, hat das Beten vermittelt, ebenso die Großmutter väterlicherseits. Mein Vater ist eher skeptisch, kritisch, jedoch gesprächsbereit. Es gab viele Diskussionen mit ihm. Beide gingen regelmäßig zur Kirche.

2. *Stammen Sie aus einem evangelischen Pfarrhaus?*

Nein

3. *Haben Sie Kinder, die Pfarrer werden wollen oder geworden sind?*

Nein

4. *Arbeitet oder arbeitete Ihr Ehepartner in einem kirchlichen Dienstverhältnis?*

Nein. Er ist ein »treuer«, sehr hilfsbereiter Pfarrmann und Pfarrerskind.

5. *Wenn ja, in welchem Beruf?*

–

6. *Haben Sie während Ihrer Schulzeit etwas gelernt, was nach Ihrer Einschätzung für Ihren zukünftigen Pfarrberuf von besonderem Nutzen war?*

Ich hatte tolle Religionslehrer (spannende Themen), einen super Pfarrer, der ein Kindergottesdienstteam brauchte, in dem ich lang dabei war, und einen Geschichts- und Deutschlehrer, der mir geholfen hat bei meiner Berufsentscheidung.

7. *Was hat Sie dazu veranlasst, sich für den Beruf des Pfarrers zu entscheiden?*

a) Ich wollte »helfen«; mit Menschen arbeiten und für Menschen da sein, sie begleiten.
b) Und ich suchte eine Quelle der Kraft und der Ermutigung.

8. Wann und wo haben Sie Theologie studiert?
- 1978–1980 an der Kirchlichen Hochschule Bethel drei Semester,
- 1980–1981 in Tübingen drei Semester, danach hatte ich
- ein Freisemester mit Gemeindepraktikum in Los Angeles (USA),
- 1982 ein weiteres Semester Klinische Seelsorgeausbildung (KSA) in Bethel,
- 1983–84 in Mainz drei Semester,
- Mai 1985 machte ich das 1. Theologische Examen,
- Mai 1987 das 2. Theologische Examen.

9. Haben Sie weitere Fächer studiert?
Nein

10. Welche Berufsausbildung haben Sie außerdem?
Keine

11. Sind Sie vor dem Studium oder während des Studiums einer Erwerbsarbeit nachgegangen?
Nein

12. Wenn ja, in welchen Bereichen?
–

13. Welche Hochschullehrer und andere Personen aus Ihrem Umfeld haben Sie während Ihres Studiums besonders beeindruckt und sind Ihnen zu Vorbildern geworden?
Das waren mein Konfirmator (u.v.m.) Pfarrer u. Dekan Ulrich Tauber und Günther Löschmann (verst.), Pfarrer und Seelsorger, dann mein Supervisor im KSA Kurs Dr. theol. Michael Klessmann, Pfarrer und Seelsorger, und Prof. Dr. Luise Schottroff.

14. Was haben Sie diesen Lehrern und anderen Personen zu verdanken?
Von ihnen habe ich gelernt, glaubwürdig zu leben, zu reden und zu handeln. Sie gaben mir hilfreiche Tipps, Verständnis, Annahme und vermittelten mir eine lebensnahe Sichtweise auf Bibeltexte.

15. In welcher theologischen Disziplin bzw. welchen Disziplinen haben Sie hauptsächlich studiert?
AT, NT, Praktische Theologie

16. Was hat Sie daran am meisten interessiert?
Ich wollte Bibelworte verstehen, hilfreiche Möglichkeiten der Interpretation und des Verständnisses finden, Möglichkeiten der Annahme und des »So-Lassens«

ausloten; außerdem wollte ich meinen Horizont erweitern und neue Möglichkeiten der Kommunikation und des Verständnisses finden.

17. Worin sehen Sie im Rückblick den Ertrag Ihrer Vikarsausbildung (Predigerseminar und Gemeinde)?
Da war endlich echtes Leben!! Es gab kollegialen Austausch; ich fand eine Supervisionsgruppe. Wichtig waren die ersten 100 Tage (ein noch heute präsentes Stichwort: »Unterstützungssysteme« suchen und finden). Ich fand auch gelebte Gemeinschaft und Zeit dafür (mit gemeinsamen Andachten, Feedback zu pastoralem Handeln, Feiern)!!!

18. Was kam dabei zu kurz oder worüber hätten Sie gern mehr erfahren?
Das ist schon zu lange her, es fällt mir schwer, mich daran zu erinnern. Religionspädagogisch hätte ich gern mehr Sicherheit bekommen und Methodenvielfalt »trainiert«. Vorträge kann ich bis heute kaum halten. Leitung ist ein Abenteuer. Ich hätte wohl auch das Modul »Die Pfarrperson als Leiterin einer Dienststelle« belegen sollen.

19. Wie viele Jahre und an welchen Orten waren bzw. sind Sie im Pfarrdienst?
Seit 28 Jahren bin ich im Pfarrdienst. Meine Ordination war im Dezember 1987. Bisher war ich auf drei Stellen:

a) in Darmstadt-Eberstadt, Dreifaltigkeitsgemeinde, sechs Jahre im Teildienst,
b) in Mörfelden fast 15 Jahre, auf einer Vollzeitstelle und im Teildienst,
c) in Wallerstädten bin ich im siebenten Jahr.

20. Welche Aufgaben haben Sie in dieser Zeit wahrgenommen?
Kindergottesdienst, Kindergarten (religionspädagogische Impulse für Eltern, Gottesdienste für Kinder, Leitung). Ich war engagiert für das Projekt »Grabmal für zu früh verstorbene Kinder«, im Förderkreis Hüttenkirche, hatte Kontakte zu Bürgerinitiativen und zur Stadt. Weitere Projektarbeit habe ich z. B. beim Weltgebetstag der Frauen, einer Fastengruppe und beim Ev. Kirchentag Frankfurt gemacht. Ich feiere gerne Gottesdienste, bin in der Seelsorge tätig, bei multikulturellen, interreligiösen Begegnungen dabei, habe den Kirchenvorstandsvorsitz und arbeite mit am Gemeindebrief.

21. Welche davon haben Ihnen am meisten Freude gemacht?
Seelsorge, Gottesdienste, die Begleitung von Trauernden. Außerdem konnte ich eine Fastengruppe anbieten und durchführen und bei multikulturellen, überregionalen interreligiösen Begegnungen mitarbeiten.

22. Welche kirchlichen Dienste haben Sie neben dem Gemeindepfarramt übernommen?

Notfallseelsorge, Mitarbeit beim Pfarrerinnentag, Mitarbeit im Pfarrverein und die Mitbetreuung einer Pilgergruppe.

23. Was zeichnet für Sie einen guten Pfarrer bzw. eine gute Pfarrerin aus? (Wie sollten sie sein, was sollten sie können?)

Sie sollten Zeit haben, andere ermutigen, einen langen Atem haben. Sie sollten ein Gespür haben für das, was Not wendet, was die Seele braucht. Sie haben Demut und können Wertschätzung ausdrücken.

24. Was kennzeichnet nach Ihrem Verständnis eine Christengemeinde?

Gemeinschaft, ein freundliches, wertschätzendes Miteinander. Die Mitglieder können einander aushalten und einander tragen. Die Gemeinde macht gute Projekte, sie macht einfach die Angebote, die dran sind.

25. In welcher Weise war oder ist Ihr Lebenspartner/Ihre Familie an Ihrem beruflichen Alltag beteiligt?

a) Mein Mann unterstützt mich und die mir anvertraute Gemeinde sehr!
b) Er bringt seine beruflichen und handwerklichen Fähigkeiten ein: IT, Bauangelegenheiten, Unterstützung beim sonntäglichen Gesang; Grillen bei Festen.
c) Die Kinder haben eine Zeitlang (bei Festen, Fahrten, bei Renovierungsarbeiten) mitgeholfen, mittlerweile (25 und 20 Jahre alt) ziehen sie sich eher aus der Gemeindearbeit heraus.

26. Wenn Sie die evangelische Kirche beschreiben, was würden Sie allgemein und im Blick auf die EKHN als besondere Merkmale (positiv und negativ) nennen?

Die evangelische Kirche ist nah bei den Menschen. Sie ist diakonisch. Als negativ empfinde ich das leidige Thema der Struktur [Strukturreformen?] und das Heraussieben von Kandidaten im Vikariat.

27. Was ist für Sie das Beste und Schönste der evangelischen Kirche, und worin besteht ihre Schwäche oder Schattenseite?

Das Beste ist: Jeder kann dazukommen. Das sind aus meiner Sicht die Schwächen: Es dauert auch bei der ev. Kirche lange, bis sich etwas bewegt, und Strukturfragen rauben viel Zeit. Es wird viel geworben für die Stärkung des Ehrenamts; dafür wird Zeit und Geld investiert. Das hat gute und schlechte Seiten. In zwei Gemeinden hatte ich sehr positive Erfahrungen mit ehrenamtlichen Vorsitzenden gemacht (ein Oberstudienrat und ein Jurist). In meiner jetzigen Gemeinde wird es als Zumutung empfunden, den KV-Vorsitz Ehrenamtlichen »aufzubrummen«;

also muss ich ihn übernehmen. Das wiederum bindet bei mir viel Zeit und Kraft. Eine professionelle Verwaltungsleitung oder ein Gemeindeverbund könnte nach meiner Meinung einiges an Ressourcen freisetzen. Die Kirche soll im Dorf bleiben, doch ist sie dann auch weltweite Kirche?

28. Wie sehen Sie die EKD auf dem Weg der Reformationsdekade bis 2017: (hoffnungsvoll, skeptisch, enttäuscht, ...?)
Das geht eher an mir und an meiner kleinen Gemeinde vorbei. Das Jahr der Kirchenmusik (2012) hatte viele schöne Aspekte und Angebote (z.B. Liedpredigten).

29. Welches ist oder war Ihr Hauptanliegen und Ihr vornehmstes Ziel im Pfarrberuf?
Seufz. Manchmal weiß ich nicht, was die Leute wollen. Da ist Schweigen und nur das Übliche. Ich will und wollte immer wieder mit anderen unterwegs sein und sie ermutigen zum mündigen Christsein. Dazu gehören Bibelarbeiten, bei denen Fragen gestellt werden, miteinander nachgedacht wird usw. Der Slogan: »Ein Christ lebt nicht im Schneckenhaus« (Wahlslogan aus den 1970ern) hat mich sehr angesprochen. Ebenso die Dekade: Frieden, Gerechtigkeit, Bewahrung der Schöpfung. Wichtig ist mir, Zeit für Gott zu haben, zum Beten zu ermutigen und verschiedene Gebetsformen anzubieten. Ich versuche immer wieder meine Ziele, meine Handlungsweise an der Frage zu messen: »Was würde Jesus dazu sagen?« bzw.: *WWJD =What Would Jesus Do?*

30. Haben sich Ihr Anliegen und Ihr Ziel im Lauf Ihrer Dienstzeit verändert?
Ja, ich wollte anfangs viel mehr bewegen und lostreten. Doch mir ging die Puste aus (persönlich: Krankheit als Zeichen; gemeindlich: es fehlen motivierte Mitarbeiter). Mein Ziel ist, Demut zu lernen, Geduld, langen Atem zu bewahren.

31. Gibt es etwas, was Sie im Rückblick auf Ihre (bisherige) Dienstzeit als Pfarrerin bedauern oder gern anders gemacht hätten bzw. machen möchten?
Allein in einer kleinen Gemeinde arbeiten macht mich sehr mürbe. Ich habe den Eindruck, meine Gaben verkümmern und anderes gebe ich zu wenig.

32. Wofür ist nach Ihrer Ansicht theologische Arbeit im Pfarrberuf unabdingbar?
Ich brauche sie für die (Zurück-)Bindung an das Wort und um nicht zum Spielball von Machtinteressen und Zeitströmungen zu werden. Theologische Arbeit hilft auch, Demut zu lernen, Geduld, langen Atem zu bewahren.

33. Wenn Sie nach Ihrem Glauben gefragt werden, was antworten Sie?
Ich habe Gott in meinem Leben erfahren. Biblische Geschichten geben mir Impulse für mein Leben.

34. Was gehört für Sie persönlich zu einem Leben als Christ oder Christin?
Fünf Dinge gehören für mich dazu: Verzeihen, neu anfangen, ermutigen, Anteil nehmen, Menschen in Not beistehen.

7. Seelsorgerin in einer weltoffenen Kirche

Pfarrerin und stellvertretende Dekanin

Manuela Rimbach-Sator, 58 Jahre, Oppenheim

1. Wie würden Sie das Verhältnis Ihrer Eltern zur evangelischen Kirche beschreiben?
Meine Eltern hatten ein sehr volkskirchliches Verhältnis: konservativ, unkritisch. Mein Vater eher desinteressiert, meine Mutter eher angepasst, gleichwohl regelmäßige Gottesdienstbesucherin.

2. Stammen Sie aus einem evangelischen Pfarrhaus?
Nein.

3. Haben Sie Kinder, die Pfarrer/Pfarrerin werden wollen oder geworden sind?
Nein.

4. Arbeitet oder arbeitete Ihr Ehepartner in einem kirchlichen Dienstverhältnis?
Ja.

5. Wenn ja, in welchem Beruf?
Mein Ehemann war bis zu seiner Pensionierung im Pfarrdienst tätig.

6. Haben Sie während Ihrer Schulzeit etwas gelernt, was nach Ihrer Einschätzung für Ihren zukünftigen Pfarrberuf von besonderem Nutzen war?
Mein Religionsunterricht hat mich sehr für Theologie interessiert gemacht. Meine musikalische Ausbildung ist heute von unschätzbarem Wert. Ich war schon als 14-Jährige Kindergottesdiensthelferin.

7. Was hat Sie dazu veranlasst, sich für den Beruf der Pfarrerin zu entscheiden?
Mein ehrenamtliches Engagement im Kindergottesdienst und der Jugendarbeit, mein nebenberufliches Engagement in der Kirchenmusik.

8. Wann und wo haben Sie Theologie studiert?
Von 1976–1982 ausschließlich in Mainz.

9. Haben Sie weitere Fächer studiert?
Ja, Germanistik.

10. Welche Berufsausbildung haben Sie außerdem?
Orgelspiel und Chorleitung.

11. Sind Sie vor dem Studium oder während des Studiums einer Erwerbsarbeit nachgegangen?
Organistendienst und Chorleitung.

12. Wenn ja, in welchen Bereichen?
In der Kirchenmusik.

13. Welche Hochschullehrer und andere Personen aus Ihrem Umfeld haben Sie während Ihres Studiums besonders beeindruckt und sind Ihnen zu Vorbildern geworden?
Luise Schottroff, Dietrich Ritschl, Gert Hartmann.

14. Was haben Sie diesen Lehrern und anderen Personen zu verdanken?
Begeisterung für die wissenschaftliche Theologie, modernes Frauenbild, Blick auf Grenzwissenschaften, Seelsorgefähigkeiten.

15. In welcher theologischen Disziplin bzw. welchen Disziplinen haben Sie hauptsächlich studiert?
Systematik, Homiletik.

16. Was hat Sie daran am meisten interessiert?
Die Vermittelbarkeit theologischer Gedanken in die Lebenswelt.

17. Worin sehen Sie im Rückblick den Ertrag Ihrer Vikarsausbildung (Predigerseminar und Gemeinde)?
Vertieftes Interesse an Seelsorge.

18. Was kam dabei zu kurz oder worüber hätten Sie gern mehr erfahren?
Ethik und das Verhältnis von Politik und Kirche, Spiritualität, Selbstorganisation.

19. Wie viele Jahre und an welchen Orten waren bzw. sind Sie im Pfarrdienst?
30 Jahre, drei Orte

20. Welche Aufgaben haben Sie in dieser Zeit wahrgenommen?
Gemeindepfarrerin und stellvertretende Dekanin bzw. DSV-Mitglied, KV-Vorsitzende, Gründungsmitglied bei Hospizverein und Tafel, Ausbilderin im Hos-

pizverein, Referentin im Prädikantenausbildungskurs, Radioautorin und -sprecherin (Kirche im SWR), Notfallseelsorgerin, AG Kirchenmusik.

21. Welche davon haben Ihnen am meisten Freude gemacht?
Referententätigkeit, Gremienarbeit

22. Welche kirchlichen Dienste haben Sie neben dem Gemeindepfarramt übernommen?
Stellvertretende Dekanin bzw. DSV-Mitglied

23. Was zeichnet für Sie einen guten Pfarrer bzw. eine gute Pfarrerin aus? (Wie sollten sie sein, was sollten sie können?)
Sie sollten gut sprechen (Rhetorik), liturgische Präsenz haben, eine Zusatzqualifikation im Bereich der Seelsorge, Supervision, Selbstreflexion.

24. Was kennzeichnet nach Ihrem Verständnis eine Christengemeinde?
Vielfalt, Wir-Gefühl, Angebotscharakter, Einladende Kirche, Vernetzung.

25. In welcher Weise war oder ist Ihr Lebenspartner oder Ihre Familie an Ihrem beruflichen Alltag beteiligt?
Als Kollege im Predigtdienst, in der Reflexion meiner Arbeit (Feedback) und als Referent.

26. Wenn Sie die evangelische Kirche beschreiben, was würden Sie allgemein und im Blick auf die EKHN als besondere Merkmale (positiv und negativ) nennen?
Ich halte unsere Landeskirche im Grunde für sehr weltoffen. Mich stört, dass das hessische Bewusstsein (auch zuungunsten des rheinland-pfälzischen Bewusstseins) überbetont wird. Das macht sie provinziell. Dass die Finanzabteilung über Inhalte entscheidet, stört mich erheblich. Die Personalbegleitung und Personalplanung (z. B. in der Kirchenmusik) halte ich für unzulänglich.

27. Was ist für Sie das Beste und Schönste der evangelischen Kirche, und worin besteht ihre Schwäche oder Schattenseite?
Ich finde, sie ist eine moderne, aufgeklärte Institution, die mit den gesellschaftlichen Gegebenheiten wach und offensiv umgeht. Sie fährt einen klaren Kurs in der Frauenfrage und hinsichtlich moderner Lebensformen. Leider verschwendet sie zu viel Zeit mit Strukturreformen, indem diese basisdemokratisch zu Tode diskutiert werden.

28. Wie sehen Sie die EKD auf dem Weg der Reformationsdekade bis 2017: hoffnungsvoll, skeptisch, enttäuscht, ...?
Vielbeschäftigt und ambitioniert.

29. Welches ist oder war Ihr Hauptanliegen und Ihr vornehmstes Ziel im Pfarrberuf?
Intensive persönliche Begleitung in Lebenskrisen.

30. Haben sich Ihr Anliegen und Ihr Ziel im Lauf Ihrer Dienstzeit verändert?
Nein.

31. Gibt es etwas, was Sie im Rückblick auf Ihre (bisherige) Dienstzeit als Pfarrerin bedauern oder gern anders gemacht hätten bzw. machen möchten?
Ich hätte gerne mehr Zeit und Geld gehabt für die persönliche Weiterqualifizierung.

32. Wofür ist nach Ihrer Ansicht theologische Arbeit im Pfarrberuf unabdingbar?
Es gibt kein Arbeitsfeld, in dem die theologische Arbeit nicht Grundvoraussetzung ist: Predigtdienst, Unterricht, Bauentscheidungen, Musikprogrammentscheidungen, Gemeindeleitung, Seelsorge ...

33. Wenn Sie nach Ihrem Glauben gefragt werden, was antworten Sie?
Ich glaube an eine tiefe, das ganze Leben in all seinen Formen umspannende spirituelle Kraft/Existenz, Daseinsweise, die war, die ist und die sein wird und die sich mir zu erkennen gibt in vielfältigen Weisen. Das trägt mich durch meinen Alltag und ist die Perspektive meines Lebens. Davon will ich erzählen und dafür will ich andere gewinnen.

34. Was gehört für Sie persönlich zu einem Leben als Christ oder Christin?
Gebet, Musik, spirituelle Erfahrungen, der Austausch und das Miteinander mit anderen.

8. Verantwortung in der Welt übernehmen

Pfarrer in einer städtischen Kirchengemeinde

Volkmar Thedens-Jekel, 61 Jahre, Wiesbaden

1. *Wie würden Sie das Verhältnis Ihrer Eltern zur evangelischen Kirche beschreiben?*

Mein Vater war Pfarrer, meine Mutter Pfarrfrau, daher hatten sie ein Insiderverhältnis zur evangelischen Kirche: Klar identifiziert, aber kritisch gegen manche internen Vorgänge.

2. *Stammen Sie aus einem evangelischen Pfarrhaus?*

Ja [schon in dritter Generation]!

3. *Haben Sie Kinder, die Pfarrer werden wollen oder geworden sind?*

Meine jüngere Tochter hat Theologie studiert, ist zur Zeit Vikarin der EKHN; ob sie allerdings Pfarrerin werden möchte, ist noch nicht ausgemacht, denn sie hat auch Interesse an einer theologischen Forschungstätigkeit.

4. *Arbeitet oder arbeitete Ihr Ehepartner in einem kirchlichen Dienstverhältnis?*

Ja.

5. *Wenn ja, in welchem Beruf?*

Sie ist Pfarrerin der EKHN.

6. *Haben Sie während Ihrer Schulzeit etwas gelernt, was nach Ihrer Einschätzung für Ihren zukünftigen Pfarrberuf von besonderem Nutzen war?*

Ich habe ein altsprachliches Gymnasium in Hamburg besucht, das brachte mir den großen Vorteil, dass ich im Theologiestudium nur noch Hebräisch lernen musste, denn das Latinum und das Graecum hatte ich mit dem Abitur erworben. Für mich war und ist aber auch die Allgemeinbildung, die ich (nicht nur) in der Schule erhielt, von großem Nutzen.

7. Was hat Sie dazu veranlasst, sich für den Beruf des Pfarrers zu entscheiden?
Meine Entscheidung, Theologie zu studieren, fällte ich bewusst unabhängig von der Berufsperspektive – ich wollte einfach der Sache des christlichen Glaubens auf den Grund gehen. Nach dem 1. Theol. Examen ging ich ins Vikariat, weil ich keine interessanten Alternativen sah und weil ich mich im Pfarrberuf erleben und ausprobieren wollte, hielt mir die Perspektive aber auch hier bewusst offen. Selbst nach der Ordination wollte ich zunächst noch wissenschaftlich arbeiten und nahm dafür zwei Jahre unbezahlten Urlaub. Mit dem Promotionsprojekt bin ich gescheitert (diese Lebens- und Arbeitsweise ist nichts für mich), aber während dieser Zeit wurde mir klar, dass mir der Pfarrberuf Freude macht – und ich einer Gemeinde einiges Gute bieten kann.

8. Wann und wo haben Sie Theologie studiert?
WS 74 und SS 75 in Bethel; WS 75 bis SS 79 in Marburg; Examen bis Dez. 1979.

9. Haben Sie weitere Fächer studiert?
Nein.

10. Welche Berufsausbildung haben Sie außerdem?
Keine (naja, doch: Krankenpflegehelfer, Psychodramaassistent und Gemeindeberater).

11. Sind Sie vor dem Studium oder während des Studiums einer Erwerbsarbeit nachgegangen?
Ja.

12. Wenn ja, in welchen Bereichen?
Ich war Tutor am Theologischen Fachbereich (zwei Semester); Hilfsarbeiter bei der Rheinhütte Wiesbaden und bei den Marburger Schraubenwerken.

13. Welche Hochschullehrer und andere Personen aus Ihrem Umfeld haben Sie während Ihres Studiums besonders beeindruckt und sind Ihnen zu Vorbildern geworden?
Prof. Dr. Hermann Schulz, eigentlich Alttestamentler, aber später Religionswissenschaftler; für kurze Zeit übernahm er die wissenschaftliche Leitung des sozialethischen Projekts »Industriepraktikum« an der Universität Marburg und leitete zu gesamtgesellschaftlichen Fragestellungen an – einer der integersten und klügsten Menschen und schärfsten Denker, die ich kennengelernt habe.

14. Was haben Sie diesen Lehrern und anderen Personen zu verdanken?
Das sorgfältige und genaue Denken; die Analyse von Texten im Kontext ihrer sozialen Situation; der Blick auf den gesamtgesellschaftlichen Kontext; die große Bedeutung guter Fragen.

15. In welcher theologischen Disziplin bzw. welchen Disziplinen haben Sie hauptsächlich studiert?
a) Exegetische Fächer
b) Systematik und Sozialethik.

16. Was hat Sie daran am meisten interessiert?
a) Den biblischen Text aus seiner Welt heraus zu verstehen, die Menschen dahinter ein wenig kennenzulernen.
b) Die Möglichkeit, aus den unterschiedlichen und widersprüchlichen Aussagen der biblischen Texte doch in sich schlüssige und gültige Glaubensgebäude zu erarbeiten; die Fähigkeit zur Kritik dogmatischer Systeme; die Notwendigkeit und Möglichkeit, biblische Texte auf die aktuelle gesellschaftliche Situation zu beziehen.

17. Worin sehen Sie im Rückblick den Ertrag Ihrer Vikarsausbildung (Predigerseminar und Gemeinde)?
Eine solide Grundausbildung in den Eckpfeilern der Gemeindearbeit, die die Erfahrung dann im Laufe der Jahre gut ergänzte.

18. Was kam dabei zu kurz oder worüber hätten Sie gern mehr erfahren?
Themen wie Personalrecht und -führung oder die sorgfältige Reflexion der Determinanten der Zusammenarbeit zwischen Ehren- und Hauptamtlichen.

19. Wie viele Jahre und an welchen Orten waren bzw. sind Sie im Pfarrdienst?
18 Jahre (abzüglich zweier Jahre, in denen ich ohne Bezüge beurlaubt war) in der Oranier-Gedächtnis-Kirchengemeinde in Wiesbaden-Biebrich und bislang 15 Jahre in der Lutherkirchengemeinde Wiesbaden.

20. Welche Aufgaben haben Sie in dieser Zeit wahrgenommen?
Alle Aufgaben des klassischen Pfarramtes von Gottesdiensten und Kasualien über KU und RU sowie Seelsorge bis hin zur Seniorenarbeit in der Gemeinde und im Altenheim.

21. Welche davon haben Ihnen am meisten Freude gemacht?
Ich habe immer gerne Gottesdienste gehalten, auch Kasualien und Altenheimgottesdienste; die Arbeit mit Konfirmanden und Jugendlichen macht mir nach wie vor Freude (allerdings mit Ausnahmen); vor allem die persönlichen Kontakte

und Gespräche in kleinen Gruppen und mit einzelnen Menschen machen mir große Freude.

22. Welche kirchlichen Dienste haben Sie neben dem Gemeindepfarramt übernommen?
- Betreuung der Zivildienstleistenden im Gemeindeverband,
- Ausbildung von Vikarinnen und Vikaren sowie eines Prädikanten,
- Gemeindeberatung (sechs Jahre),
- Mitarbeit im Dekanat (Dekanatssynode, DSV, fünf Jahre stellvertretender Dekan)
- und in der EKHN (Kirchensynode).

23. Was zeichnet für Sie einen guten Pfarrer bzw. eine gute Pfarrerin aus? (Wie sollten sie sein, was sollten sie können?)
- Glaubwürdigkeit (auf der Kanzel und auf der Straße), authentische Persönlichkeit,
- Freude an der Verkündigung,
- Leben im Glauben (dazu rechne ich auch Phasen der Irritation und »Anfechtung«),
- Zuhören können: Offenheit für möglichst viele Menschen, Verständnis für ihre Situation, Neugier auf Lebensläufe und Lebensgeschichten,
- Konfliktfähigkeit,
- Sicherheit in der Formulierung von Texten.

24. Was kennzeichnet nach Ihrem Verständnis eine Christengemeinde?
- Offenes und freundliches (im Ideal: liebevolles) Miteinander, gegenseitiges Stärken und Unterstützen,
- Ausstrahlung nach außen,
- Offenheit für Neue und Neues,
- Wahrnehmung der Not von Menschen,
- Bewusstsein der Verantwortung für andere Menschen im engeren und weiteren Umkreis.

25. In welcher Weise war oder ist Ihr Lebenspartner oder Ihre Familie an Ihrem beruflichen Alltag beteiligt?

Wir haben uns im Studium kennengelernt, gemeinsam die Examina und die weitere Ausbildung gemacht, aber beruflich immer an verschiedenen Stellen gearbeitet. Dadurch haben wir viel Verständnis für berufliche Erfahrungen und Erlebnisse, können uns gut austauschen und beraten und gegenseitig kritische Reflexionen bieten.

26. Wenn Sie die evangelische Kirche beschreiben, was würden Sie allgemein und im Blick auf die EKHN als besondere Merkmale (positiv und negativ) nennen?

Positiv:

- Die diskursive Grundstruktur durch große Bedeutung des synodalen Prinzips und des Primats der Gemeinde; hohe Wertschätzung demokratischer Entscheidungsfindungen, nicht überhöhte Bedeutung der Hierarchie;
- bewusste Einmischung in sozialpolitische Entscheidungsprozesse;
- hohe Wertschätzung der bleibenden Erwählung Israels im Grundartikel der Kirchenordnung.

27. Was ist für Sie das Beste und Schönste der evangelischen Kirche, und worin besteht ihre Schwäche oder Schattenseite?

Die protestantischen Kirchen haben eine großartige Tradition des Umgangs mit dem (biblischen) Wort und mit der Aufklärung entwickelt; das macht sie besonders fähig zum Dialog mit den denkenden Menschen von heute, mit den Naturwissenschaften, mit der Philosophie und mit anderen Religionen. Andererseits besteht die Gefahr, dass sie die Möglichkeiten und die Kraft des Ritus als Kontakt mit dem Heiligen, mit Gott preisgeben (in griechisch-orthodoxen Gottesdiensten kann man eine tiefe Ergriffenheit der Menschen im Kontakt zum Heiligen wahrnehmen, die wir in unseren Gottesdiensten kaum noch erleben).

28. Wie sehen Sie die EKD auf dem Weg der Reformationsdekade bis 2017: hoffnungsvoll, skeptisch, enttäuscht, ...?

Ich bin interessiert an den Planungen, das Datum muss genutzt werden; es sollte aber nicht überbewertet werden – es gab auch andere wichtige Reformatoren, die in dem Luther-Hype missachtet zu werden drohen. Ich hoffe daher, dass es nicht nur »glänzende« Jubiläumsveranstaltungen geben wird, sondern dass auch ein paar anregende Impulse für Kirche(n) und Gesellschaft dabei herauskommen: Schön wäre es, wenn im Moment der Aufmerksamkeit, die die Kirche dann kurzzeitig erhalten wird, sozialpolitisch-ethische Anstöße gegeben werden könnten. Und wenn die Kirchen der verschiedenen Konfessionen sich nicht gegenseitig ausspielen (lassen), sondern sich näher zusammenfinden würden.

29. Welches ist oder war Ihr Hauptanliegen und Ihr vornehmstes Ziel im Pfarrberuf?

Es waren immer zwei wichtigste Ziele, die aber unterschiedliches Gewicht hatten:

a) Mit den Mitgliedern der Gemeinde/Kirche im Glauben, in der Liebe Gottes leben, sich gegenseitig unterstützen und bestärken, auch beraten und kritische Hinweise geben. Diese Haltung auch gegenüber Außenstehenden (ein bisschen werbend) zeigen (»Ausstrahlung«).

b) Im Auftrag Jesu Christi Gottes Liebe weitergeben, in dieser Weise Verantwortung in der Welt übernehmen (je nach Reichweite in der Nähe oder auch in der Ferne).

30. Haben sich Ihr Anliegen und Ihr Ziel im Lauf Ihrer Dienstzeit verändert?
Ja. In den ersten Berufsjahren hatte ich einen starken ethisch-politischen Impuls (s. 29.2.); in einer Krise in der mittleren Phase entdeckte ich die große Freude, die Liebe Gottes zu predigen und zu vermitteln (s. 29.1.); gegen Ende meiner Dienstzeit (im Alter von ca. 58 Jahren) wurde und ist mir die ethische Seite (s. 29.2.) wieder wichtiger.

31. Gibt es etwas, was Sie im Rückblick auf Ihre (bisherige) Dienstzeit als Pfarrer bedauern oder gern anders gemacht hätten bzw. machen möchten?
Nein.

32. Wofür ist nach Ihrer Ansicht theologische Arbeit im Pfarrberuf unabdingbar?
- Für die Weiterentwicklung des eigenen Glaubens,
- für die Fähigkeit, auf aktuelle Fragen Antworten aus unserem Glauben heraus zu finden,
- für die Freude an der Predigt.

33. Wenn Sie nach Ihrem Glauben gefragt werden, was antworten Sie?
Je nach Gegenüber:
- Ich glaube an Gott.
- Ich glaube an Gott, wie Jesus Christus es gelehrt hat.
- Ich glaube an Gott: den Vater, den Sohn und den Heiligen Geist.

34. Was gehört für Sie persönlich zu einem Leben als Christ oder Christin?
[nicht beantwortet]

9. Ich bin gerne Landpfarrer

Pfarrer im Vogelsberg

Kurt Racky, 61 Jahre, Lißberg

(1) Meine Eltern vertraten die Ansicht, »nichts übertreiben, schon gar nicht fanatisch werden« – sicherlich auch vor dem Hintergrund der überstandenen Nazizeit: Ich habe ein Dokument vom Dezember 1934, in dem mein Großvater von allen offiziellen Ämtern wie Ortsgerichtsmann usw. abgesetzt wurde, »weil er bis dato den Deutschen Gruß verweigert und seine drei (blonden, blauäugigen, *Anmerkung von mir*) Söhne nicht zur Hitlerjugend schickt«. Mein Großvater blieb stur. Das Ergebnis war: Er war unter den Nazis arbeitslos bis zum bitteren Ende 1945 und die Söhne mussten doch alle drei in den Krieg, wobei der mittlere fiel.

Meine Mutter war Sudetendeutsche, die 1946 mit 20 kg Gepäck ausgewiesen wurde. Vor diesem Hintergrund erklärt sich vielleicht, dass meine Eltern zwar am Totensonntag (»weil sich das so gehört«) und Heiligabend in die Kirche gingen und auch »nichts gegen die Kirche« hatten; mein Vater war auch lange Kollektenrechner, weil er kaufmännisch ausgebildet war. Aber ein engeres Zugehörigkeitsgefühl zur evangelischen Gemeinde darüber hinaus war nicht gegeben. Schon gar keine Gefühlsduselei irgendwelcher Art.

(2) Mein Vater hatte durch die Arbeitslosigkeit meines Großvaters (»Wir haben vor Not den Kitt aus den Fenstern gefressen«) nur die Handelsschule absolvieren können und dafür eine beachtliche wirtschaftliche Karriere bei Kalle, Tochterfirma von Hoechst, bis zum Handlungsbevollmächtigten einer 8000-Leute-Firma gemacht und befürwortete meine Entscheidung, Pfarrer zu werden, schon deshalb nicht, »weil man da ja nichts verdient«. Es befremdete ihn, dass ich als »Akademiker« nur einen Bruchteil von dem verdienen wollte, was er schon Jahrzehnte vorher ohne nennenswerte Ausbildung bekam ...

(3) Dass meine beiden Kinder auch nicht Theologie studieren, liegt erst einmal daran, dass sie beide adoptiert sind und beide wegen leichter Behinderungen nicht zu einem intellektuellen Beruf in der Lage wären. Interessant ist aber, dass – bei versuchter völlig gleich gehaltener Erziehung – Tobias

freiwillig jeden Gottesdienst besucht und ernsthafter Christ ist, während Maike allenfalls Heiligabend einmal in den Gottesdienst geht.

(4) Meine Frau ist noch die typische Pfarrfrau alten Schlages, die hinter den Kulissen vieles macht, u.a. zusätzlich auch das Gemeindebüro und zwei Putzstellen in Ermangelung sonstiger geeigneter Kräfte. Sie tut diese Arbeiten im Prinzip gerne, fühlt sich aber nicht wohl in der Rolle der (beobachteten) Pfarrfrau. Sie ist eher der Typ, der bei Gemeindefesten hinter den Kulissen das Geschirr von 400 Leuten spült, als vorne auf der Bühne einen Sketch aufzuführen. Schade eigentlich. Sie hätte eine ausgesprochene komödiantische Begabung.

(5) Aber als ausgebildete kaufmännische Angestellte dient sie der Gemeinde auch auf anderen wichtigen Gebieten.

(6) Während meiner Schulzeit bedeutete mir der Religionsunterricht zunehmend weniger, in dem Maß, wie er (in der 68er Zeit!) immer mehr sozialkritisch und politisch instrumentalisiert wurde. In der Oberstufe habe ich Religion abgewählt – worauf mich übrigens bei meinen Bewerbungen etc. nie jemand angesprochen hat – und dachte überhaupt noch nicht an Theologie. Da ich als zweite Fremdsprache Latein genommen hatte und Latein aus schultechnischen Gründen noch zwei Jahre über das Große Latinum hinaus belegen musste, kam mir das natürlich zustatten. Griechisch und Hebräisch musste ich allerdings an der Uni noch nachlernen.

(7) Es ist also weder meinem Elternhaus, noch der Schule zu verdanken, dass ich – auf Umwegen – doch Theologe geworden bin. Das geschah vielmehr über die Kirchenmusik, und ich verdanke es im Wesentlichen drei Personen: Zunächst meinem Konfirmator, der weniger besonderes geistliches Charisma ausstrahlte als hartnäckig sein konnte. Er brauchte kurzfristig einen neuen Organisten, da seine Tochter wegen Studiums wegzog, und versteifte sich auf mich, da ich seit meinem achten Lebensjahr Klavier spielte und kurz nach der Konfirmation mit 15 bereits über sieben Jahre Klavierunterricht hatte und wegen eines jährlichen Konzertes im ganzen Ort als Klavierspieler bekannt war. Er kam jeden Dienstag an meiner Haustür vorbei, auf dem Rückweg vom Konfirmandenunterricht des nachfolgenden Kurses, und klingelte jedes Mal. Ich lehnte zunächst ab, da ich musikalisch zwar immer nur klassisch orientiert war, aber meine Pubertät mit Wagneropern in den Wiesbadener Maifestspielen und auf dem Klavier mit Chopin verbracht hatte und Orgel mit Bach gleichsetzte, was mich damals überhaupt nicht interessierte. Die Woche darauf redete er über Geld: »Du kriegst auch 17 D-Mark pro Gottesdienst« (was bei einem monatlichen Taschengeld von fünf D-Mark schon eher eine Überlegung war). Schließlich sagte er: »In sechs Wochen ist meine Tochter weg und ich habe keinen Organisten mehr. Du bist der Einzige, der gut genug Klavier spielt, um so schnell an die Orgel zu können.« Um seines Drängens willen ließ ich

mich darauf ein. Ziemlich zum gleichen Zeitpunkt wurde ich auch Vize-chorleiter des Männerchores Igstadt (»Du brauchst uns nur de Ton aagebbe, dann singe mer schon«). Ein – auch aus heutiger Sicht immer noch – unglaublich engagierter Kirchenvorsteher, der auch Jugendarbeit in der Gemeinde machte, war nicht nur der Meinung, der junge Organist und Chorleiter sollte doch an der Weihnachtssingwoche des Chorverbandes teilnehmen, sondern er brachte mich sogar persönlich hin und holte mich wieder ab – mit seinem Opel Admiral bei Tempo 190 ... Damit stellte er die Verbindung her zu unserem ersten Landeskirchenmusikdirektor Philipp Reich, der eine faszinierende Ausstrahlung hatte, ein exzellenter Chorleiter war und auch tief in die geistlichen Texte einführte, die wir sangen. Wenige Jahre später trat ich in die ebenfalls von ihm geleitete Hessische Kantorei ein, der ich nun schon bald 40 Jahre angehöre.

(8) Ich habe – nach diversen Umwegen – insgesamt zwölf Semester Theologie in Mainz studiert, davon drei zugleich in Heidelberg. Und das kam so:

(9) Mein Interesse an theologischen Fragestellungen war insgeheim kontinuierlich gewachsen, ohne dass ich es mir noch recht bewusstmachte. Ich wäre gerne Musiker, Kapellmeister geworden, aber das vereitelte mein Vater gezielt, indem ich keine wirklich hochwertige Ausbildung machen durfte (»Als Musiker endest du als Stehgeiger im Café und spielst für ein paar Groschen!« »Ach was, Karajan ist Millionär!« »Es wird aber nicht jeder ein Karajan!«).

Sonst hatte ich aber noch keine Idee, was ich beruflich machen wollte. So absolvierte ich nach dem Abitur erst einmal zwei Jahre Bundeswehr mit Reserveoffizierslaufbahn. Danach hatte ich zwar schon Theologie, Germanistik und Schulmusik für's Lehramt im Blick, studierte aber erst noch vier Jahre Pharmazie, bis die Theologie endlich die Oberhand gewann, dann aber auch nicht mehr für's Lehramt, sondern gleich »auf Pfarrer«. Da war ich bereits 26 und entschlossen, nicht den Rest meines Lebens in einer Apotheke zu stehen und den ganzen Tag nur kleine Päckchen zu verkaufen ...

(10) Ich hatte, parallel zu all dem, nebenbei immer wieder auch kirchenmusikalische Prüfungen absolviert, die mir leichtfielen und mehr Freude und Erfolgserlebnis als Stress waren, erst die Eignungsnachweise für Orgel und Chorleitung, dann die C-Prüfung für Kirchenmusik.

(11/12) Während der langen zehnjährigen Studienzeit lebte ich von Chorleitung (immer fünf Chöre gleichzeitig) und zwei Orgelstellen, ohne meinem Vater auf der Tasche liegen zu müssen. In den 1980er Jahren wurde ich von der Synode des Dekanates Wiesbaden-Wallau zum »Dekanatsbeauftragten für Kirchenmusik« gewählt, was praktisch der ehrenamtliche Vorläufer der heutigen Einrichtung des »Dekanatskirchenmusikers« war. Das war eine schöne Zeit praktischer gemeindenaher Tätigkeit, während des Theologiestudiums, gipfelnd zu meiner Verabschiedung in einer Aufführung eines 19-

stimmigen Schützwerkes von 70 Seiten Länge mit über 300 Chormitgliedern aus den Kirchenchören des Dekanats, sowie Bläsern und Streichern.

(13) Eben wegen meiner vielseitigen Chorarbeit – ich hatte jeden Abend irgendwo in einem Wiesbadener Vorort eine oder mehrere Chorproben und am Wochenende Orgeldienst und Auftritte – hatte ich nicht die Möglichkeit, mich weit von Wiesbaden zu entfernen und schrieb mich in Mainz, wo ich schon vorher Pharmazie studiert hatte, auch für Theologie ein, obwohl mir Heidelberg oder Tübingen lieber gewesen wäre. Etwaige »Defizite« behob ich gegen Ende des Studiums, indem ich drei Semester lang zwei Tage in der Woche nach Heidelberg fuhr, um bei den Professoren Berger (NT), Ritter (KG) und Bohren (PT) noch ergänzende Vorlesungen und Seminare zu absolvieren. Im AT beeindruckte mich Diethelm Michel in Mainz besonders.

(14) Im AT und NT verstanden sie, mein bis heute anhaltendes Interesse an der Bibel zu vertiefen, Bohren hat mich als Predigtlehrer geprägt, obwohl er als Schweizer »Reformierter« mir als lutherisch Denkendem eigentlich gar nicht so gemäß hätte sein sollen …

(15/16) Insgesamt habe ich kein Fach besonders vertieft. Doktorarbeiten wurden mir in Mainz angeboten von einem Kirchengeschichtler (Benrath), einem Neutestamentler (Böcher) und einem Praktischen Theologen (Volp). Ich promovierte aber bei keinem von diesen, da ich mit Ende des Studiums bereits 32 Jahre alt war und endlich von der Uni weg wollte, mit dem Ziel, im Pfarramt das Gelernte endlich umzusetzen und anzuwenden.

(17) Im Predigerseminar in Herborn war ich demzufolge auch einer der Ältesten und fühlte mich (vielleicht etwas überheblich?) deutlich erwachsener, als die meisten andern, war ich doch 13 Jahre zuvor mit 19 Jahren schon stellvertretender Kompaniechef gewesen und war zeitweise über einen Fuhrpark von Dutzenden LKWs mit Millionenwert verantwortlich. War jeden Abend mein eigener Herr als Chorleiter und gewohnt, vor Leuten zu stehen. Außerdem hatte ich schon als Bundeswehrsoldat und alle Jahre danach auf Singwochen von Philipp Reich Andachten gehalten (»Sie sind doch Offizier – dann sind Sie doch gewohnt, vor Leuten zu reden! Dann können Sie doch auch mal auf den Freizeiten die eine oder andere Morgenandacht halten?«) – wohlgemerkt: schon lange vor dem Theologiestudium, als Soldat und dann als Pharmaziestudent!

Die Vikariatsausbildung brachte mir denn auch nicht viel Neues in Homiletik und Religionspädagogik, wohl aber in der Seelsorge bei Gert Hartmann. Bis heute denke ich an seine oft skurrilen und ungewöhnlichen Reaktionen, die mir aber Erkenntnisse brachten, die ich in der Seelsorge bis heute anwenden kann. Nur ein Beispiel: Immer darauf zu achten, dass moralischer Druck etwas Widerliches ist …

(18) Definitiv zu kurz kam im Vikariat die Kirchenmusik, da die Stelle die meiste Zeit während unseres Vikariats unbesetzt war. Das war für mich persönlich

allerdings egal, da ich ja ohnehin bis zu diesem Zeitpunkt noch mehr Kirchenmusiker als Theologe war. Für meine musikalisch weniger geübten Kolleginnen und Kollegen bedeutete es aber, eine gewisse Scheu vor dem Anstimmen von Liedern oder Kanons nie überwunden zu haben.

(19–22) Glücklicherweise konnte ich nach dem Vikariat eine Pfarrstelle übernehmen, die nicht geeigneter sein konnte für mich mit meiner musikalischen Vorgeschichte: Lißberg, wo bereits vor meiner Zeit auf der Burg ein internationales Festival für Alte Musik jährlich über Himmelfahrt stattfand, welches Spitzenmusiker aus aller Welt nach Lißberg lockte. Was ich da im Laufe der Jahre für Leute kennenlernte – nach der Wende dann auch an Spitzengruppen aus ganz Osteuropa – kann sich nur vorstellen, wer dabei war. Wenn es keine strikt »nicht öffentliche Privatveranstaltung« gewesen wäre, wäre wohl regelmäßig das Fernsehen dabei gewesen. Dieses Festival von Kurt Reichmann, mit einem Schwerpunkt auf Drehleier- und Dudelsackmusik, findet seit einigen Jahren zwar nicht mehr statt (Reichmann: »Die Zeit großer Festivals ist vorbei«), aber daraus erwuchs ein internationales Musikinstrumentenmuseum, das ich seit der Eröffnung 1990 bis heute als Vorsitzender des Fördervereins betreue und das mir die Möglichkeit gibt, mit seltenen bis welteinmaligen Instrumenten zu musizieren. Deshalb, und weil ich für 2004 zum 1250. Todesjahr des Bonifatius von Lißberg ausgehend auch die »Bonifatius-Route« konzipierte und mit aufbaute, habe ich »mehrere Standbeine« in Lißberg und daher nie an einen Ortswechsel gedacht. Welche andere Gemeinde hätte mir das alles, so auf mich zugeschnitten, bieten können? Zumal ich Freude daran hatte und habe, dies alles dann auch mehr und mehr miteinander zu vernetzen, zum Vorteil aller Beteiligten: Pilger auf der Bonifatius-Route besuchen den Gottesdienst und besichtigen anschließend das Museum; die von mir im Laufe der Jahre in Lißberg ins Leben gerufenen Musikgruppen (Jugendchor, Singkreis, »Lißberger Leierleut«, Projektchor, »Bonifatius-Ensemble«) konzertieren mit alten Instrumenten auch an der Bonifatius-Route, waren auch z.B. für die Musik bei der Eröffnung 2004 und dem Jubiläum 2014 – beides in Hochheim/Main – verantwortlich usw.

(23) Diese speziellen musikalischen Dinge muss ein »normaler« Pfarrer natürlich nicht können. In meinem Fall ergab es sich so aus meiner Biographie. Ein guter Pfarrer sollte zunächst einmal seine Kernaufgaben (Gottesdienst, Unterricht, Seelsorge) beherrschen. Er muss nicht bei jedem Gemeindefest »den tollen Gottschalk« machen können, aber eine gewisse Vielseitigkeit auch auf diesem Gebiet schadet nicht. Er muss aber nicht »allroundbegabt sein«. Ich bin z.B. eine Niete in allem Bürokratischen und im Organisieren.

Ein Kurskollege aus dem Vikariat, der neben der Theologie auch ausgebildeter Altenpfleger ist, macht eine geniale Arbeit in der Gemeinde zur Hilfestellung: »Wie pflege ich die Oma, wenn sie einen Schlaganfall hat [...]«.

Ich habe ihm gesagt, dass ich Betroffene aus meiner Gemeinde gern zu ihm schicke. Er solle mir dafür Leute aus seiner Gemeinde schicken, die gut singen können ...

(24) Dieses Prinzip gilt für mich für die ganze Gemeinde: Das Bild vom Leib Christi mit seinen Gliedern, die alle wichtig sind, bedeutet auch hier: Niemand muss alles können oder machen. Alle sollen nach ihren Begabungen der Gemeinde dienen.

(25) Meine Frau ist nicht nur als Gemeindesekretärin oder Putzkraft eingebunden. Sie kann z.B. auch viel besser organisieren als ich und bedenkt immer alles voraus: »Hast du an das/jenes gedacht? Du musst noch ... Denk auch an ...«

Das »gläserne Pfarrhaus« liegt in unserem Fall mitten im Ort. Alle Ferngläser rundherum sind – gefühlt – darauf gerichtet. Das ist nicht nur für mich und noch mehr meine Frau gewöhnungsbedürftig, sondern auch für unsere Kinder, die mittlerweile aus dem Haus sind. Aber die wurden noch einmal mehr beargwöhnt, weil sie auch noch adoptiert sind und halt auch die eine oder andere Macke haben, bis hin zu einem vererbten Gendefekt bei unserem Sohn.

(26/27) Die »Niemöllerkirche« EKHN setzt in ganz besonderer Weise auf das synodale Prinzip: Niemand soll zu viel Macht auf sich vereinen können. Daher ein Kirchenpräsident und das Leitende Geistliche Amt anstelle eines Bischofs.

Das ist ein Vorteil und Nachteil zugleich. Entscheidungen ziehen sich da ganz anders hin, als etwa in der hierarchischeren katholischen Kirche. Dafür denken mehr Leute an Prozessen mit. Man kann zu wenig, aber auch zu viel diskutieren.

Schön ist, dass wir als Evangelische wissen, dass wir aus Gnade erlöst sind und die Werke zwar tun dürfen und sollen, aber nicht als Voraussetzung für die Seligkeit. Daraus ergibt sich, dass wir manchmal zu viel Freiheit haben, verglichen mit unseren Brüdern und Schwestern vom anderen Gesangbuch. Da fehlt dann oft eine gewisse Verbindlichkeit.

(28) Im Blick auf das Reformationsjubiläum bedeutet das, diesen »evangelischen Aspekt« nicht aus Anbiederung an die Ökumene zurückzustellen oder gar zu verleugnen, aber trotzdem andererseits keine neuen Gräben aufzureißen. Ein Reformationsjubiläum zu feiern im heutigen Europa heißt sicher mehr denn je, es mit allen Christen zu bedenken, nach dem Motto: »Prüft alles – und das Beste behaltet [...]«. Das Reformationsjubiläum ist eine große Chance für die Ökumene und kann mit Hilfe von Lernprozessen auf beiden Seiten die Kirchen einander annähern. Zu einseitig triumphalen Festen von evangelischer Seite besteht kein Anlass.

(29) Mein Hauptanliegen in meinem Pfarrberuf ist, auch bei allen Gemeindeaktivitäten, immer zu überprüfen »was Christum treibet« oder auch mit unse-

rem ersten Kirchenpräsidenten Niemöller immer mal die Testfrage zu stellen: »Was würde Jesus dazu sagen?« Es ist sicher kein Problem, viele Jugendliche einmal in die Kirche zu bekommen, wenn man einen Rap-Gottesdienst anbietet oder irgendeinen niederschwelligen Event. Aber wie behält man sie dann? Wie integriert man sie in die Gemeinde – als Glieder dieses einen Leibes? In meinem Fall ist die musikalische Arbeit auch ein Teil meiner Jugendarbeit. Über die Texte, die die jungen Leute singen, erhalten sie – wie ich seinerzeit auch – einen Zugang, der durch die Musik noch eine andere, tiefere Ebene berührt. Auch zum Beispiel als Gegenargument gegen den sattsam bekannten Vorwurf an die Evangelischen, sie seien zu »verkopft«.

(30) An dieser grundsätzlichen Zielsetzung und »Strategie« hat sich in 27 Dienstjahren bei mir nichts verändert. Allenfalls die Methoden wandeln sich, was sie müssen, wenn man die Leute je in ihrer Zeit und ihren Moden und Vorlieben erreichen will. Das ist vergleichbar mit dem Bibeltext und der Predigt: Die Perikope bleibt gleich (aber auch die ändert sich immer mal, in größeren Zeitabständen), aber die Predigt setzt sie je und je immer neu aktuell um.

(31) Insofern könnte ich sagen: Ich würde es nicht anders machen, wenn ich es noch einmal machen dürfte oder könnte, aber eben nicht aus Verhärtung und »geistlicher Sklerose«, sondern genauso »anpassungsfähig an die jeweilige Zeit«, wie bisher.

(32) Nach so vielen Jahren im Pfarrdienst läuft man Gefahr, sich auf bestimmte Lieblingsthemen »einzuschießen«. Mag sein, dass man in der Gemeinde ein Defizit auf einem bestimmten Gebiet verspürt und möchte das damit beheben. Mag auch sein, dass man aus Faulheit immer dieselben Themen traktiert. Um dem vorzubeugen, nehme ich seit jeher – mit begründeten Ausnahmen, die man an einer Hand abzählen kann – grundsätzlich den jeweils für den Sonntag vorgeschlagenen Predigttext, auch wenn er mir auf den ersten Blick nicht zusagen sollte. Im Nachhinein stellt sich oft heraus, dass gerade die Predigttexte die Gemeinde und den Prediger selber weiterbringen, an denen man zu knapsen hatte. Wenn von vornherein alles klar ist, dann geht das auch der Gemeinde »rein wie Öl«, aber auch »raus wie Öl«. Es berührt nicht und ändert nichts. Dafür schätze ich, wenn wir im Pfarrkonvent auch einmal neuere theologische Strömungen zur Kenntnis nehmen und uns immer weiterbilden, wie vor nicht langer Zeit zur These Klaus Bergers, das Johannesevangelium sei das älteste. Eine solche These, die buchstäblich alles »auf den Kopf stellt«, was man im Studium einmal gelernt hat, fordert die eigene Argumentation heraus und hält damit theologisch wach.

(33/34) Was meinen Glauben betrifft – ob mich jemand danach fragt, oder nicht –, lebe ich doch selber mit dem Kirchenjahr. Deshalb bin ich gerne Landpfarrer, der im Normalfall jeden Sonntag seine Gottesdienste hält. Ein Stadtpfarramt in einer großen Stadtgemeinde mit fünf Pfarrstellen und womöglich noch zwei oder drei Vikaren bedeutet, dass man da ja nur alle zwei Monate einmal Gottesdienst hält. Das wäre mir zu wenig. Wenn ich mit dem Kirchenjahr lebe, dann lasse ich automatisch all die Themen durch das Jahr an mich heran und setze mich damit auseinander. Das gehört für mich unabdingbar dazu, damit man geistlich nicht einseitig (ver-)wächst, sondern ein Leben lang – auch ein Pfarrerleben lang – immer noch geistlich dazulernt und wächst in die richtige Richtung, nämlich »auf den hin, der das Haupt ist, Christus«.

Für mich gehört dazu, dass ich mir meine Predigt letztlich auch selber halte und nichts von meiner Gemeinde fordere, was ich selber nicht willens oder in der Lage bin zu halten. Denn ich bin als Pfarrer nichts Besseres als meine Gemeinde. Ich werde dafür bezahlt, dass ich mir mehr Zeit nehmen kann und soll, mir über geistliche Dinge Gedanken zu machen und diese an meine Gemeinde weiterzugeben, ohne moralischen Druck (Hartmann) und durchaus mit Originalität und Humor (Bohren) – und doch im Letzten ernsthaft vor dem Hintergrund der Ewigkeit. Aber auf gleicher Stufe mit allen anderen Christen – unter Gott.

10. Traumberuf Pfarrerin

Altenseelsorgerin und Gemeindepfarrerin

Felizitas Muntanjohl, 58 Jahre, Wiesbaden

1. *Wie würden Sie das Verhältnis Ihrer Eltern zur evangelischen Kirche beschreiben?*

Von der mütterlichen Seite her bin ich pietistisch geprägt (Liebenzeller Mission), von der väterlichen Seite bildungsbürgerlich eher lose verbunden, wobei die Eltern eine einander annähernde Position einnahmen (die Mutter löste sich von den strengen Regularien, der Vater übernahm das tägliche Lesen des Neukirchner Kalenders und die Tischgebete).

2. *Stammen Sie aus einem evangelischen Pfarrhaus?*

Nein, es war eine Gymnasiallehrertradition vorherrschend. Allerdings gab es in der ferneren Verwandtschaft auch Pfarrer.

3. *Haben Sie Kinder, die Pfarrer werden wollen oder geworden sind?*

Nein, das kam für keines der vier Kinder in Betracht.

4. *Arbeitet oder arbeitete Ihr Ehepartner in einem kirchlichen Dienstverhältnis?*

Ja. (Für mich wäre auch kaum ein Partner in Frage gekommen, der dieses Interesse nicht teilen kann.)

5. *Wenn ja, in welchem Beruf?*

Pfarrer.

6. *Haben Sie während Ihrer Schulzeit etwas gelernt, was nach Ihrer Einschätzung für Ihren zukünftigen Pfarrberuf von besonderem Nutzen war?*

Ja: mit einer großartigen Deutschlehrerin die Liebe zur Sprache, die Lust am Lesen (als Eröffnung von Welt) und Schreiben (als befreiende Ausdrucksform innerer Prozesse). Mit relativ guten Pfarrern (d.h. nicht inspirierend, aber ansprechbares Gegenüber) eine offene Möglichkeit, sich mit religiösen Fragen auseinanderzusetzen.

7. Was hat Sie dazu veranlasst, sich für den Beruf der Pfarrerin zu entscheiden?
Evangelische Religiosität gehört von Kindheit an eng zu meinem Interesse, Denken und Fühlen. Die Kinderbibel von Anne de Vries war in der Kindheit (Vorschulalter/Grundschule) mein Lieblingsbuch. Die Vorstellung, ein Pfarrer sei besonders nah diesem Thema verbunden, wurde in der Konfirmationszeit heftig erschüttert und entfernte mich von jeder Kirchenverbundenheit. Ein junger Pfarrer, der wenige Jahre später in die Neubaugemeinde kam, entfachte das Interesse neu. Er fragte dann während der Berufswahlüberlegungen vor dem Abitur: »Möchtest du nicht Theologie studieren und Pfarrerin werden?« Er begründete dies mit dem Satz: »Das ist der schönste und freieste Beruf, den es gibt.« Das hat mich sofort überzeugt, obwohl ich mir den Beruf (das öffentliche Predigen) praktisch kaum zutraute.

8. Wann und wo haben Sie Theologie studiert?
1976/77 das Sprachenjahr am Theologischen Konvikt in Frankfurt am Main; das WS 77/78 in Göttingen; 1978–1981 in Marburg.

9. Haben Sie weitere Fächer studiert?
Nein.

10. Welche Berufsausbildung haben Sie außerdem?
Keine.

11. Sind Sie vor dem Studium oder während des Studiums einer Erwerbsarbeit nachgegangen?
Zwischen Abitur und Studium habe ich als Hilfskraft in der Pflege gearbeitet; während der Schulzeit gab ich über die Volkshochschule und privat Querflötenunterricht.

12. Wenn ja, in welchen Bereichen?
Altenpflege und Musikunterricht.

13. Welche Hochschullehrer und andere Person aus Ihrem Umfeld haben Sie während Ihres Studiums besonders beeindruckt und sind Ihnen zu Vorbildern geworden?
Fasziniert war ich in Frankfurt von Prof. Willy Schottroff (AT). Er hat durch seinen lebendigen Vortrag (z. B. Vorführung eines Rundtanzes, mit dem sich die Propheten in Ekstase brachten) die Liebe zum AT geweckt. Leider gab es später niemanden mehr, der mich beeindruckte. Die männlichen Professoren kamen mir zu trocken und unengagiert vor; die weiblichen (die nur literarisch da waren) zu übertrieben feministisch. Ich hätte mir gewünscht, Vorbilder zu finden, die helfen, meinen »ererbten« Glauben in sprachlich überzeugende Theologie zu

verwandeln. Eine Entdeckung war erst gegen Ende des Studiums – leider zu spät für persönliche Begegnung – die Theologie Karl Barths, die ich allein deswegen als Schwerpunkt wählte, weil im Theologischen Seminar in Marburg darüber die Nase gerümpft wurde. Seine Auslegungen haben auch in den ersten Dienstjahren beim Predigtschreiben inspirierende Wirkung gehabt. Zum andern Dietrich Bonhoeffer, über den ich eine Arbeit in Ethik schrieb.

14. Was haben Sie diesen Lehrern und anderen Personen zu verdanken?
Es war wohl bei beiden in ganz unterschiedlicher Weise die Leidenschaft für die Sache. Zugleich das Ernstnehmen der Tradition (statt sie sozialkritisch oder feministisch zu überinterpretieren). Auch wenn es für die übliche Denkweise merkwürdig klingen mag: nur bei ihnen erwartete ich, dass ihre Erklärungen und Deutungen tatsächlich etwas für heutiges Denken und Entscheiden zu geben haben.

15. In welcher theologischen Disziplin bzw. welchen Disziplinen haben Sie hauptsächlich studiert?
Entgegen meinen eigentlichen Interessen (die eher in der Praktischen Theologie und im AT gelegen hätten), habe ich gerade das studiert, was mir am fremdesten war: Dogmatik und Kirchengeschichte. Das mag aber auch daran gelegen haben, dass ich den damaligen Ansatz in der Praktischen Theologie (Kommunikationstheorie, Hörerorientierung) zu banal fand.

16. Was hat Sie daran am meisten interessiert?
Letztlich war es schon spannend: Als ich beim Examenslernen entdeckte, wie die Einzelelemente der Kirchengeschichte sich zusammenfügen zu einem gewaltigen Prozess mit vielen Facetten. Und wie dogmatische Grundentscheidungen politisches und ethisches Handeln mitbestimmen (Bonhoeffer, Barth).

17. Worin sehen Sie im Rückblick den Ertrag Ihrer Vikarsausbildung (Predigerseminar und Gemeinde)?
Ertrag??? Dass ich mich auch für die spätere Spezialseelsorgetätigkeit weigerte, einen KSA-Kurs zu besuchen, weil mir für immer das »Spiegeln« und andere Spielereien ein Gräuel geworden sind! Wenngleich tatsächlich Gert Hartmann der Einzige der Professoren war, der wenigstens *etwas* an Selbsterkenntnis für die Gesprächsführung hinterlassen hat. Die anderen habe ich wohlweislich vergessen oder in die Mottenkiste gesteckt (Rühl in Religionspädagogik z.B.). Nein, gelernt habe ich in dieser Zeit nur von der Gemeinde und dem Lehrpfarrer. Das praktische Pfarramt war für mich eine Entdeckung und Befreiung: Endlich muss ich nicht mehr Theorien referieren und Relationen herstellen, sondern kann von dem reden, was ich immer schon mit Pfarrersein verbunden habe! Und ich kann es tatsächlich! Bei allen Selbstzweifeln kam mir viel Bestätigung entgegen.

18. Was kam dabei zu kurz oder worüber hätten Sie gern mehr erfahren?
Verwaltung!! Zum Glück gab der Lehrpfarrer eine kurze Einführung. Dass sie später so viel – und immer größer werdenden! – Raum einnehmen sollte, hätte ich nicht gedacht. Das finde ich auch nicht gut. Liturgie! Unbedarft schlitterte ich in den scheinbar öden, nur durch Kindheitserinnerungen geheimnisvoll-rätselhaften Ablauf. Erst später entdeckte ich ihre Schönheit. Das Gesangbuch war mir zum Glück von Kindertagen, die Beihefte von der Jugendzeit ein Begriff (mit Gitarre saß ich auf dem Bett und ersang mir aus dem Schalom-Liederheft und anderen neue Lieder). Sonst wäre auch das dem vermeintlichen Predigtschwellkopf zum Opfer gefallen.

19. Wie viele Jahre und an welchen Orten waren bzw. sind Sie im Pfarrdienst?
- 1981–1983 Vikariat in Bad-Endbach-Bottenhorn,
- 1983–1998 Pfarramt Waldems-Esch (gegen unseren Willen!) meist in Stellenteilung mit Ehemann (12+3 Jahre),
- 1998–2015 Pfarramt für Altenheimseelsorge in Wiesbaden (auf den klugen Vorschlag von Propst Friedrich Weber hin),
- seit 2015 nur noch mit halber Stelle (gegen langes Kämpfen um Fortführung) in der Altenseelsorge, mit der anderen Hälfte Kirchengemeinde Wiesbaden-Rambach.

20. Welche Aufgaben haben Sie in dieser Zeit wahrgenommen?
Während der Gemeindezeit in Esch waren besondere Schwerpunkte Familiengottesdienste, Elternkurse, Prädikantenausbildung. Während der Altenheimseelsorgezeit das Angebot von Besuchsdienstseminaren für Ehrenamtliche mit sich laufend erweiternden Themen; das Schreiben von Büchern zum Thema Altenheimseelsorge und Gottesdienste (ab 2005 fast jährlich, z. T. im Team mit M. Heymel), was in der Folge Einladungen als Referentin bei Tagungen zur Folge hatte, auch zu Prädikantenfortbildungen in anderen Landeskirchen, sowie Interviews beim SWR. Was bei der jetzigen Tätigkeit noch geht und ob überhaupt dazu noch Zeit und Kraft bleibt, ist noch offen.

21. Welche davon haben Ihnen am meisten Freude gemacht?
Die Familiengottesdienste in Zusammenarbeit mit anderen Müttern waren eine Freude; ebenso ein »Gottesdienstvorbereitungskreis« zusammen mit meinem Mann, zu dem etwa zwölf Mädchen, Männer und Frauen unterschiedlichen Alters und Konfession kamen, die über Wochen ein Thema diskutierten, aus dem sie dann mit ihren unterschiedlichen Gaben einen besonderen Themengottesdienst gestalteten. Das war Gemeinde, wie wir sie uns erträumten! Die Einladungen als Referentin waren eine spannende, ermutigende Erfahrung: dass über meine Bücher und Vorträge andere Mut und Freude zur Arbeit mit alten Menschen bekamen.

22. Welche kirchlichen Dienste haben Sie neben dem Gemeindepfarramt übernommen?

Eben den Dienst in der Spezialseelsorge, kurzzeitig auch mal im DSV, mehrere Jahre im Vorstand des Konvents der Altenheimseelsorge.

23. Was zeichnet für Sie einen guten Pfarrer bzw. eine gute Pfarrerin aus? (Wie sollten sie sein, was sollten sie können?)

Man sollte einer Pfarrerin anmerken, dass ihr der Glaube auch persönlich wichtig ist; es sollte ihr ein Anliegen sein, anderen so gut wie möglich die befreiende Kraft des Evangeliums nahezubringen. Dazu müssen die Menschen merken, dass sie *Zeit* für sie hat, dass sie *ernstgenommen* werden, dass sie *Erfahrungen* im Glauben gemacht hat und sie auch zu teilen bereit ist (auch schwierige Zeiten). Sie muss das rechte Maß finden zwischen Einsatz der *Kompetenz* und Bereitschaft zum Respekt vor den Erfahrungen und Ideen anderer (*Teamfähigkeit*).

24. Was kennzeichnet nach Ihrem Verständnis eine Christengemeinde?

Die geglaubte oder die reale? Zu der geglaubten gehören Menschen, die aus Überzeugung Christen sind; Christen, die immer wieder im Denken und Tun ihr Leben im Glauben überdenken und überarbeiten; die an der Herausforderung, zu glauben und zu vertrauen, immer wieder verzagen und doch weiter streben, sich danach sehnen, die Verheißungen zu erfahren, Anzeichen sehen zu können. Die Christengemeinde ist bei aller Unterschiedlichkeit der Einzelwesen eine Gruppe, die einander respektiert, befragt und trägt (in geistlichen und äußerlichen Krisen).

Die reale Christengemeinde kennzeichnet nach meiner Erfahrung eine weitgehende Individualisierung, bei der das Interesse nur Kontakt bei Gelegenheit bedeutet, allenfalls noch bei liebgewordenen Traditionen (Weihnachtsgottesdienst). Allerdings sind dazwischen durchaus interessierte, ausgesprochen engagierte aktive Mitglieder, die sich bald bis zur Erschöpfung abarbeiten in dem Ziel, mehr Lebendigkeit in die Gemeinde zu bekommen.

25. In welcher Weise war oder ist Ihr Lebenspartner oder Ihre Familie an Ihrem beruflichen Alltag beteiligt?

Der Ehepartner ist ein wichtiger Gesprächspartner für all die Themen, Fragen, Auseinandersetzungen, die im Pfarralltag auftauchen; auch im dringenden Notfall eine Vertretungskraft. Chance und Problem zugleich ist, dass Gespräche über den Beruf leicht noch in die Nacht und in die Freizeit hineinreichen – bis hin zu der Gefahr, dass der Beruf überhandnimmt; aber eben auch neue Perspektiven, klarere Entscheidungen und psychische Entlastung möglich wird. Die Kinder waren, als sie klein waren, eine große Chance, Kinder- und Familienarbeit in der Gemeinde zu entwickeln: Ich hatte vor Augen, was ein Kind in welchem Alter versteht und mag; sie brachten andere Kinder mit mir in Kontakt und ebenso gab es einen breiten Kontakt zu gleichaltrigen Müttern, die dann als

Mitarbeiterinnen gewonnen werden konnten. Für Gemeindearbeit waren sie ein wunderbarer Anknüpfungspunkt, bis in alle Generationen hinein; für die aktiven Gemeindeglieder war die große Pfarrfamilie das Bild des alten Idylls. Später, als ich das Spezialpfarramt übernahm und wir privat wohnten, war die Familie aus dem öffentlichen Focus genommen, was durchaus eine große Erleichterung für alle war (nicht mehr: »Du bist doch Pfarrerskind, du musst dich doch gut benehmen!«). Für mich blieben die Kinder ein lebendiges Gegengewicht für den täglichen beruflichen Umgang mit Sterben und Tod.

26. Wenn Sie die evangelische Kirche beschreiben, was würden Sie allgemein und im Blick auf die EKHN als besondere Merkmale (positiv und negativ) nennen?

Positiv: Ich darf als Frau Pfarrerin sein!! Mein Traumberuf ist noch längst keine Selbstverständlichkeit für eine Frau. – Die moralischen Gesetze sind nicht so rigoros und unzeitgemäß wie in der katholischen Kirche (Verhütung, Ehescheidung). – Wir dürfen selbstverantwortlich die Bibel lesen und deuten. – Die Hierarchie ist mäßig ausgeprägt, es gibt sehr demokratische und unklerikale Strukturen.

Negativ: Falsch verstandene Nächstenliebe wird leicht zum Bestreben, es allen recht zu machen. Wenn man in Konflikt mit unkirchlichen Forderungen gerät, hat man als Pfarrer keinen Rückhalt bei Grenzziehungen. – Die Wortversessenheit schon in der Ausbildung und dagegen die Ritualvergessenheit und damit der Verlust des Sinnes und der Schönheit der geprägten Form: die Extreme Wortschwall und Event lassen den Glauben in der Mitte des Alltags verkümmern. – Die Arbeitsbedingungen werden immer erschöpfender: immer mehr Regularien, Verwaltung, öffentliche Profilierung wird verlangt, entgegen allen Beteuerungen, nur noch die »Kernkompetenzen« zu fordern. Da auch immer mehr Nebenamtliche eingespart werden und Ehrenamtliche weniger werden (Alter, Generationenwechsel, andere Angebote, aufkommende Armut), gibt es keine Entlastung, solange die Anforderungen so bleiben oder gar immer mehr werden.

27. Was ist für Sie das Beste und Schönste der evangelischen Kirche, und worin besteht ihre Schwäche oder Schattenseite?

Das Beste ist: Die Freiheit für Geistliche und Laien – das Wort Gottes als oberstes Kriterium.

Die Schwäche besteht darin, im Wohlgefallen sich aufzulösen, beliebig zu werden, ohne Kontur; unsichtbar trotz aller Medienversuche.

28. Wie sehen Sie die EKD auf dem Weg der Reformationsdekade bis 2017: hoffnungsvoll, skeptisch, enttäuscht, ...?

Skeptisch, was das Ergreifen der Chance angeht: Ich sehe zu wenig davon, dass wirklich nach den Grundlagen gegraben, das Wesentliche und Befreiende herausgestellt und nach der Aufgabe für die heutige Zeit gesucht wird. Sich selber feiern reicht nicht, wer soll dann klatschen?

Enttäuscht, weil wir diese Chance, öffentlich bemerkenswert zu erscheinen, nicht so bald wiederhaben werden.

29. Welches ist oder war Ihr Hauptanliegen und Ihr vornehmstes Ziel im Pfarrberuf?

Menschen zu diesem ›Aha-Erlebnis‹ zu helfen, was es für sie und die Welt bedeuten kann, Gott ernst zu nehmen, von weltlichen Zwängen frei zu werden und der Enge der Zeit die Ewigkeit gegenüberstellen zu können! Ich möchte die Schuld meines Konfirmators und anderer solcher pfarrherrlicher Kollegen wettmachen, indem Menschen sagen können: »Wenn jemand so Gott in der Welt vertritt, dann muss es Gott geben!«

30. Haben sich Ihr Anliegen und Ihr Ziel im Lauf Ihrer Dienstzeit verändert?

Nein, ich habe nur erst nach vielen Jahren gemerkt, was das eigentliche Motiv ist. Und trotz aller Erfahrungen von Vergeblichkeit ist aber mit schönen Erfahrungen von Erfüllung dieser Wunsch eigentlich nur noch unverschämter geworden.

31. Gibt es etwas, was Sie im Rückblick auf Ihre (bisherige) Dienstzeit als Pfarrerin bedauern oder gern anders gemacht hätten bzw. machen möchten?

Ich wünschte, ich könnte die persönliche Spiritualität stärker im Alltag leben und daraus viel klarer die Linien meiner Entscheidungen und Schwerpunkte setzen.

32. Wofür ist nach Ihrer Ansicht theologische Arbeit im Pfarrberuf unabdingbar?

Damit wir die Bibel immer besser verstehen, ergründen, in heutige Sprache umsetzen können. Damit wir durch das Denken der Bibel die Welt viel klarer deuten können. Damit wir einen Rückhalt haben, wenn wir selber an den Erfahrungen ins Wanken kommen.

33. Wenn Sie nach Ihrem Glauben gefragt werden, was antworten Sie?

Das hängt von der Frage ab; meist ist es ja in einer bestimmten Hinsicht gefragt, z. B. ob es ein Leben nach dem Tod gibt oder warum Abraham sein Kind opfern sollte. Ich versuche immer ehrlich zu sagen, was *mir* jetzt einleuchtet und etwas bedeutet.

34. Was gehört für Sie persönlich zu einem Leben als Christ oder Christin?

Eine Beziehung zu Gott/Jesus als eine gewissermaßen persönliche Auseinandersetzung und Vertrauensgeschichte miteinander – wozu dann auch ein spirituelles Leben im Alltag gehört; die offene Auseinandersetzung mit der biblischen Botschaft – wozu dann auch der regelmäßige Besuch von Gottesdiensten gehört;

der Versuch, die ethischen Maßstäbe umzusetzen; das Leben in Gemeinschaft mit anderen Christen; der Mut, zum Glauben zu stehen.

11. Arbeit mit behinderten und alten Menschen

Pfarrer im Ev. Verein für Innere Mission in Nassau (EVIM)

Matthias Loyal, 54 Jahre, EVIM, Wiesbaden

1. *Wie würden Sie das Verhältnis Ihrer Eltern zur evangelischen Kirche beschreiben?*

Die Eltern sind beide evangelisch, volkskirchlich geprägt.

2. *Stammen Sie aus einem evangelischen Pfarrhaus?*

Nein.

3. *Haben Sie Kinder, die Pfarrer oder Pfarrerin werden wollen oder geworden sind?*

Nein.

4. *Arbeitet oder arbeitete Ihr Ehepartner in einem kirchlichen Dienstverhältnis?*

Nein.

5. *Wenn ja, in welchem Beruf?*

Entfällt.

6. *Haben Sie während Ihrer Schulzeit etwas gelernt, was nach Ihrer Einschätzung für Ihren zukünftigen Pfarrberuf von besonderem Nutzen war?*

Ich bin in der DDR zur Schule gegangen in einem staatlich reglementierten atheistischen und kirchenfeindlichen Umfeld. Unbewusst habe ich früh etwas von »Apologetik« gelernt und was es heißt, den Glauben zu bekennen, ohne ihn vor sich her zu tragen. Dies hat mich aber nie den Menschen »entfremdet«, die auch als Atheisten Freunde waren und blieben. Ich habe frühzeitig gelernt, keine Mauern zwischen Glaube und Vernunft bzw. Wissenschaft zu ziehen. Letztlich ist die Prägung eines säkularen bzw. atheistischen Umfelds (quasi den »real existierenden Sozialismus« als Ruf Gottes und Herausforderung zu verstehen) entscheidend für die Wahl des Pfarrberufs gewesen, je älter ich werde, desto deutlicher sehe ich das.

7. Was hat Sie dazu veranlasst, sich für den Beruf des Pfarrers oder der Pfarrerin zu entscheiden?

Die DDR war nicht nur eine »Mangelwirtschaft«, sondern den Menschen mangelte es vor allem an Zuversicht und Hoffnung. Die gesellschaftliche Doktrin des »real existierenden Sozialismus« hatte auf alles eine Antwort, Fragen waren nicht mehr vorgesehen. Der Glaube war vor allem ein »Infragestellen« dieser Denkmuster, eine Form des Gehens ins Offene und Weite (auch mittels des Gebetes). Die Kirche war (und ist bis heute) im Osten Minderheit – hier wollte ich Mitverantwortung übernehmen. Zugleich – und das ahnte ich – betrat ich damit den einzigen »Raum der Freiheit«.

8. Wann und wo haben Sie Theologie studiert?

1981–1985 besuchte ich die Kirchliche Hochschule Paulinum Ostberlin (kein Abitur – Sonderreifeprüfung). Zur Erklärung: Engagierte Christen durften meist kein Abitur ablegen, darum hatte die Kirche eigene Hochschulen mit besonderen Zugangsmöglichkeiten oder bot ein »kirchliches Abitur« an.

9. Haben Sie weitere Fächer studiert?

2002–2004 belegte ich für eine Ausbildung in Sozialmanagement den Masterstudiengang an der Universität Bonn.

10. Welche Berufsausbildung haben Sie außerdem?

Erlernter Beruf: Schriftsetzer.

11. Sind Sie vor dem Studium oder während des Studiums einer Erwerbsarbeit nachgegangen?

Ja.

12. Wenn ja, in welchen Bereichen?

Vor dem Studium: 1979/80 absolvierte ich ein Jahr als Missionarisches Jahr und als Hausmeister bei der evangelischen Kirche, 1980/81 war ich ein Jahr Hilfspfleger bei Menschen mit geistiger Behinderung.

13. Welche Hochschullehrer und andere Personen aus Ihrem Umfeld haben Sie während Ihres Studiums besonders beeindruckt und sind Ihnen zu Vorbildern geworden?

Dr. Traugott Vogel (Paulinum).

14. Was haben Sie diesen Lehrern und anderen Personen zu verdanken?

Eine aus den Erfahrungen des Dritten Reiches und der DDR gespeiste Prägung:

Dialektische Theologie – Bekennende Kirche: Kirche ist nur Kirche, wenn sie »Kirche für andere« (Bonhoeffer) ist.

Eine besondere Liebe zur systematischen Theologie (Dogmatik/Ethik).

15. In welcher theologischen Disziplin bzw. welchen Disziplinen haben Sie hauptsächlich studiert?
Das Studium war sehr kompakt (ca. sechs bis acht Pflichtvorlesungen pro Tag). Die Möglichkeit, »Steckenpferde zu reiten«, war sehr eingeschränkt. Dennoch habe ich mich zu dogmatisch-ethischen Fragestellungen immer besonders hingezogen gefühlt.

16. Was hat Sie daran am meisten interessiert?
Die Sprach- und Handlungsfähigkeit aus dem Glauben heraus.

17. Worin sehen Sie im Rückblick den Ertrag Ihrer Vikarsausbildung (Predigerseminar und Gemeinde)?
Aufgrund des Pfarrermangels war der Vikar in der DDR bereits sehr stark in den Pfarrdienst eingebunden, er wurde »ins Wasser geworfen«. So hatte ich z.B. im ersten Vikariatsjahr ca. 50 Beerdigungen – eine wichtige Erfahrung.

18. Was kam dabei zu kurz oder worüber hätten Sie gern mehr erfahren?
Ein Auslandsaufenthalt fehlte.

19. Wie viele Jahre und an welchen Orten waren bzw. sind Sie im Pfarrdienst?
Ich war auf folgenden Stellen:
- 1987–1994: Pfarrstelle Hoyerswerda-Neustadt,
- 1994–2006: Vorstand des Martinshof Rothenburg Diakoniewerks,
- Seit 2007: Vorstand EVIM – Ev. Verein für Innere Mission in Nassau.

20. Welche Aufgaben haben Sie in dieser Zeit wahrgenommen?
Wo anfangen, wo aufhören?

21. Welche davon haben Ihnen am meisten Freude gemacht?
Die Arbeit mit behinderten und alten Menschen hat meine bisherige Praxis umgekrempelt. Ich nenne drei Grundsätze:
- einfache Sprache;
- Predigt mit einem einzigen anschaulichen Gedanken (gegen jede Predigtlehre!);
- neu »Zuhören« lernen!

22. Welche kirchlichen Dienste haben Sie neben dem Gemeindepfarramt übernommen?
Neben dem Pfarrdienst übernahm ich:
- Rundfunkandachten in Deutschlandfunk und MDR 1992–2006 und
- ein Mandat als Synodaler der EKU und der EKSOL (früh. Görlitzer Kirche – jetzt EKBO);

- ich war Mitglied der Kirchenleitung der EKSOL und
- Vorsitzender eines Regionaldiakonischen Werkes.

23. Was zeichnet für Sie einen guten Pfarrer bzw. eine gute Pfarrerin aus? (Wie sollten sie sein, was sollten sie können?)

Authentizität! (kein Rollenspiel!) – Er sollte Stärken ausleben und Schwächen nicht verstecken!

24. Was kennzeichnet nach Ihrem Verständnis eine Christengemeinde?

Offenheit (für alle Menschen, nicht für alle Themen)! Keine Bildung von Nischen und Konventikeln, niedrigschwellige Einstiegsmöglichkeiten, keine Gemeindegruppe soll sich über die andere erheben.

25. In welcher Weise war oder ist Ihr Lebenspartner oder Ihre Familie an Ihrem beruflichen Alltag beteiligt?

Meine Frau hat mich in den ersten Jahren des Pfarramtes musikalisch unterstützt (Orgelbegleitung, Chor). Die Kinder wurden ab und zu auch musikalisch eingebunden.

Aber: ich habe nie Druck dabei ausgeübt.

26. Wenn Sie die evangelische Kirche beschreiben, was würden Sie allgemein und im Blick auf Ihre Landeskirche als besondere Merkmale (positiv und negativ) nennen?

Die EKHN kenne ich erst seit neun Jahren und bin zu wenig in deren Strukturen involviert, um das benennen zu können.

27. Was ist für Sie das Beste und Schönste der evangelischen Kirche, und worin besteht ihre Schwäche oder Schattenseite?

Die Freiheit eines Christenmenschen ist das Schönste (Freiheit in der Verantwortung vor Gott und den Menschen). Das Schlimmste ist das Kirchturmdenken (uns fehlt die Weite des Katholizismus).

28. Wie sehen Sie die EKD auf dem Weg der Reformationsdekade bis 2017: hoffnungsvoll, skeptisch, enttäuscht, ...?

Siehe 27.

29. Welches ist oder war Ihr Hauptanliegen und Ihr vornehmstes Ziel im Pfarrberuf?

Kirche und Diakonie = Gottes Dienst am Menschen.

30. Haben sich Ihr Anliegen und Ihr Ziel im Lauf Ihrer Dienstzeit verändert?

Nein, Anliegen und Ziele wurden nur geschärft.

31. Gibt es etwas, was Sie im Rückblick auf Ihre (bisherige) Dienstzeit als Pfarrer bedauern oder gern anders gemacht hätten bzw. machen möchten?
Nein.

32. Wofür ist nach Ihrer Ansicht theologische Arbeit im Pfarrberuf unabdingbar?
Ohne diese sollte ich weder reden noch handeln.

33. Wenn Sie nach Ihrem Glauben gefragt werden, was antworten Sie?
Ich würde mit Dietrich Bonhoeffer antworten:

»Ich glaube,
dass Gott aus allem, auch aus dem Bösesten,
Gutes entstehen lassen kann und will.
Dafür braucht er Menschen,
die sich alle Dinge zum Besten dienen lassen.
Ich glaube,
dass Gott uns in jeder Notlage
soviel Widerstandskraft geben will,
wie wir brauchen.
Aber er gibt sie nicht im voraus,
damit wir uns nicht auf uns selbst,
sondern allein auf ihn verlassen.
In solchem Glauben müsste alle Angst
vor der Zukunft überwunden sein.
[*Ich glaube, dass auch unsere Fehler und Irrtümer nicht vergeblich sind, und dass es Gott nicht schwerer ist, mit ihnen fertig zu werden, als mit unseren vermeintlichen Guttaten.*]
Ich glaube,
dass Gott kein zeitloses Fatum ist,
sondern dass er auf aufrichtige Gebete
und verantwortliche Taten wartet und antwortet.«

34. Was gehört für Sie persönlich zu einem Leben als Christ oder Christin?
Die Offenheit für Veränderung, für Gottes Wege!

12. Menschen den christlichen Glauben nahebringen

Pfarrerin in einer städtischen Kirchengemeinde

Dorothea Hess, 55 Jahre, Wiesbaden

1. Wie würden Sie das Verhältnis Ihrer Eltern zur evangelischen Kirche beschreiben?
Gut, aber ambivalent.

2. Stammen Sie aus einem evangelischen Pfarrhaus?
Ja. Gelernt habe ich: Gemeinde ist etwas Tolles, Kirche ist immer schwierig. Kirche steht hier für Verwaltung und Kirchenleitung. Mit beiden machte mein Vater in Westfalen viele negativen Erfahrungen.

3. Haben Sie Kinder, die Pfarrer werden wollen oder geworden sind?
Nein.

4. Arbeitet oder arbeitete Ihr Ehepartner in einem kirchlichen Dienstverhältnis?
Ja.

5. Wenn ja, in welchem Beruf?
Er war Pfarrer und lebt seit siebeneinhalb Jahren im Ruhestand.

6. Haben Sie während Ihrer Schulzeit etwas gelernt, was nach Ihrer Einschätzung für Ihren zukünftigen Pfarrberuf von besonderem Nutzen war?
Im Lehrplan der Schule nicht. Es gab einen kleinen christlichen Andachts- und Gebetskreis, der sich vor dem Unterricht von 7.30 Uhr bis 7.45 Uhr in einem Schulraum traf. Das war sozusagen eine »weiße Zelle« gegen die »roten Zellen« damals. Ich war 1970–1979 auf dem Gymnasium. Insofern hatte der Kreis in den 1970er Jahren gesellschaftspolitische Bedeutung.

7. Was hat Sie dazu veranlasst, sich für den Beruf der Pfarrerin zu entscheiden?
Kirchliche Jugendarbeit, die in der Gemeinde von Jugendleitern des CVJM gemacht wurde. Die Jugendleiter waren von der Gemeinde angestellt. Manche kamen mit einer Ausbildung vom Johanneum in Wuppertal.

8. Wann und wo haben Sie Theologie studiert?
1980–1986 in Erlangen.

9. Haben Sie weitere Fächer studiert?
Ökotrophologie (Ernährungswissenschaften) in Gießen, weil ich zuerst Krankenschwester werden wollte. Nach dem Abitur besuchte ich eine Klasse der höheren Landfrauenschule im Harz. Beim Studium der Ökotrophologie war mir dann zu wenig Nachdenken gefordert. Man musste nur Stoff für Klausuren lernen. Selber denken war nicht gefragt.

10. Welche Berufsausbildung haben Sie außerdem?
Keine. Aber ich habe Kurse in Tourismus absolviert. Ich dachte, man könnte das mit dem Pfarramt kombinieren, und machte für »Ökumenische Studienreisen« des Frankfurter Regionalverbands Programme für Gruppenreisen.

11. Sind Sie vor dem Studium oder während des Studiums einer Erwerbsarbeit nachgegangen?
Nein.

12. Wenn ja, in welchen Bereichen?
Entfällt.

13. Welche Hochschullehrer und andere Personen aus Ihrem Umfeld haben Sie während Ihres Studiums besonders beeindruckt und sind Ihnen zu Vorbildern geworden?
(lacht) Prof. Seitz (Praktische Theologie) in Erlangen. Er hatte eine Nähe zur kirchlichen Praxis. Aber auch der Religions- und Missionswissenschaftler Prof. Moritzen, der total bodenständig war. Die Leipziger Mission hatte ein Haus in Neuendettelsau. Dort haben wir eine christliche WG eingerichtet. Moritzen half uns dabei ganz praktisch. Prof. Roloff (Neues Testament) wirkte zwar skurril (damit meine ich *nicht* weltfremd!), war aber sehr beeindruckend in seiner Akribie und Intensität. Er war durch und durch Wissenschaftler.

14. Was haben Sie diesen Lehrern und anderen Personen zu verdanken?
Seitz verdanke ich, dass Theologie keine von der Praxis abgelöste Wissenschaft ist. Sein Assistent war Michael Herbst aus Bielefeld. Er begleitete mich positiv und negativ. Er sagte zu mir: »In der Bibel steht, Frauen dürfen keine Gemeinde leiten«. Ich fragte mich dann: Bin ich dafür die Richtige? Das stellte mein Theologiestudium in Frage. Auch mein Vater stellte mein Studium in Frage. Er fragte mich: »Warum tust Du Dir das an?«

15. In welcher theologischen Disziplin bzw. welchen Disziplinen haben Sie hauptsächlich studiert?
Praktische Theologie und Kirchengeschichte mit Schwerpunkt Alte Kirche, daneben Christliche Archäologie.

16. Was hat Sie daran am meisten interessiert?
Die Geschichte der Alten Kirche und deren Nähe zur griechischen Philosophie. Ich war auf einem humanistischen Gymnasium gewesen, hatte Latein und Griechisch als Leistungskurse. Die Welt der Antike faszinierte mich.

17. Worin sehen Sie im Rückblick den Ertrag Ihrer Vikarsausbildung (Predigerseminar und Gemeinde)?
Zur Gemeinde: Im Vikariat war mein Lehrpfarrer Klaus Rosenstock. Er kam vom Johanneum, hatte auf dem zweiten Bildungsweg Theologie studiert und war ein begeisternder, menschennaher Pragmatiker. Sein politisches Engagement half mir aus der Enge heraus. Ich war während der ganzen Studienzeit bei der SMD gewesen. Das bereitete mir bei meiner Einstellung in der EKHN Schwierigkeiten. Rosenstock verband tiefe Frömmigkeit und politische Aktivität. Das erweiterte meinen Horizont. Seine Gemeinde war sozial, diakonisch und politisch engagiert.

Zum Predigerseminar Herborn: Gert Hartmann (Dozent für Seelsorge) faszinierte mich durch seine Kompetenz. Ich lernte viel bei ihm. Nach einer Erörterung von Fragen konnte ein Satz von ihm wichtig sein. Meine Abneigung gegen Religionspädagogik wurde in Herborn zementiert. Im Schulpraktikum hatte ich allerdings eine gute Mentorin.

18. Was kam dabei zu kurz oder worüber hätten Sie gern mehr erfahren?
Vermisst bzw. gewünscht habe ich mehr liturgische Übungen, gerade für Gottesdienste in einer Trauerhalle. Es gab theoretische Diskussionen über Predigtentwürfe, aber keinen Austausch über die Frage: Wie kann ich mit meiner Person die Botschaft vermitteln? Die Präsentation wurde vernachlässigt.

19. Wie viele Jahre und an welchen Orten waren bzw. sind Sie im Pfarrdienst?
1989 fing ich als Pfarrvikarin auf einer 50-Prozent-Stelle ohne Muss-Verpflichtung an. In der Wichern-Gemeinde Gießen war ich bis 1998 und kam dann nach Wiesbaden als dem Propst beigegebene Pfarrerin für Vertretungsdienste. Zwei Jahre war ich mit 50 Prozent an der Ringkirche, übernahm ein Jahr Vertretung in Schierstein und arbeitete dann ab September 2001 mit halber Stelle an der Marktkirche. Hier hatte ich 3 Altenheime mit 600 Leuten und einen Gemeindebezirk zu betreuen. Zuletzt war ich dort zwei Jahre auf ganzer Stelle. 2007 wechselte ich in die Versöhnungsgemeinde (50-Prozent-Stelle), seit April 2008 bin ich hier mit ganzer Stelle.

20. Welche Aufgaben haben Sie in dieser Zeit wahrgenommen?
Die Arbeit in der Ringkirchengemeinde war eine Herausforderung, denn es war niemand da, es gab keinen KV. Der DSV hat Pfarrpersonalpolitik gemacht, er entließ zwei Pfarrer. Ein 60-jähriger Pfarrkollege kam als Troubleshooter, außerdem ein Kollege mit 50-Prozent-Dienstauftrag. Zusammen haben wir nach zwei Jahren eine KV-Wahl erreicht. Das alles zusätzlich zur normalen Gemeindearbeit.

In meiner Zeit an der Marktkirche habe ich mit Herzblut die Bewohner in den Altenheimen betreut. Ich war zuständig für Altenseelsorge in drei Häusern. Auch jetzt in der Versöhnungsgemeinde ist mir die Begegnung mit Menschen wichtig. Mir liegt daran, von ihren Freuden und Sorgen zu hören, mich bei Kasualien um die Menschen zu kümmern.

50 Prozent der Arbeit sind administrativ. *(spontaner Ausruf: »So ein Scheiß!«)* Ich meine das in einem weitgefassten Sinn. Dazu gehört z. B. auch der Kindergarten, wo es immer wieder Ärger mit Mitarbeitern und Probleme mit Eltern gibt, die viel Zeit und Kraft kosten.

21. Welche davon haben Ihnen am meisten Freude gemacht?
Das habe ich zum Teil (siehe Frage 20) schon beantwortet. Insgesamt die Betreuung der Alten, das Unterwegssein mit Leuten, Reisen, Ausflüge, Konfirmandenfahrten. Ich mache gern Gottesdienste und Kasualgottesdienste, auch Krabbelgottesdienste.

22. Welche kirchlichen Dienste haben Sie neben dem Gemeindepfarramt übernommen?
Prädikantenausbildung, Besuchsdienstseminare für Ehrenamtliche, während der Gießener Zeit Arbeit im Stadtkirchenbeirat, in Ausschüssen, die für Partnerschaften mit den USA, Nordindien und Ghana zuständig waren, im Kreis »Christen für Abrüstung« in Oberhessen, im AK Flüchtlingshilfe in Gießen. Jetzt bin ich in einem Ausschuss für Partnerschaft mit Sambia.

23. Was zeichnet für Sie einen guten Pfarrer bzw. eine gute Pfarrerin aus? (Wie sollten sie sein, was sollten sie können?)
Die Nähe zu den Menschen in der Gemeinde zeichnet einen Pfarrer aus. Dass er in Fragen der Spiritualität erfahren ist und sich auskennt. Das gehört nach meiner Ansicht zum Pfarrersein, wird aber oft in den Hintergrund geschoben.

Er muss ein guter Manager von Personal und Finanzen sein und klar Stellung beziehen, klare Entscheidungen treffen. Eine spirituelle Ausstrahlung haben und Menschen mit dem Wort Gottes begegnen. Missionarisch sein wäre wichtig, nicht nur einen Mangel verwalten. Das ist essentiell für Pfarrer, das können wir eigentlich.

24. Was kennzeichnet nach Ihrem Verständnis eine Christengemeinde?
Das Leben nach dem Vorbild Jesu im Wissen, von Gott geliebt zu sein. Konkurrenzkampf, Lästern und Hass, Missgunst und Bosheit in einer Gemeinde sind unerträglich!

25. In welcher Weise war oder ist Ihr Lebenspartner oder Ihre Familie an Ihrem beruflichen Alltag beteiligt?
Mein Ehemann war selber im Pfarrdienst. Er ist mein Berater und begleitet intensiv meine Arbeit. Er macht viel mit, auch handwerklich (z. B. Hausmeistertätigkeiten).

26. Wenn Sie die evangelische Kirche beschreiben, was würden Sie allgemein und im Blick auf die EKHN als besondere Merkmale (positiv und negativ) nennen?
Die evangelische Kirche allgemein zeichnet ihr gesellschaftlich-diakonisches Engagement aus. Die EKHN versucht einen demokratischen Aufbau.

27. Was ist für Sie das Beste und Schönste der evangelischen Kirche, und worin besteht ihre Schwäche oder Schattenseite?
Mit meinem Vater antworte ich: die Gemeinde ist das Schönste. Das gilt für mich auch heute. Schwächen sehe ich in den Strukturreformen, den Versuchen, der Welt hinterherzuhinken, um aktuell zu bleiben. Wie wir als Kirche in der Welt leben und mit den Menschen zusammenkommen, ist ein Problem. Die fehlende Nähe zu ihrem Alltag. Dort kommen Glaube und Kirche für die meisten Leute nicht vor.

28. Wie sehen Sie die EKD auf dem Weg der Reformationsdekade bis 2017: hoffnungsvoll, skeptisch, enttäuscht, …?
Bemüht und hoffnungsvoll.

29. Welches ist oder war Ihr Hauptanliegen und Ihr vornehmstes Ziel im Pfarrberuf?
Ich möchte Menschen den christlichen Glauben nahebringen; das beinhaltet viel. Dazu gehört alles andere: Diakonie, Sorge für den Nächsten usw. Darin liegt auch der Sinn meines Engagements für den Kindergarten.

30. Haben sich Ihr Anliegen und Ihr Ziel im Lauf Ihrer Dienstzeit verändert?
Nuancen haben sich geändert, das Anliegen und das Ziel nicht. Es kam dazu das Anliegen, den Menschen die Kirche und Gemeinde nahezubringen und lieb zu machen. Mit unserer Erlösungstheologie kommen wir zu Menschen, denen das nicht wichtig ist.

31. Gibt es etwas, was Sie im Rückblick auf Ihre (bisherige) Dienstzeit als Pfarrerin bedauern oder gern anders gemacht hätten bzw. machen möchten?
Nein!

32. Wofür ist nach Ihrer Ansicht theologische Arbeit im Pfarrberuf unabdingbar?
(Spontane Äußerung: »Ich kann ohne theologische Arbeit gut leben«. Dann korrigierend weiter.) Nein, wenn nicht nur wissenschaftlich-theologische Arbeit gemeint ist, sondern theologisches Denken und Urteilen überhaupt, geht es nicht ohne sie. Dann brauche ich theologische Arbeit für die Predigt, aber auch für die Auseinandersetzung mit Menschen. Ich kann vor der Predigt keine Exegese mehr machen, wie ich es eigentlich möchte. Ich kann auch nicht so viel theologische Literatur lesen. Wissenschaftlich-theologische Arbeit ist im Pfarrberuf schwer zu schaffen, nicht mal das Deutsche Pfarrerblatt. Meine ganze Existenz ist theologisch.

33. Wenn Sie nach Ihrem Glauben gefragt werden, was antworten Sie?
Jeder, der mich fragt, weiß, dass ich sozusagen eine Profiglaubende bin. Wenn jemand fragt, der mich nicht kennt, antworte ich anders. Dann würde ich zunächst sagen: Ich glaube an den christlichen dreieinigen Gott und gehöre zur Kirche.

34. Was gehört für Sie persönlich zu einem Leben als Christ oder Christin?
Gemeinschaft mit anderen Christen, Singen, Beten, Gottes Wort hören. Jesus als Vorbild zu haben. Das Doppelgebot der Liebe: dass ich versuche, Gott zu lieben und meinen Nächsten wie mich selbst. Denn ich schaffe das nicht allein.

Die Antworten wurden am 20.11.2015 in Wiesbaden bei einem Interview mit dem Herausgeber aufgezeichnet.

13. Schwerpunkt: Angebote zur Spiritualität

Pfarrerin in einer kleinstädtischen Kirchengemeinde

Monika Lüdemann, 52 Jahre, Trebur

1. Wie würden Sie das Verhältnis Ihrer Eltern zur evangelischen Kirche beschreiben?

Mein Vater ist in einer Familie groß geworden, in der die Goßner Mission eine große Rolle gespielt hat. Meine Großmutter hat täglich nach dem Aufstehen Bibel gelesen und gebetet. Der Besuch des Gottesdienstes spielte bei meinen Großeltern aber keine große Rolle. Mein Vater ist also durchaus religiös erzogen worden, hat aber immer von sich gesagt, er sei Atheist. D. h. aber auch, dass er keinerlei Bindung an die Institution Kirche besaß, obwohl er deren Mitglied war.

Meine Mutter war volkskirchlich eingestellt. Allerdings war auch ihr der Gottesdienstbesuch nicht wichtig. Ich wurde aber jeden Sonntag zum Kindergottesdienst gebracht und war auch in einem evangelischen Kindergarten.

2. Stammen Sie aus einem evangelischen Pfarrhaus?

Nein.

3. Haben Sie Kinder, die Pfarrer werden wollen oder geworden sind?

Nein.

4. Arbeitet oder arbeitete Ihr Ehepartner in einem kirchlichen Dienstverhältnis?

Nein.

5. Wenn ja, in welchem Beruf?

–

6. Haben Sie während Ihrer Schulzeit etwas gelernt, was nach Ihrer Einschätzung für Ihren zukünftigen Pfarrberuf von besonderem Nutzen war?

Geprägt hat mich mein Pfarrer, zu dem ich in den Kindergottesdienst gegangen bin. Er hat mich auch im vierten Schuljahr unterrichtet in Religion. Er war ein Mensch, der gut und mitreißend erzählen konnte. Aus dieser Zeit ist mir in Erinnerung geblieben die Lebensgeschichte Jochen Kleppers (mein Lieblingsadventslied ist auch von ihm!) und die Bedeutung Martin Luthers. Ich habe im vierten Schuljahr auch mein erstes Referat gehalten zu Martin Luther, völlig freiwillig. Das lag daran, dass er mich sehr beeindruckt hat.

Im Gymnasium hatte ich in der Mittelstufe eine Lehrerin, die uns immer das Wochenlied auswendig lernen ließ. Das war damals inhaltlich nicht so toll, aber ich kann deshalb viele Lieder auswendig. In der Oberstufe hatte ich im elften Schuljahr dann eine Lehrerin, die wegen ihrer Zugehörigkeit zur DKP nicht Gemeindepfarrerin geworden ist. Das war für mich keine leichte Zeit, weil ich mit ihr immer wieder in starke Auseinandersetzungen geriet. Ab dem zwölften Schuljahr besuchte ich dann den katholischen Religionsunterricht. Da ich schon immer sehr ökumenisch eingestellt war, lernte ich in dieser Zeit vieles über die Dogmengeschichte und die katholische Theologie, was sich für meinen späteren Beruf nur als Bereicherung dargestellt hat.

7. *Was hat Sie dazu veranlasst, sich für den Beruf des Pfarrers/der Pfarrerin zu entscheiden?*

Das waren verschiedene Faktoren:

Meine Großmutter väterlicherseits lebte in meinem Elternhaus. Sie hatte mir als Kind immer aus der Bibel vorgelesen. Ich konnte damals das 1. Buch Mose auswendig. Auch ihre Lebenseinstellung hat mich sehr geprägt. Auch der Pfarrer meiner Kindheit (s. Antwort zu Frage 6) hat für mich einen bleibenden Eindruck hinterlassen, die Art, wie er biblische Geschichten erzählte, oder auch seine Liebe zur Kirchengeschichte.

Später war es die katholische Kirche (!). Meine beste Freundin war katholisch und kam aus einem tiefreligiösen Haushalt. Mit ihr bin ich nach meiner Konfirmation sonntags in die Messe gegangen. Wochentags war ich in einer katholischen Jugendgruppe und im Jugendbibelkreis. Ich habe mit 16 Jahren meine erste Predigt in einem katholischen Jugendgottesdienst gehalten. Ich war in der Gemeinde trotz meiner anderen Konfession völlig integriert und habe mich als Ehrenamtliche eingebracht. In der gleichen Zeit, mit 16 Jahren, fragte mich die Pfarrerin aus der evangelischen Gemeinde, ob ich sie im Konfirmandenunterricht unterstützen könne (mein Bruder war dort). So fand ich Stück um Stück wieder zurück in die Ortsgemeinde, wo ich dann relativ schnell Lektorin geworden bin.

Nach dem Abitur stand ich vor dem Scheideweg: Informatikstudium oder doch Evangelische Theologie. Für Informatik hatte ich die Immatrikulationsunterlagen bereits ausgefüllt, habe mich dann aber am letzten Einschreibungstag für Evangelische Theologie eingeschrieben. Wieso? Weil mir die Begegnung mit anderen Menschen und mein Glauben sehr am Herzen lagen. Dazu kamen die vielen ehrenamtlichen Tätigkeiten, die ich bereits innehatte. Das waren im Alter von gerade 19 Jahren: Lektorendienst im Gottesdienst, Mitarbeiterin im Konfirmandenunterricht, Gestaltung des Schaukastens, Kirchenvorstand, Kirchenchor. Und nicht zu vergessen, ich war damals auch noch Küsterin in der evangelischen Kirchengemeinde.

8. Wann und wo haben Sie Theologie studiert?
Angefangen habe ich in Mainz im Wintersemester 1982/83. Nach dem Grundstudium war ich in Erlangen. Danach kam ich zum 1. Examen wieder zurück nach Mainz. Examen habe ich im Sommersemester 1988 gemacht.

9. Haben Sie weitere Fächer studiert?
Ich habe mal nebenher ein Semester Psychologie studiert. Aber das wurde mir dann zu viel.

10. Welche Berufsausbildung haben Sie außerdem?
Keine.

11. Sind Sie vor dem Studium oder während des Studiums einer Erwerbsarbeit nachgegangen?
Ich habe seit meinem 18. Lebensjahr samstags und in den Ferien im Verkauf einer Bäckerei gearbeitet (bis zum Examen). Für ein Jahr habe ich noch auf 400-D-Mark-Basis den Küster- und Hausmeisterdienst der Heimatgemeinde übernommen.

12. Wenn ja, in welchen Bereichen?
S. Antwort zu Frage 11.

13. Welche Hochschullehrer und andere Personen aus Ihrem Umfeld haben Sie während Ihres Studiums besonders beeindruckt und sind Ihnen zu Vorbildern geworden?
Eigentlich keine ...

14. Was haben Sie diesen Lehrern und anderen Personen zu verdanken?
–

15. In welcher theologischen Disziplin bzw. welchen Disziplinen haben Sie hauptsächlich studiert?
Mein Steckenpferd war das AT. Da habe ich auch nach dem Studium eine Doktorandenstelle angeboten bekommen. Da aber die Situation in unserer Landeskirche bei der Einstellung von Vikaren recht angespannt war, habe ich mich für das Vikariat entschieden. Der zweite Schwerpunkt war Kirchengeschichte.

16. Was hat Sie daran am meisten interessiert?
Am AT hat mich besonders die Lebenswelt der Juden, die Entstehung des jüdischen Glaubens und die leidvolle Geschichte der Juden interessiert. An der

Kirchengeschichte war es eher der Entwicklungsprozess, den die Kirche in den letzten 2.000 Jahren genommen hat. Besonders die Zeit zwischen 800 und der Reformation hat mich begeistert.

17. Worin sehen Sie im Rückblick den Ertrag Ihrer Vikarsausbildung (Predigerseminar und Gemeinde)?
Praktisch habe ich viel mitgebracht an Erfahrungen. Für mich war diese Zeit eher eine Art Reflexionszeit. Ansonsten war es schön, einmal eine andere Kirchengemeinde erleben zu können.

18. Was kam dabei zu kurz oder worüber hätten Sie gern mehr erfahren?
Praktisch zu kurz kam die Seelsorge. Hier wäre eventuell ein Pflegeheim vor Ort gut gewesen. Die Regionalgruppenarbeit war auch nicht gerade gewinnbringend, oft reine Zeitverschwendung. Wir haben immer gemütlich gefrühstückt und dann über unsere Arbeit geredet, aber das war mehr Austausch.

19. Wie viele Jahre und an welchen Orten waren bzw. sind Sie im Pfarrdienst?
Nach meinem Vikariat in Trebur-Geinsheim war ich Mutterhauspfarrerin am Elisabethenstift in Darmstadt. Zunächst hatte ich zusätzlich zehn Stunden Religionsunterricht. Da aber die Pfarrstelle in Geinsheim vakant war und ich dort noch wohnte, bekam ich den Auftrag zur Vakanzverwaltung mit halber Stelle. Das war 1991. Ab Ende 1992 war ich in Elternzeit bis April 2003 (Geburt meiner vier Kinder). Bis Ende 2005 arbeitete ich als Kirchenrätin in der Kirchenverwaltung (Referat Gottesdienst und Gemeindearbeit). Seit 2006 bin ich Gemeindepfarrerin in Trebur mit voller Stelle.

20. Welche Aufgaben haben Sie in dieser Zeit wahrgenommen?
Der Schwerpunkt meiner Gemeindearbeit liegt in Angeboten zur Spiritualität. Daneben habe ich immer wieder einmal Prädikanten praktisch ausgebildet (insg. fünf). 2016 werde ich mit zwei weiteren Personen einen Lektorenkurs anbieten. Ansonsten habe ich seit Jahren mit großen Konfirmandengruppen zu tun, was natürlich auch einen Schwerpunkt meiner Tätigkeit darstellt.

21. Welche davon haben Ihnen am meisten Freude gemacht?
Ich feiere gerne Gottesdienst. Daneben ist mir immer wieder eine große Freude, mit anderen über ihren Glauben ins Gespräch zu kommen oder zu meditieren.

22. Welche kirchlichen Dienste haben Sie neben dem Gemeindepfarramt übernommen?
Neben meinem Pfarrdienst bin ich seit Oktober 2003 Delegierte der EKHN für die Arbeit der Berliner Bibelwochen (Berufung auf EKD-Ebene). Ich bin in der UEK als Komiteemitglied für die Europäischen Bibeldialoge, wo ich auch Leiterin einer

Fortbildungsveranstaltung in Berlin bin (zunächst European Bibleweek, seit 2016 Fortbildung der Prädikanten). Ich bin auch im Arbeitskreis unserer Landeskirche für die Prädikantenausbildung zuständig.

23. Was zeichnet für Sie einen guten Pfarrer bzw. eine gute Pfarrerin aus? (Wie sollten sie sein, was sollten sie können?)

Sie sollten ein offenes Ohr für die Belange der Gemeindeglieder haben, und ein offenes Ohr für Gott. Eine gute Pfarrerin sollte eine Gemeinde auf geistlicher Ebene führen können. D.h. auch einen Plan hinter der Gemeindearbeit haben, ein Ziel.

24. Was kennzeichnet nach Ihrem Verständnis eine Christengemeinde?

Der Gottesdienst – obwohl da nicht alle präsent sind. Und die Fürsorge füreinander.

25. In welcher Weise war oder ist Ihr Lebenspartner oder Ihre Familie an Ihrem beruflichen Alltag beteiligt?

Mein Ehemann ist ehrenamtlich tätig in der Gemeinde und unterstützt mich in meinem Dienst.

26. Wenn Sie die evangelische Kirche beschreiben, was würden Sie allgemein und im Blick auf die EKHN als besondere Merkmale (positiv und negativ) nennen?

Die Weltoffenheit ist ein Merkmal und die Fähigkeit, auf andere zuzugehen.

27. Was ist für Sie das Beste und Schönste der evangelischen Kirche, und worin besteht ihre Schwäche oder Schattenseite?

Das Schöne ist, was ich immer wieder im Urlaub in anderen Gemeinden erlebe (oft im Gegensatz): die Freiheit des Einzelnen. Es gibt keine Pflicht, sonntags am Gottesdienst teilzunehmen oder gewisse Spenden zu tätigen. Jeder kann sich einbringen, wo er will. Schattenseite: das fehlende Gefühl der Zugehörigkeit. Und man muss als Pfarrer immer nach Ehrenamtlichen Ausschau halten.

28. Wie sehen Sie die EKD auf dem Weg der Reformationsdekade bis 2017: hoffnungsvoll, skeptisch, enttäuscht, ...?

Ich nehme zu wenig wahr. Die Öffentlichkeitsarbeit lässt m.E. zu wünschen übrig.

29. Welches ist oder war Ihr Hauptanliegen und Ihr vornehmstes Ziel im Pfarrberuf?

Mein Ziel ist, Menschen einen Zugang zu Gott und zum Glauben zu ermöglichen, die Sprachfähigkeit des Glaubens zu fördern.

30. Haben sich Ihr Anliegen und Ihr Ziel im Lauf Ihrer Dienstzeit verändert?
Eigentlich nicht, eher intensiviert.

31. Gibt es etwas, was Sie im Rückblick auf Ihre (bisherige) Dienstzeit als Pfarrerin bedauern oder gern anders gemacht hätten bzw. machen möchten?
Ich hätte gerne noch viel früher, intensiver mit dem Kirchenvorstand gearbeitet (inhaltlich und visionär).

32. Wofür ist nach Ihrer Ansicht theologische Arbeit im Pfarrberuf unabdingbar?
Für den Gottesdienst, aber auch für alle Arbeit im Bereich der Erwachsenenbildung und des Unterrichts.

33. Wenn Sie nach Ihrem Glauben gefragt werden, was antworten Sie?
Ich erfahre Gott als den, der mir zur Seite steht und mich nie allein lässt.

34. Was gehört für Sie persönlich zu einem Leben als Christ oder Christin?
Die Besinnung auf Gott, egal wie sie aussieht; die Aufmerksamkeit für Gottes Handeln in meinem Leben.

14. Ich rede ziemlich offen über meinen Glauben

Eine lettische Pfarrerin in der Großstadt Hamburg

Zanda Ohff, 37 Jahre, Hamburg

1. Wie würden Sie das Verhältnis Ihrer Eltern zur evangelischen Kirche beschreiben?

Beide Eltern waren als Säuglinge vor dem Zweiten Weltkrieg bzw. während des Krieges in der Ev.-Luth. Kirche Lettlands getauft worden. Während des darauffolgenden sowjetischen Regimes in Lettland haben sie keine weitere Bindung zur Kirche gehabt bis Ende der 1980er Jahre. Als dann die antireligiöse Politik im Land nachließ, fand meine Mutter eine Möglichkeit, am Konfirmandenunterricht teilzunehmen und sich konfirmieren zu lassen. Seitdem ist sie ein aktives Mitglied ihrer Ortsgemeinde.

2. Stammen Sie aus einem evangelischen Pfarrhaus?

Nein.

3. Haben Sie Kinder, die Pfarrer werden wollen oder geworden sind?

Nein.

4. Arbeitet oder arbeitete Ihr Ehepartner in einem kirchlichen Dienstverhältnis?

5. Wenn ja, in welchem Beruf?

Nein.

6. Haben Sie während Ihrer Schulzeit etwas gelernt, was nach Ihrer Einschätzung für Ihren zukünftigen Pfarrberuf von besonderem Nutzen war?

Das Grundwissen in der Geschichte, Literatur, Philosophie und Kulturgeschichte, sowie die Fremdsprachen.

7. Was hat Sie dazu veranlasst, sich für den Beruf der Pfarrerin zu entscheiden?

Als Jugendliche war ich eine aktive Kirchgängerin und fühlte mich von den Texten über die Nachfolge persönlich angesprochen. Der Pfarrberuf war für mich damals der konkrete Weg, wie ich in der jetzigen Zeit Jesus nachfolgen und seine Zeugin sein kann.

Nach dem Studium musste ich meine frühere Vorstellung korrigieren und nach anderen Möglichkeiten suchen, weil in Lettland zu diesem Zeitpunkt keine Frauen mehr ordiniert wurden.

Ein Todesfall in der Familie hat mich schließlich zur Beschäftigung mit der Theologie zurückgebracht. Die Auseinandersetzung mit der gegenwärtigen Praxis der ev.-luth. Kirche in Deutschland und Hamburg (meinem damaligen Wohnort) bestärkte meinen Wunsch, meinen Beitrag zu der Gestaltung der Kirche zu leisten.

8. Wann und wo haben Sie Theologie studiert?
1996 bis 2003 an der Theologischen Fakultät der Universität Lettland.

9. Haben Sie weitere Fächer studiert?
Nein.

10. Welche Berufsausbildung haben Sie außerdem?
Keine.

11. Sind Sie vor dem Studium oder während des Studiums einer Erwerbsarbeit nachgegangen?
Ja.

12. Wenn ja, in welchen Bereichen?
Ich arbeitete in der Diakonie, in Einrichtungen für Menschen mit geistiger Behinderung, im Journalismus, im Bereich Bildung (Schulunterricht) und im Verkauf.

13. Welche Hochschullehrer und andere Personen aus Ihrem Umfeld haben Sie während Ihres Studiums besonders beeindruckt und sind Ihnen zu Vorbildern geworden?
Mein Systematikprofessor, Pastor Juris Calitis. Während des Studiums habe ich mich in seine Kirchengemeinde umgemeinden lassen und mehrere Jahre dort ehrenamtlich gewirkt. Des Weiteren auch der Professor der Praktischen Theologie, Pastor Imants Kalnins, und der Gemeindepastor Modris Plate.

[*Frage MH*]: *Ist es an der Theologischen Fakultät in Lettland üblich, dass die Professoren auch zugleich Pastoren sind? Hat das Theologiestudium in Lettland praktische Teile in der Gemeinde oder einer kirchlichen Einrichtung?*

[*Antwort ZO*]: Auch in Lettland sind nur einzelne Professoren zugleich ordinierte Pastoren. Es gibt (und gab auch zu meiner Zeit nicht) keine praktischen Teile des Studiums, die man in der Gemeinde oder in kirchlichen Strukturen absolviert. Es ist ein rein akademisches überkonfessionelles Studium.

14. Was haben Sie diesen Lehrern und anderen Personen zu verdanken?
Juris Calitis und Imants Kalnins waren Exilletten, die Mitte der 1990er Jahre aus den USA und Kanada nach Lettland zurückgekehrt waren, um die Arbeit der Theologischen Fakultät zu unterstützen. Sie hatten an den US-amerikanischen Universitäten studiert und in Boston und Toronto gewirkt, was für mich damals die Welterfahrung bedeutete. Sie brachten eine andere Denkweise mit: eine kritische Einstellung allen Systemen gegenüber, verbunden mit einer reflektierten Suche nach Wahrheit – nicht einer allgemeingültigen Wahrheit, sondern der für die konkrete Person in ihrer Situation. Insbesondere Herr Calitis hatte eine provokative Art zu denken und zu diskutieren, die mich dazu veranlassten, mich mit seinen Ansichten auseinanderzusetzen.

Der Gemeindepastor Modris Plate, selber ein Pastorensohn, hatte sich während des sowjetischen Regimes für das Pfarramt entschieden. Bereits Anfang der 1980er Jahre hatte er die Praktiken seiner Ev.-Luth. Kirche Lettlands kritisch hinterfragt, insbesondere das Abhängigkeitsverhältnis der Kirche von dem atheistischen Staat. Seine Predigten und theologischen Auseinandersetzungen wirkten sehr authentisch und reflektiert, vertraten aber meistens nicht die etablierte Theologie in Lettland. Somit waren sie für mich eine weitere Anregung zum theologischen Nachdenken.

15. In welcher theologischen Disziplin bzw. welchen Disziplinen haben Sie hauptsächlich studiert?
Praktische Theologie und Kirchengeschichte.

16. Was hat Sie daran am meisten interessiert?
Für mich war anregend zu untersuchen, wie verschiedene Menschen in unterschiedlichen Epochen ihren Glauben gelebt und weitervermittelt haben. Aus der Geschichte schöpfte ich für mich Inspiration und Motivation für mein Leben und Wirken als Christin. Die Praktische Theologie lieferte die praktischen Überlegungen, wie mein Wirken in unterschiedlichen Bereichen aussehen sollte.

17. Worin sehen Sie im Rückblick den Ertrag Ihrer Vikarsausbildung (Predigerseminar und Gemeinde)?
Das Wertvollste für mich war die relativ lange Zeit, in der ich die Freiheit hatte, mich auszuprobieren, ohne gleich die Verantwortung für das Ganze übernehmen zu müssen. Sehr hilfreich waren die Zusammenarbeit und die Gespräche mit meiner Anleiterin (Lehrpfarrerin) und der Austausch mit einigen Mitvikarinnen und Mitvikaren. Die positiven Rückmeldungen meiner Ausbildungsgemeinde haben mich für den weiteren Weg bestärkt. Der Input und die Diskussionen im Predigerseminar gewinnen im Pfarralltag immer mehr an Bedeutung.

18. Was kam dabei zu kurz oder worüber hätten Sie gern mehr erfahren?
Einige praktische Fragen wurden zu theoretisch diskutiert (z. B. Zeitmanagement im Pfarrberuf); das Thema Teampfarramt wurde kaum angesprochen, auch das Thema Verwaltung.

19. Wie viele Jahre und an welchen Orten waren bzw. sind Sie im Pfarrdienst?
Ich bin zurzeit Pastorin zur Anstellung in meiner ersten Gemeinde.

20. Welche Aufgaben haben Sie in dieser Zeit wahrgenommen?
Ich bin für die seelsorgerliche Betreuung unseres Altersheims zuständig und teile mit meiner Kollegin die Gemeindearbeit: Gottesdienste, Kasualien und Konfirmandenunterricht.

21. Welche davon haben Ihnen am meisten Freude gemacht?
Gottesdienste und Kasualien.

22. Welche kirchlichen Dienste haben Sie neben dem Gemeindepfarramt übernommen?
Ich bin Mitglied im Missionskonvent und im Europaausschuss der Nordkirche.

23. Was zeichnet für Sie einen guten Pfarrer bzw. eine gute Pfarrerin aus? (Wie sollten sie sein, was sollten sie können?)
Man sollte der Pastorin anmerken können, dass sie selbst daraus lebt, was sie der Gemeinde als Halt und Trost predigt.

24. Was kennzeichnet nach Ihrem Verständnis eine Christengemeinde?
Das ist eine Gemeinschaft, die aus Gottes Kraft lebt und wirkt und sich übt, so zu leben, wie Jesus das gepredigt und vorgelebt hat.

25. In welcher Weise war oder ist Ihr Lebenspartner oder Ihre Familie an Ihrem beruflichen Alltag beteiligt?
Mein Mann liest meine Predigten und Ansprachen durch und macht mich auf die unklaren oder missverständlichen Stellen aufmerksam. Die Diskussionen darüber sind meist sehr anregend. Er besucht meine Gottesdienste und gibt mir Rückmeldung, außerdem hilft er gelegentlich bei Gemeindeveranstaltungen.

26. Wenn Sie die evangelische Kirche beschreiben, was würden Sie allgemein und im Blick auf die EKHN als besondere Merkmale (positiv und negativ) nennen?
Die EKHN kenne ich zu wenig, um sie beschreiben zu können. Die evangelische Kirche allgemein würde ich als eine offene Gemeinschaft beschreiben, die sich bemüht, unserer Gesellschaft in ihrer Vielfalt gerecht zu werden. Sie ist bemüht,

in der Gesellschaft eine bestimmte Rolle zu übernehmen und versucht daher zu allen gesellschaftsrelevanten Fragen eine Antwort zu finden. Dabei hat sie immer wieder Schwierigkeiten, ihre eigene Identität zu finden und die unterschiedlichen Strömungen im Gleichgewicht zu halten.

27. Was ist für Sie das Beste und Schönste der evangelischen Kirche, und worin besteht ihre Schwäche oder Schattenseite?
Das Schönste ist die Freiheit und Eigenverantwortung mit der Schattenseite – Unverbindlichkeit und Beliebigkeit. (Meine Konfirmanden sagten einmal: das Beste am christlichen Glauben ist, dass er so unverbindlich ist.) Ebenso schön ist die Vielfalt, die aber auch in Selbstbezogenheit und Beliebigkeit umschlagen kann.

28. Wie sehen Sie die EKD auf dem Weg der Reformationsdekade bis 2017: hoffnungsvoll, skeptisch, enttäuscht, ...?
Neutral. Die Themen und die Aktionen haben meine Aufmerksamkeit kaum erreicht.

29. Welches ist oder war Ihr Hauptanliegen und Ihr vornehmstes Ziel im Pfarrberuf?
Die Verkündigung des Evangeliums – der Gemeinde und sogar mir selbst.

30. Haben sich Ihr Anliegen und Ihr Ziel im Lauf Ihrer Dienstzeit verändert?
Nein, aber ich habe gelernt, dass man dieses Ziel auf vielfältige Weise verfolgen kann, selbst beim Geburtstagskaffee und bei der Traumtrauung.

31. Gibt es etwas, was Sie im Rückblick auf Ihre (bisherige) Dienstzeit als Pfarrerin bedauern oder gern anders gemacht hätten bzw. machen möchten?
Nein.

32. Wofür ist nach Ihrer Ansicht theologische Arbeit im Pfarrberuf unabdingbar?
Theologische Arbeit ist wichtig, um neue Aspekte des Glaubens zu entdecken, um neue Impulse zu bekommen, sowie um die eigene Position immer wieder mal kritisch zu reflektieren.

33. Wenn Sie nach Ihrem Glauben gefragt werden, was antworten Sie?
Ich rede ziemlich offen über meinen Glauben – je nach Kontext der Frage.

34. Was gehört für Sie persönlich zu einem Leben als Christ oder Christin?
Eine persönliche Beziehung zu Gott. Tradition, Gemeinde, Gottesdienst, Bibellektüre sind unabdingbare Stützen und Korrekturen für diese Beziehung; sowie die Nächstenliebe – ein mehr oder weniger natürliches Ergebnis dieser Beziehung.

15. Ich würde mich gerne noch weiter ausprobieren

Vikar vor dem Abschluss der Ausbildung

Mirko Webler, 37 Jahre, Rüsselsheim

1. Wie würden Sie das Verhältnis Ihrer Eltern zur evangelischen Kirche beschreiben?
Von »gering« bis »nicht vorhanden«.

2. Stammen Sie aus einem evangelischen Pfarrhaus?
Nein!

3. Haben Sie Kinder, die Pfarrer werden wollen oder geworden sind?
Nein!

4. Arbeitet oder arbeitete Ihr Ehepartner in einem kirchlichen Dienstverhältnis?
Ja!

5. Wenn ja, in welchem Beruf?
Meine Frau ist Erzieherin bei der Diakonie in Frankfurt am Main (Krabbelstube).

6. Haben Sie während Ihrer Schulzeit etwas gelernt, was nach Ihrer Einschätzung für Ihren zukünftigen Pfarrberuf von besonderem Nutzen war?
Nützlich trifft es nicht ganz. Prägend war jedoch der Religionsunterricht in der Grundschule.

7. Was hat Sie dazu veranlasst, sich für den Beruf des Pfarrers zu entscheiden?
Ich wollte/möchte meinen Glauben noch stärker für meine Lebensdeutung und meinen Lebensentwurf in Anspruch nehmen und diesen Ertrag an andere weitergeben.

8. Wann und wo haben Sie Theologie studiert?
In Mainz von 2003 bis 2013 (mit einzelnen Unterbrechungen aufgrund meiner parallel ausgeübten Berufstätigkeit).

9. Haben Sie weitere Fächer studiert?
Ja! Ich bin Dipl.-Informatiker (FH).

10. Welche Berufsausbildung haben Sie außerdem?
s. 9.

11. Sind Sie vor dem Studium oder während des Studiums einer Erwerbsarbeit nachgegangen?
Ja!

12. Wenn ja, in welchen Bereichen?
Das Theologiestudium habe ich größtenteils durch eine Halbtagsstelle als Informatiker beim Ev. Regionalverband in Frankfurt am Main finanziert. In den ersten Jahren habe ich parallel in einer Gaststätte gejobbt.

13. Welche Hochschullehrer und andere Personen aus Ihrem Umfeld haben Sie während Ihres Studiums besonders beeindruckt und sind Ihnen zu Vorbildern geworden?
Prof. Dr. Christiane Tietze (Syst. Theol.), Prof. Dr. Ruben Zimmermann (NT)

14. Was haben Sie diesen Lehrern und anderen Personen zu verdanken?
Frau Tietze verdanke ich einen guten Einstieg in die Systematik und Herrn Zimmermann einen guten Überblick über die Themenfelder des NT.

15. In welcher theologischen Disziplin bzw. welchen Disziplinen haben Sie hauptsächlich studiert?
In der Disziplin des Neuen Testaments.

16. Was hat Sie daran am meisten interessiert?
Die Historizität und damit verbunden die »Leben-Jesu-Forschung«.

17. Worin sehen Sie im Rückblick den Ertrag Ihrer Vikarsausbildung (Predigerseminar und Gemeinde)?
Der Rückblick ist als Vikar nur eingeschränkt möglich, da ich noch als Vikar tätig bin.

Am ehesten habe ich mich in der Persönlichkeit entwickelt und noch einmal auf eine andere, sehr elementare Art gelernt, meinen Glauben auszudrücken.

18. Was kam dabei zu kurz oder worüber hätten Sie gern mehr erfahren?
Ich würde mich gerne noch eine Zeit lang weiter ausprobieren – insbesondere im Bereich Seelsorge und Trauerkasualien.

19. Wie viele Jahre und an welchen Orten waren bzw. sind Sie im Pfarrdienst?
(s. 17.)

20. Welche Aufgaben haben Sie in dieser Zeit wahrgenommen?
Diverse Gottesdienste und Kasualien. Ich übernahm Kinder- und Jugendarbeit, (bedingt) Seelsorge.

21. Welche davon haben Ihnen am meisten Freude gemacht?
Gottesdienste und Kasualien.

22. Welche kirchlichen Dienste haben Sie neben dem Gemeindepfarramt übernommen?
Als Informatiker bzw. Student habe ich mich in der Mitarbeitervertretung engagiert und war selbst fünf Jahre im Kirchenvorstand.

23. Was zeichnet für Sie einen guten Pfarrer bzw. eine gute Pfarrerin aus? (Wie sollten sie sein, was sollten sie können?)
Ein guter Pfarrer ist für mich glaubwürdig und authentisch.

24. Was kennzeichnet nach Ihrem Verständnis eine Christengemeinde?
Gemeinschaft und respektvoller Umgang (das muss nicht zwangsläufig harmonisch bedeuten).

25. In welcher Weise war oder ist Ihr Lebenspartner oder Ihre Familie an Ihrem beruflichen Alltag beteiligt?
Regelmäßige Besuche bei Gottesdiensten oder anderen kirchlichen Festen und Feiern.

26. Wenn Sie die evangelische Kirche beschreiben, was würden Sie allgemein und im Blick auf die EKHN als besondere Merkmale (positiv und negativ) nennen?
Positiv: die ev. Kirche ist offen und vielfältig;
Negativ: sie ist autoritär.

[Frage MH]: Was meinen Sie mit »autoritär«?
[*Antwort MW*] *vom 11.11.2015:* Mir ist in der Kirche häufiger begegnet, dass Entscheidungen der Kirchenleitung bzw. einer Dienststellenleitung weit weniger demokratisch zustande gekommen sind, als es die Strukturen vermuten lassen. Insbesondere bei meiner Tätigkeit als Informatiker oder als MAV-Mitglied beim Ev. Regionalverband Frankfurt ist mir aufgefallen, wie häufig hierarchisch delegiert worden ist.

Ich halte beispielsweise den Dritten Weg nicht für exemplarisch, wie eine Dienstgemeinschaft »auf Augenhöhe« funktioniert. Stattdessen sehe ich hier eher die Gefahr, dass die Mitarbeitenden gewisse Rechte schwerer in Anspruch nehmen könnten bzw. mit weit weniger Druckmitteln als in der freien Wirtschaft ausgestattet sind.

Ähnliches gilt für andere Gremien. Meistens haben die Laien nicht die Möglichkeiten, sich in die Materie einzuarbeiten, über die sie Entscheidungsbefugnisse besitzen. Das birgt wiederum die Gefahr, dass sie sich durch einen subjektiven Informationsfluss der Hauptamtlichen in ihrer Meinung beeinflussen lassen.

Natürlich ist der Begriff »autoritär« deutlich zu hoch gegriffen. Dennoch erkenne ich häufig dort Hierarchien, wo auf die demokratischen Strukturen verwiesen wird, die jedoch eher scheinbar als konkret bestehen.

27. Was ist für Sie das Beste und Schönste der evangelischen Kirche, und worin besteht ihre Schwäche oder Schattenseite?

Das Beste ist: ein direkter Gottesbezug wird stark gemacht.

Ihre Schwäche ist Profillosigkeit.

28. Wie sehen Sie die EKD auf dem Weg der Reformationsdekade bis 2017: hoffnungsvoll, skeptisch, enttäuscht, ...?

Hoffnungsvoll und optimistisch.

29. Welches ist oder war Ihr Hauptanliegen und Ihr vornehmstes Ziel im Pfarrberuf?

Ich möchte Gottesliebe authentisch und glaubwürdig weitergeben in Wort und Tat.

30. Haben sich Ihr Anliegen und Ihr Ziel im Lauf Ihrer Dienstzeit verändert?

Ich habe noch wenig Erfahrung als Vikar.

31. Gibt es etwas, was Sie im Rückblick auf Ihre (bisherige) Dienstzeit als Pfarrer bedauern oder gern anders gemacht hätten bzw. machen möchten?

–

32. Wofür ist nach Ihrer Ansicht theologische Arbeit im Pfarrberuf unabdingbar?

Um Gottes Wort (hier steht bewusst nicht die Bibel als das abgeschlossene Wort Gottes und auch nicht Glaubensinhalte als kirchlich geprägte Auslegung) in die Lebenswirklichkeit des 21. Jahrhundert »wahrhaftig und unverfälscht« hineinzurufen und hineinzutragen. Als Pfarrer fühle ich mich mehr mit einem Aufklärungsauftrag versehen als mit einem Missionsauftrag – wobei aus Aufklärung durchaus Mission bzw. Gemeindezuwachs entstehen kann.

33. Wenn Sie nach Ihrem Glauben gefragt werden, was antworten Sie?
Mein Glauben ist auf keinen Fall statisch. Eher dynamisch und veränderbar. Dabei bin ich mir immer bewusst, dass mein Glaube »nur« eine Hoffnung ist und kein Wissen oder eine Überzeugung – maximal noch eine Zuversicht.

34. Was gehört für Sie persönlich zu einem Leben als Christ oder Christin?
Als Christ zu leben heißt für mich, sich mit seinem Glauben immer wieder auseinanderzusetzen, ihn zu reflektieren und ihn schließlich in Wort und Tat zu bezeugen. Das kann wissenschaftlich oder im Diskurs geschehen. Es kann aber genauso gut im Gespräch mit Gott (Gebet) geschehen.

16. Freude am biblischen Text und Liebe zu den Menschen

Wissenschaftlicher Mitarbeiter und Pfarrer im Ehrenamt

Benedikt Hensel, 36 Jahre, Mainz

1. Wie würden Sie das Verhältnis Ihrer Eltern zur evangelischen Kirche beschreiben?
Grundsätzlich aufgeschlossen. Mein Vater ist in volkskirchlichem Milieu aufgewachsen, war aber nur in der Kindheit aktiv. Meine Mutter ist freikirchlich, stand der Landeskirche eher abwehrend gegenüber; sie ist seit Kurzem aber in einer Landeskirche Mitglied.

2. Stammen Sie aus einem evangelischen Pfarrhaus?
Nein.

3. Haben Sie Kinder, die Pfarrer werden wollen oder geworden sind?
Nein (Nachwuchs ist erst sieben Monate alt).

4. Arbeitet oder arbeitete Ihr Ehepartner in einem kirchlichen Dienstverhältnis?
Ja.

5. Wenn ja, in welchem Beruf?
Meine Ehefrau ist Pfarrerin der EKHN.

6. Haben Sie während Ihrer Schulzeit etwas gelernt, was nach Ihrer Einschätzung für Ihren zukünftigen Pfarrberuf von besonderem Nutzen war?
Nein, in Bezug auf den Religionsunterricht. Wenn Sie mit Schulzeit den Lebensabschnitt meinen, dann sehr wohl: Ich habe viel Jugendarbeit selbst begleitet; und im Landesverband Pfälzische Posaunenarbeit eigene Gruppen und Freizeiten geleitet.

7. Was hat Sie dazu veranlasst, sich für den Beruf des Pfarrers zu entscheiden?
Oben genannte Jugendzeiterfahrungen; sodann die Zivildienstzeit, nach der ich mich erst zum Studium entschloss (direkt nach dem Abitur wollte ich Mathematik und Griechisch auf Lehramt studieren). Zivildienst habe ich beim Ar-

beitskreis Humanitäre Hilfe für Asylbewerber und Amnesty International/Neustadt-Weinstraße geleistet.

8. Wann und wo haben Sie Theologie studiert?
Heidelberg 2001–2003 (sechs Semester; Grundstudium bis Zwischenprüfung); 2005–2006 (ebenfalls HD: Examensphase); 2003–2005 (zwei Jahre) Universiteit Utrecht und Vrije Universiteit Amsterdam.

9. Haben Sie weitere Fächer studiert?
Judaistik und Psychologie

10. Welche Berufsausbildung haben Sie außerdem?
Keine.

11. Sind Sie vor dem Studium oder während des Studiums einer Erwerbsarbeit nachgegangen?
Ja, während des Studiums.

12. Wenn ja, in welchen Bereichen?
Während der ersten drei Studienjahre war ich Pfleger in einem Altenheim in Heidelberg-Rohrbach (Wochenenddienste: Fr–So); ab dem 2. Semester hatte ich dann bis Studienende durchgängig Hiwi-Anstellungen in Heidelberg am Lehrstuhl Altes Testament und Kirchengeschichte/Alte Kirche wie als Tutor in der Studienberatung für Theologiestudierende/Heidelberg.

13. Welche Hochschullehrer und andere Personen aus Ihrem Umfeld haben Sie während Ihres Studiums besonders beeindruckt und sind Ihnen zu Vorbildern geworden?
- Ein befreundeter Pfarrer, den ich noch aus der Jugendarbeit kannte.
- Prof. Dr. K.A. Deurloo (Amsterdam, Altes Testament)
- Prof. Dr. Klaus Berger (Heidelberg, Neues Testament)
- Prof. Dr. Bernd J. Diebner (Heidelberg, Altes Testament)

14. Was haben Sie diesen Lehrer und anderen Personen zu verdanken?
Begeisterung für die Sache der Theologie; Begeisterung für die »Schrift« im eigentlichen Sinne, also auch die Liebe dazu, den hebräischen Text, allgemein die Texte in ihren Ursprachen zu ergründen und ihrer Poetik nachzugehen und dann darauf aufbauend Theologie zu bauen.

Kritisches Denken – gerade gegenüber sog. etablierten Forschungsmeinungen.

Den Blick (und die Begeisterung) auf die pfarramtliche Praxis, auf die das Theologiestudium hinführen kann.

15. In welcher theologischen Disziplin bzw. welchen Disziplinen haben Sie hauptsächlich studiert?

Altes Testament und Kirchengeschichte/Alte Kirche.

16. Was hat Sie daran am meisten interessiert?

Zum einen die fernen Kulturen (was das AT betrifft) – der historische und der archäologische Aspekt; sodann übten schriftliche Hinterlassenschaften alter Gruppierungen immer schon eine Faszination auf mich aus: was hat man damals gedacht, gefühlt etc.; auch wenn man natürlich über bestimmte Textgruppen immer nur bedingt auf Alltagsreligion oder Alltägliches der damaligen Menschen schließen kann. Sodann habe ich in Amsterdam die Freude am biblischen Text selbst wieder entdeckt, und für die wunderbare, tragende Poetik darin, die Altes Testament nicht nur historisierend auffasste, sondern gerade den Bezug zum Leben und zur aktuellen Theologie jetzt betonte.

17. Worin sehen Sie im Rückblick den Ertrag Ihrer Vikarsausbildung (Predigerseminar und Gemeinde)?

Das Predigerseminar war für mich weniger bildend als Zeitabsitzen, da stark unterfordernd und wenig zielführende Ausbildung, mit wenig praktischem (Pfarrverwaltung o. Ä.) oder gar pastoralem/geistlichem Tiefgang. Ganz anders der Gemeindeanteil im Vikariat: gelernt zu haben, wie biblische Texte in den unterschiedlichsten Lebenssituationen Fuß fassen können, war für mich der wichtigste Aspekt. Der Lehrpfarrer konnte mir sehr gut vermitteln eine Liebe zu den Menschen und zu den biblischen Texten und wie dies auch in schwierigen Situationen (gerade in der Trauerarbeit) zusammenzubringen ist.

18. Was kam dabei zu kurz oder worüber hätten Sie gern mehr erfahren?

Erst einmal nichts. Durch meine Vikariatsgemeinde, die Marktkirchengemeinde Wiesbaden, hatte ich viele für mich wichtige Arbeitsfelder sehr gut abgedeckt. Das Gemeindevikariat war in diesem Sinne sehr bereichernd und vielfältig. Für mich waren die zweieinhalb Jahre Ausbildung einfach zu lang; nach der Hälfte der Zeit habe ich gemerkt, dass man natürlich noch hier und da was zu lernen hat, dass ich dies aber wenn, in der echten Praxis, eben als Pfarrer erfahren möchte – nicht mehr in der Rolle als Vikar. Aber diese Einschätzung mag auch vor allem daher kommen, da ich erst relativ alt, mit 31 Jahren und nach meiner Promotion und Arbeit an der Univ. Mainz mit dem Vikariat begonnen habe und daher ein gewisses Grundverständnis für professionelles Arbeiten und Beruf mitgebracht habe; während mir das Vikariat, zumindest so mein Eindruck während des Predigerseminars, stark auf Berufsanfänger, als Studierende, die gerade erst ihr Studium beendet haben, ausgerichtet war.

19. Wie viele Jahre und an welchen Orten waren bzw. sind Sie im Pfarrdienst?
Pfarrer im Ehrenamt seit Oktober 2013 an der Marktkirche Wiesbaden.

20. Welche Aufgaben haben Sie in dieser Zeit wahrgenommen?
Im Ehrenamt – neben meiner Anstellung (100 Prozent) an der Universität Mainz, vor allem Gottesdienste, aber gelegentlich auch Kasualien (Beerdigungen und Taufen vor allem), sowie Erwachsenenbildung in Wiesbaden (Bibelarbeiten; Theologische Gespräche etc.).

21. Welche davon haben Ihnen am meisten Freude gemacht?
Der Vorteil der Ehrenamtsarbeit ist, dass ich mir die Aufgaben gut herauspicken darf, insofern: alle, besonders aber Gottesdienstfeier und die Bibelarbeiten.

22. Welche kirchlichen Dienste haben Sie neben dem Gemeindepfarramt übernommen?
Keine

23. Was zeichnet für Sie einen guten Pfarrer bzw. eine gute Pfarrerin aus? (Wie sollten sie sein, was sollten sie können?)
Offenheit und Zeit für den Einzelnen (das geht meiner Wahrnehmung nach häufig unter in der Hektik des Pfarralltags) – Zeit für das Unvorhergesehene – Lust und Freude an der Theologie und ihrer Quelle, der Schrift; Lust auch, diese Freude auf die Gemeinde und Pfarrkollegen überspringen zu lassen – Organisationstalent, mit einem gewissen Augenzwinkern, gemeint ist das in dem Sinne, dass unter der Vielfalt der möglichen pfarramtlichen Verpflichtungen gut nach »sehr wichtig« und »nebensächlich« kategorisiert werden kann (diese innere Agende ist natürlich für jeden anders). In jedem Fall ist mir wichtig, dass man die Dinge nicht aus den Augen verliert, die einem wichtig sind oder während Studium und Vikariat wichtig waren.

24. Was kennzeichnet nach Ihrem Verständnis eine Christengemeinde?
Zusammenhalt untereinander – Bekenntnis zum Christus: nicht nur nach innen, sondern auch eben nach außen, was sich zum Beispiel oder auch darin äußern kann, dass sie einladend und empfangend für Andere/Fremde sich gibt. Das kann schon im sonntäglichen Gottesdienst beginnen, in dem neue Gemeindemitglieder oder allgemein »neue Gesichter« vom Einzelnen (nicht vom abgestellten Gemeindevertreter) herzlich begrüßt werden (ohne aufdringlich zu sein, das ist dann wieder die Herausforderung).

25. In welcher Weise war oder ist Ihr Lebenspartner oder Ihre Familie an Ihrem beruflichen Alltag beteiligt?

Meine Frau ist Pfarrerin, da lassen sich bestimmte Synergien erzeugen; und manchmal ist man auch ganz froh, wenn es nicht über Theologie, Gemeinde oder Kirche geht im alltäglichen Miteinander.

26. Wenn Sie die evangelische Kirche beschreiben, was würden Sie allgemein und im Blick auf die EKHN als besondere Merkmale (positiv und negativ) nennen?

Vielfältigkeit – positiv in dem Sinne, dass es für alle möglichen geistlichen Bedürfnisse eine Nische gibt.

Vielfältigkeit – negativ, da vieles, was offiziell präsentiert wird, gerade deshalb auch theologisch sehr verwässert ist. Auf ihre gemeindebasalen Strukturen (oder Wurzeln) scheint die EKHN ja sehr stolz zu sein (ich selbst komme aus der Pfälzer Landeskirche, bin erst zum Vikariat in die EKHN gewechselt; habe daher nur ein beschränktes Bild), diese werden aber einerseits durch die Geldmittel bzw. Geldströme und Geldzuweisungen der Kirchenverwaltung konterkariert (Stichwort Pfarrstellenbemessung; sie bricht bestimmten Gemeinden das Genick bei Herabsetzung der Gemeindepfarrstelle) und kaschiert ja nur bischöfliche Strukturen. Auf der anderen Seite erlebe ich die EKHN auch sehr als lahme Ente, was Entscheidungen etc. betrifft, gerade weil zu viele Menschen an Entscheidungsprozessen beteiligt sind. Das theologische »Fachpersonal«, wenn man das so nennen darf, scheint mir zu wenig Durchsetzungskraft zu haben. Das also, ja, sehe ich negativ, vor allem, wenn es um Fragen von immens pastoraler Tragweite geht.

27. Was ist für Sie das Beste und Schönste der evangelischen Kirche, und worin besteht ihre Schwäche oder Schattenseite?

Das Schöne ist sicherlich, dass man über das Parochiesystem eine breite Masse an Menschen noch erreicht (ich kenne das Extrembeispiel in den Niederlanden, wo Gottesdienstgemeinde und getaufte Gemeinde – überspitzt formuliert – nahezu identisch sind). Daraus entsteht für mich auch zugleich ein Gefühl der Unzufriedenheit, da Kirche irgendwie immer da zu sein scheint – das persönliche Engagement des einzelnen Gemeindemitglieds, des einzelnen Getauften fällt doch sehr unterschiedlich aus (auch hier dient für mich innerlich die Situation in den Niederlanden als Folie – hier ist das Engagement, sobald man der Kirche beigetreten ist, in der Gemeinde sehr hoch). Lebendige Gemeinde ist für mich ein Marker an einer gelingenden Christusgemeinde.

28. Wie sehen Sie die EKD auf dem Weg der Reformationsdekade bis 2017: hoffnungsvoll, skeptisch, enttäuscht, ...?

Keine Ahnung, ich bin nicht damit beschäftigt.

29. Welches ist oder war Ihr Hauptanliegen und Ihr vornehmstes Ziel im Pfarrberuf?
Mit den Menschen auf der Suche nach Gott zu sein, sie darin anzuleiten und zu begleiten; und sich selbst auch natürlich mitnehmen zu lassen.

30. Haben sich Ihr Anliegen und Ihr Ziel im Lauf Ihrer Dienstzeit verändert?
Dafür ist meine Dienstzeit zu kurz; tatsächlich hat sich daran noch wenig geändert für mich.

31. Gibt es etwas, was Sie im Rückblick auf Ihre (bisherige) Dienstzeit als Pfarrer bedauern oder gern anders gemacht hätten bzw. machen möchten?
Nein.

32. Wofür ist nach Ihrer Ansicht theologische Arbeit im Pfarrberuf unabdingbar?
Eigentlich alle Bereiche (außer der von mir sehr ungeliebten Verwaltung), vor allem aber für den Gottesdienst; sodann für Gemeindeabende jeglicher Couleur; und – das ist mir sehr wichtig – in der Trauerbegleitung und Arbeit mit älteren Menschen.

33. Wenn Sie nach Ihrem Glauben gefragt werden, was antworten Sie?
Ich bin Christ (nicht etwa: ich bin Mitglied der EKHN, dafür bin ich zu freikirchlich aufgewachsen; die Vielfalt des Christentums ist und war mir immer wichtig).

34. Was gehört für Sie persönlich zu einem Leben als Christ oder Christin?
Auch mal Farbe zu bekennen; Christsein ist nicht nur eine persönliche Angelegenheit oder etwas ausschließlich für gemeindeinterne Zirkel. Das Handeln als Christ ist mir ebenfalls wichtig.

17. Das Evangelium mit dem Leben der Menschen verbinden

Eine Pfarrvikarin

Anonym, 30 Jahre

1. *Wie würden Sie das Verhältnis Ihrer Eltern zur evangelischen Kirche beschreiben?*

Meine Eltern sind beide in protestantischen Pfarrhäusern aufgewachsen, was sie auf je unterschiedliche Weise geprägt hat. Die Geschicke der EKHN liegen ihnen am Herzen, wenngleich sie sich zu Entwicklungen der Kirche auch kritisch verhalten, sie hinterfragen.

Evangelisch zu sein und den Glauben in Kirchengemeinden der EKHN zu leben, ist für beide fundamental wichtig.

2. *Stammen Sie aus einem evangelischen Pfarrhaus?*

Meine Eltern sind beide Pfarrer der EKHN. Bis zu meinem 16. Lebensjahr bin ich in einem Pfarrhaus aufgewachsen. Meine Mutter ergriff eine übergemeindliche Tätigkeit, dies veränderte folglich unsere Wohnsituation. Mein Vater ist inzwischen Pfarrer in Ruhe.

3. *Haben Sie Kinder, die Pfarrer oder Pfarrerin werden wollen oder geworden sind?*

Nein. Meine Tochter ist erst ein Jahr alt. Zu einem Theologiestudium werde ich sie sicherlich nicht aktiv ermuntern. Wenngleich ich hoffe, dass sie einen Sinn für theologische Fragen und Fragen des Glaubens entwickelt.

4. *Arbeitet oder arbeitete Ihr Ehepartner in einem kirchlichen Dienstverhältnis?*

Nein. Mein Mann ist Volkswirt und für eine große deutsche Bank tätig.

5. *Wenn ja, in welchem Beruf?*

–

6. Haben Sie während Ihrer Schulzeit etwas gelernt, was nach Ihrer Einschätzung für Ihren zukünftigen Pfarrberuf von besonderem Nutzen war?

Ja. In vielerlei Hinsicht. Ich habe Latein und Griechisch in der Schule bereits gelernt, was mir im Theologiestudium eine große Hilfe war. Der Zugang zur Exegese fiel mir dadurch leichter. In der Oberstufe nahm ich an einem »Debating Club« teil, worin wir uns mit aktuellen gesellschaftlichen und politischen Fragestellungen auseinandersetzten. Hier ging es um lebendiges Auseinandersetzen, um Diskussionsfreude, was ich auch für meinen Beruf als essentiell wichtig halte.

In der Oberstufe besuchte ich für drei Monate eine Schule in England bei London. Auch diese Erfahrung half mir, meine Wahrnehmung für Menschen, unterschiedliche Lebenssituationen und Weltsichten zu öffnen.

Außerdem halte ich die Grundbildung, die ich im Geschichts-, Deutsch- und Sachkundeunterricht erhalten habe, für sehr wichtig und hilfreich im Umgang mit Menschen und der Auseinandersetzung mit unterschiedlichen Themen und Fragen, die der Gemeindealltag von mir fordert.

7. Was hat Sie dazu veranlasst, sich für den Beruf der Pfarrerin zu entscheiden?

Zunächst interessierte mich das Theologiestudium mehr als der Pfarrberuf selbst. In den ersten Semestern kam das Berufsbild »Pfarrerin« für mich überhaupt nicht in Frage.

Dies änderte sich zum Ende des Studiums, als es besonders in der Homiletik darum ging, theologische Reflexion mit konkreter Lebenswelt und Lebensgeschichte zu verbinden. Dies empfand ich als eine große Herausforderung, die mich reizte.

Mein Interesse wuchs zunehmend für die Fragen der Praktischen Theologie.

Ich entschied mich für das Vikariat als eine Art »Probezeit«. Ich wollte prüfen, ob mir der Pfarrberuf Freude machte.

Gerade weil meine Eltern beide Pfarrer sind, hat es mich wenig gereizt, in ihre Fußstapfen zu treten. Der Pfarrberuf war für mich nicht familienbedingt attraktiv. Vielmehr war er »trotzdem« attraktiv.

Das Vikariat bereitete mir zu meiner Überraschung vom ersten bis zum letzten Tag große Freude. Als Pfarrerin habe ich großen Gestaltungsraum, arbeite selbstständig, kann eigene Akzente setzen. Ich erlebe es als großen Reichtum, dass ich mit Menschen aller Altersstufen – vom Kindergarten bis ins hohe Alter – arbeiten darf.

Meine Arbeit lebt aus der ständigen theologischen Reflexion, die ich auf meine Aufgaben in der Gemeinde beziehe. Dies macht große Freude und bleibt stete Aufgabe und Herausforderung.

8. Wann und wo haben Sie Theologie studiert?

Ich habe an folgenden Orten studiert:

- Ende 2005–2008 an der Georg-August-Universität in Göttingen;

- 2008–2009 an der Vrijen Universiteit Amsterdam;
- 2009–2012 an der Humboldt Universität zu Berlin.

9. Haben Sie weitere Fächer studiert?

In meinem ersten Semester habe ich parallel Kunstgeschichte und Germanistik studiert. Dies gab ich zugunsten des Theologiestudiums auf.

In meinem Studienjahr in Amsterdam belegte ich zu einem großen Teil Kurse aus der Psychologie und Philosophie.

10. Welche Berufsausbildung haben Sie außerdem?

–

11. Sind Sie vor dem Studium oder während des Studiums einer Erwerbsarbeit nachgegangen?

Ja, nahezu durchgängig.

12. Wenn ja, in welchen Bereichen?

Vor meinem Studium habe ich ein sechsmonatiges Pflegepraktikum im Krankenhaus absolviert. Im Anschluss daran arbeitete und lebte ich elf Monate mit geistig und körperlich schwerbehinderten Menschen in einer Lebensgemeinschaft.

Während meines Studiums habe ich ein Jahr in einem Altenheim gepflegt, war wissenschaftliche Hilfe am Lehrstuhl für Ökumenische Theologie, später wissenschaftliche Hilfe an der philosophischen Fakultät in Amsterdam.

In meinen Berliner Studienjahren arbeitete ich für einen Veranstaltungsservice in der Berliner Philharmonie und war in der Künstlerbetreuung tätig.

13. Welche Hochschullehrer und andere Personen aus Ihrem Umfeld haben Sie während Ihres Studiums besonders beeindruckt und sind Ihnen zu Vorbildern geworden?

Vorbilder als solche habe ich keine an der Hochschule gefunden. Wohl aber Männer und Frauen, die mich sehr beeindruckten und zur theologischen Auseinandersetzung motivierten.

Als besonders eindrucksvoll erinnere ich Wilhelm Gräb, Praktischer Theologe aus Berlin. Viele seiner Einsichten empfand ich als hochinteressant und inspirierend. In vielerlei Hinsicht nahm ich ihn allerdings auch als kritisch war, was mich zur Diskussion und Auseinandersetzung motivierte. Fachlich begleiten mich seine Bücher bis heute.

Als hochspannenden und wunderbaren Lehrer erinnere ich auch Notger Slenczka, Systematischer Theologe aus Berlin. Besonders seine Fähigkeit, Komplexes in einfache Worte zu fassen, ohne es dabei plump zu vereinfachen, bleibt mir bis heute im Gedächtnis. Bei ihm habe ich viel über die Theologie Luthers und über Schleiermacher gelernt.

14. Was haben Sie diesen Lehrern und anderen Personen zu verdanken?
Siehe Ausführungen zu 13.

15. In welcher theologischen Disziplin bzw. welchen Disziplinen haben Sie hauptsächlich studiert?
Mein Schwerpunkt im Grundstudium lag eindeutig in der Systematischen Theologie und Ethik. Die exegetischen Fächer bereiteten mir durchaus Freude, doch empfand ich die Systematik als viel spannender und wichtiger für mein theologisches Denken. Die Praktische Theologie war mir in den ersten Semestern fern und interessierte mich weniger. Später im Hauptstudium verlagerte sich dieses Gewicht eindeutig auf die Praktische Theologie in die Bereiche Homiletik und Seelsorge. Es galt für mich, konkrete Konsequenzen aus aller theologischen Reflexion zu ziehen: Warum sind Theologie und Glaube noch heute für uns wichtig?

16. Was hat Sie daran am meisten interessiert?
Mein Hauptanliegen und meine Freude war immer die theologische Reflexion. Dies konnte ich in der Systematischen Theologie erlernen. Mit zunehmender Semesterzahl stellte sich mir die Frage nach dem Bezug zu unserer Lebenswelt. Was hat die Reflexion des Glaubens mit heutigem gelebtem Glauben zu tun? Und was bedeutet das für den Pfarrberuf und die Aufgaben unserer Kirche? Welche Relevanz hat der Glaube, das Evangelium von Jesus Christus, für uns heute? Diese Aufgabe stellt sich für mich ganz klar in der Praktischen Theologie und vor dieser Aufgabe stehe ich heute im Pfarrberuf. Ich stehe in der Spannung zwischen Verkündigung und Lebenswelt, die mich immer wieder zu neuen Deutungsprozessen herausfordert.

17. Worin sehen Sie im Rückblick den Ertrag Ihrer Vikarsausbildung (Predigerseminar und Gemeinde)?
Ganz wesentlich war es, einen Praxisbezug herzustellen. Nicht bloß auf der Reflexionsebene zu verbleiben, sondern in das Leben der Menschen zu sprechen und vom Leben der Menschen zu sprechen. Diesen Lernschritt hatte ich sowohl im Schulunterricht, als auch im Konfirmandenunterricht, im Seniorenkreis oder in der Homiletik zu vollziehen. Wieder und wieder ging und geht es um die Frage: »Was hat das Evangelium mir heute zu sagen? Was hat das mit mir zu tun?«

Außerdem setzte ich mich im Vikariat vertieft mit der Pfarrrolle auseinander und eignete mir Rollenfestigkeit an.

Im Predigerseminar konnte ich den Raum zur Reflexion und Auseinandersetzung nutzen. An meinen anderen Kolleginnen und Kollegen konnte ich wahrnehmen und lernen, welch unterschiedliche Pfarrpersönlichkeiten es gibt, wie verschieden unsere Gemeinden sind und wie divers Frömmigkeit gelebt werden kann.

18. Was kam dabei zu kurz oder worüber hätten Sie gern mehr erfahren?
Der Bereich Gemeindeverwaltung wurde kaum bzw. überhaupt nicht berücksichtigt. Da das Vikariat zeitlich sehr kompakt konzipiert ist, war dafür kaum Zeit. Die Gemeindearbeit besteht aber doch in großen Teilen aus verwalterischen Tätigkeiten.

19. Wie viele Jahre und an welchen Orten waren bzw. sind Sie im Pfarrdienst?
Zurzeit bin ich im ersten Jahr meiner ersten Stelle im Hochtaunuskreis.

20. Welche Aufgaben haben Sie in dieser Zeit wahrgenommen?
Da die Gemeinde nur eine Pfarrstelle hat, nehme ich alle pfarramtlichen Aufgaben wahr. Das reicht vom pastoralen Bereich Verkündigung, Seelsorge und Bildung bis hin zu Verwaltungsaufgaben. Außerdem vertrete ich die Gemeinde als Trägerin einer Kindertagesstätte sowie nach außen in der Öffentlichkeit.

Diese Aufgaben empfinde ich als sehr vielgestaltig und abwechslungsreich. Ich bin in vielerlei Hinsicht gefordert, was ein großes Maß an Selbstorganisation verlangt.

21. Welche davon haben Ihnen am meisten Freude gemacht?
Besonders am Herzen liegen mir die Bereiche Verkündigung und Seelsorge, die ich auf ganz unterschiedliche Weise ausgestalten kann. Für mich sind dies Kernbereiche meiner Arbeit, die weit ausstrahlen können und mit denen ich Menschen in aller Vielfalt begleiten kann.

Außerdem bereitet mir der Bereich Kindertagesstätte große Freude. Sowohl die Religionspädagogik als auch die Trägervertretung gegenüber den Mitarbeiterinnen und Mitarbeitern der Einrichtung sowie gegenüber der Stadt sind für mich Aufgaben, in denen ich auf vielfache Weise Menschen begegne, mit ihnen in Kontakt komme, mit ihnen zusammenarbeite.

22. Welche kirchlichen Dienste haben Sie neben dem Gemeindepfarramt übernommen?
Da ich in meinem ersten Amtsjahr bin, bin ich mit meiner Tätigkeit in der Gemeinde voll ausgelastet. Ich übernehme zurzeit keine weiteren Dienste.

23. Was zeichnet für Sie einen guten Pfarrer bzw. eine gute Pfarrerin aus? (Wie sollten sie sein, was sollten sie können?)
Die Kernkompetenz als Pfarrerin ist für mich theologische Sprachfähigkeit. Meine Aufgabe ist es, das Evangelium mit der Lebenswirklichkeit der Menschen vor Ort ins Gespräch zu bringen. Ich möchte Menschen in ihrem Glauben stärken und sie ermuntern, diesen zu leben.

Seelsorgerliche Kompetenzen sind daher unabdingbar. Sowie die Freude daran, Menschen auf ihren Lebenswegen zu stärken und zu begleiten, in Zeiten der Freude und Zeiten der Trauer.

Ich halte es für wichtig, dass Menschen an ihrer Pfarrerin die Integrität von Wort und Tat wahrnehmen können. Damit meine ich nicht, dass die Pfarrerin die »Vorzeigechristin« der Gemeinde sein soll. Vielmehr sollte sie – erkennbar für andere Menschen – authentisch ihr Christsein leben, so vielfältig dies auch sein kann.

24. Was kennzeichnet nach Ihrem Verständnis eine Christengemeinde?

Eine Christengemeinde sind Menschen, die sich dem Evangelium von Jesus Christus verpflichtet wissen. Die Christengemeinde lebt aus der Verkündigung des Wortes Gottes, hört es immer wieder neu und richtet sich danach aus. Eine Christengemeinde sollte tolerant und offen sein, kein in sich abgeschlossener Verein.

25. In welcher Weise war oder ist Ihr Lebenspartner oder Ihre Familie an Ihrem beruflichen Alltag beteiligt?

Mein Partner ist selbst berufstätig und daher nur indirekt an meinem beruflichen Alltag beteiligt. Er besucht regelmäßig meine Gottesdienste und unterstützt mich in der Wahrnehmung meines Dienstauftrags.

26. Wenn Sie die evangelische Kirche beschreiben, was würden Sie allgemein und im Blick auf Ihre Landeskirche als besondere Merkmale (positiv und negativ) nennen?

Die EKHN ist eine Kirche, die sich positiv durch ihre Diversität und Diskussionsfreude auszeichnet. Sie ist innovativ und offen für die sich verändernde Lebenswelt von Menschen – somit also nicht lebensfern. Für mich drückt sich das beispielsweise sehr deutlich in der Lebensordnung aus. Hier werden Lebenswelt und Theologie ins Gespräch gebracht und somit lebensnahe Orientierungen für das kirchliche Leben gegeben (z. B. Abschnitt zur Segnung gleichgeschlechtlicher Paare).

Als negativ erfahre ich manches Mal, dass sie in ihrer Verteilung der Zuständigkeiten unübersichtlich ist. Ich habe seit meinem Dienstantritt bereits mehrfach lange herumtelefonieren müssen, bis ich die zuständige Person ausfindig machen konnte. Da wirkt die EKHN unkoordiniert und unprofessionell.

27. Was ist für Sie das Beste und Schönste der evangelischen Kirche, und worin besteht ihre Schwäche oder Schattenseite?

Das Beste und Schönste der evangelischen Kirche ist überall da, wo sie Gottes Wort in unserer Welt laut werden lässt und die Botschaft von der Liebe Gottes in unserer Welt verkündigt. Die Kirche verdankt sich dem Wort Gottes. Wo sie sein Wort in unserer Welt lauter verkündigt, entspricht sie am klarsten ihrer Bestimmung.

Ihre Schattenseiten hat unsere Kirche überall dort, wo Menschen für sich bleiben wollen und kirchliches Leben wie Vereinsleben gestalten. Denn dann bleiben Menschen unter sich und sind sich selbst genug.

28. Wie sehen Sie die EKD auf dem Weg der Reformationsdekade bis 2017: hoffnungsvoll, skeptisch, enttäuscht, …?

Die Rolle der EKD ist für mich persönlich eher zurückgenommen, da sie als Dachverband agiert. Was auf EKD-Ebene passiert, scheint für mich wenig Verbindung mit dem Leben unserer EKHN-Gemeinden zu haben.

29. Welches ist oder war Ihr Hauptanliegen und Ihr vornehmstes Ziel im Pfarrberuf?

Mein zentrales Anliegen ist es, das Evangelium als deutende Kraft mit dem Leben der Menschen in Verbindung zu bringen. Wo Menschen aus dem Wort Gottes Kraft schöpfen, ihr Leben in neuem Licht sehen oder sich auch an Gottes Wort reiben und hadern, da hat das Evangelium Relevanz und wird für uns heute wichtig. Da wird Gottes Wort unter uns lebendig, seine Heilsbotschaft.

In unseren Gemeinden und unseren Kirchen lassen wir das Wort Gottes in der Welt laut werden und damit halten wir es in der Welt. Denn wenn wir die frohe Botschaft nicht untereinander leben, sie einander verkündigen und miteinander teilen, dann verstummt sie in dieser Welt und geht verloren.

30. Haben sich Ihr Anliegen und Ihr Ziel im Lauf Ihrer Dienstzeit verändert?

Nein, in meiner bisher noch kurzen Dienstzeit intensiviert sich mein Anliegen eher.

31. Gibt es etwas, was Sie im Rückblick auf Ihre (bisherige) Dienstzeit als Pfarrer bedauern oder gern anders gemacht hätten bzw. machen möchten?

Ich erfahre tagtäglich, wie Menschen sich auf mich beziehen, Forderungen und Ansprüche stellen. Oft – in den meisten Fällen – meinen sie nicht mich persönlich, sondern beziehen sich auf mich als Amtsperson und Vertreterin der Kirche. Ich wünsche mir sehr, ich könnte mehr inneren Abstand zu ihren Wünschen, Forderungen oder auch Nörgeleien halten. Ich tendiere dazu, schnell zu reagieren. Manchmal würde es gewiss helfen, einfach die Dinge mehr auf sich zukommen zu lassen und nicht persönlich zu nehmen.

Als Pfarrerin bin ich eine öffentliche Person. An mir stellvertretend reiben sich manche Menschen, die der Kirche bzw. Entscheidungen des Kirchenvorstands kritisch gegenüberstehen. Das muss man lernen, nicht persönlich zu nehmen.

32. Wofür ist nach Ihrer Ansicht theologische Arbeit im Pfarrberuf unabdingbar?

Als Theologin ist es meine Aufgabe, unsere Lebenswelt und die sich stellenden Herausforderungen immer wieder neu theologisch zu reflektieren. Das ist ein Prozess und keine einmalige Leistung, die mit Abschluss der Ausbildung beendet ist.

Die Wahrheit des Evangeliums muss immer wieder neu durchdrungen werden, damit sie uns lebendige Kraft bleiben kann.

33. Wenn Sie nach Ihrem Glauben gefragt werden, was antworten Sie?
Ich antworte, dass ich tiefüberzeugte Christin bin. Aus meinem Glauben schöpfe ich die Kraft, die mich durch mein Leben trägt. Mein Glaube ist mir Fundament und Halt: »Ich freue mich und bin fröhlich; du stellst meine Füße auf weiten Raum« (Ps 31).

34. Was gehört für Sie persönlich zu einem Leben als Christ oder Christin?
Christliches Leben ist vielfältig und bunt. Das ist manchmal schwer auszuhalten, im Großen und Ganzen aber doch ein großer Schatz! Richtschnur und Orientierung sollte uns allen das Evangelium sein, der eine Geist aus dem wir leben und in dem wir miteinander im Glauben verbunden sind.

Für mich persönlich gehört ganz entscheidend das Gebet dazu. Das innere Gespräch mit Gott. Es ist wie ein Gespräch mit einem inneren »Du«, einem Gegenüber. Darin spüre ich Gottesnähe und ich erfahre, in ihm gehalten zu sein.

18. Jesus von der jüdischen Wurzel her sehen

Emeritierter Pfarrer

Joachim Schwarzbeck, 68 Jahre, Bad Wünnenberg-Haaren

1. Wie würden Sie das Verhältnis Ihrer Eltern zur evangelischen Kirche beschreiben?

Typisch volkskirchlich-distanziert: Sie gingen selten zur Kirche, wollten aber meine Konfirmation u. a. Mein Vater hatte in seiner Druckerei viele Jahre den Gemeindebrief gedruckt, legte auch sonst Wert auf Beziehungen zu kirchlichen Amtsträgern.

2. Stammen Sie aus einem evangelischen Pfarrhaus?

Nein. Auch in der ferneren Verwandtschaft gab es keine Pfarrperson.

3. Haben Sie Kinder, die Pfarrer werden wollen oder geworden sind?

Nein. Ich habe nur vier angeheiratete Kinder (samt Familie, sieben Enkelkinder); alle haben wenig bzw. überhaupt keinen Bezug zur Kirche (meine zweite Ehefrau – wir haben 2007 geheiratet – stammt aus Sachsen-Anhalt).

4. Arbeitet oder arbeitete Ihr Ehepartner in einem kirchlichen Dienstverhältnis?

Vor meinem Ruhestand (2013) arbeitete meine Frau im Ludwig-Eibach-Haus, das zu EVIM in Wiesbaden gehört, d. h. im weiteren Sinne im kirchlichen Dienstverhältnis.

5. Wenn ja, in welchem Beruf?

Altenpflegerin

6. Haben Sie während Ihrer Schulzeit etwas gelernt, was nach Ihrer Einschätzung für Ihren zukünftigen Pfarrberuf von besonderem Nutzen war?

Zeitweise erhielt ich guten Religionsunterricht. In der Oberstufe hatte ich Vorliebe für alte Sprachen – und leicht im Hinterkopf den Berufswunsch »Altphilologe« – und mit wenigen interessierten Mitschülern eine Griechisch-AG initiiert. Wesentlich geprägt hat mich die Heliand-Pfadfinderschaft (Teil des »Ev. Jungen- und Jungmännerwerks Ffm.«), die großes verbindliches Engagement forderte (sie wurde fast wie ein Orden geführt) und sich dezidiert christlich verstand (damals mit Hang zum Pietismus). Übrigens haben viele, die ich heute wiedersehe, einen sehr ähnlichen Wandlungsprozess (»68«) durchgemacht wie ich.

7. Was hat Sie dazu veranlasst, sich für den Beruf des Pfarrers zu entscheiden?
Die Entscheidung zum Theologiestudium (ob auf den Pfarrberuf hin, war noch nicht 100 Prozent sicher) fiel erst kurz vor dem Abitur. Es ging hauptsächlich um die Suche nach einer ganzheitlichen Welterklärung, Sinn und Zusammenhang von allem und damit um die Frage nach Weg und Ziel des einzelnen Lebens und der gesamten Weltentwicklung, wobei mir später erst bewusst wurde, dass es vielfach auch die Suche nach mir selbst war.

8. Wann und wo haben Sie Theologie studiert?
WS 1966/67 in Frankfurt am Main (»Schmalspur«-Studium), hauptsächlich aber Hebräischkurs im Sprachenkonvikt der reform. Gemeinde in Frankfurt am Main; drei Semester (1968–1969) in Mainz; drei Semester (1968/69–1969/70) in Münster (darunter eines mit wenig Studium und viel Zeitaufwand in der ev. Fachschaft Theologie); fünf Semester (1970–1972) in Heidelberg.

9. Haben Sie weitere Fächer studiert?
Nein. Aber ich habe einzelne Vorlesungen aus dem Bereich Pädagogik/Psychologie besucht.

10. Welche Berufsausbildung haben Sie außerdem?
Keine.

11. Sind Sie vor dem Studium oder während des Studiums einer Erwerbsarbeit nachgegangen?
Nein. Ich habe nur außer dem obligatorischen Industriepraktikum aus Eigeninitiative ein Gemeindepraktikum absolviert.

12. Wenn ja, in welchen Bereichen?
(s.o.)

13. Welche Hochschullehrer und andere Personen aus Ihrem Umfeld haben Sie während Ihres Studiums besonders beeindruckt und sind Ihnen zu Vorbildern geworden?
Aufgesucht hatte ich Vorlesungen und Seminare der Professoren Braun, Metzger, Marxsen, H.W. Wolff, Westermann; kritisch sah ich Marxsen aufgrund seines Verhaltens bei den Studentenunruhen; gewinnbringend hatte ich auch Lehrveranstaltungen bei den beiden Schottroffs [= Luise und Willy Schottroff, MH], Tödt und Hungar besucht. In Münster hatte ich auch eine Vorlesung von Karl Rahner besucht.

14. Was haben Sie diesen Lehrern und anderen Personen zu verdanken?
Gute exegetische und dogmatische Zugewinne, vor allem die Frage nach dem historischen Jesus betreffend.

15. In welcher theologischen Disziplin bzw. welchen Disziplinen haben Sie hauptsächlich studiert?
Vorwiegend NT, stärker auch Dogmatik/Ethik und Praktische Theologie, weniger AT und am wenigsten Kirchengeschichte.

16. Was hat Sie daran am meisten interessiert?
Die Suche nach der »eigentlichen« Wahrheit hinter den biblischen Zeugnissen und dogmatischen Aussagen im Verlauf der Kirchengeschichte, im Kern die Frage nach dem historischen Jesus und der sich daraus evtl. ergebenden Neuausrichtung von Theologie und Glaube.

17. Worin sehen Sie im Rückblick den Ertrag Ihrer Vikarsausbildung (Predigerseminar und Gemeinde)?
Im weitgehenden Gelingen des mühsamen und umfangreichen Prozesses, das Studiumswissen auf die praktische Gemeindepfarrerarbeit herunterzubrechen. Die Ausbildung forderte die eigene Persönlichkeit heraus, bewirkte Selbsterfahrung und Rollenfindung. Bewusst wurde mir die Spannung zwischen priesterlichem und prophetischem Amt, zwischen Seelsorge und »revolutionärer« Theologie/Ethik. Ich kam hinein in einen nie endenden Prozess, die Rolle der Kirche in der zu verändernden Welt zu finden.

18. Was kam dabei zu kurz oder worüber hätten Sie gern mehr erfahren?
Es fehlte fast völlig der Bezug zur jüdischen Wurzel. Das wurde mir aber erst später bewusst. Die Suche nach dem historischen Jesus wurde sehr bereichert durch den christlich-jüdischen Dialog.

19. Wie viele Jahre und an welchen Orten waren bzw. sind Sie im Pfarrdienst?
- 12 Jahre in Essershausen, Dekanat Weilburg (zwei Gemeinden mit vier Dörfern: Essershausen-Bermbach und Edelsberg-Laimbach) – hier solo;
- 14 Jahre in Eschborn, Dekanat Kronberg – hier kooperativ mit Kollege Helge Richter;
- 11 Jahre im Dekanat Wiesbaden als »Springer« (Vertretungsdienste im Dekanat, »dem Dekan beigegeben«, später hieß das amtlich: »dem Propst beigegeben«).

20. Welche Aufgaben haben Sie in dieser Zeit wahrgenommen?
Gemeindepfarrdienst. In den Taunusgemeinden war das ein völliger Neuaufbau von Kindergottesdienst, etwas Jugendarbeit, Konfirmandenunterricht mit vielen

Freizeiten (viele ehemalige Konfirmanden als Teamer), zuletzt auch Liturgiereform, Einführung von Osternacht u. a.; in Eschborn Eintauchen in vieles Bestehende, Intensivierung von Ökumene und Besuchsdienst, kritische Kooperation mit dem CVJM. Ein besonderes Projekt war die Aufführung des vom jüdischen Autor Josef Bor verfassten »Passionsspiels« »Der Dritte« (gemeinsam mit der jüdischen Schriftstellerin und Schauspielerin Petra Kunik). In Wiesbaden konnte ich in vielen Gemeinden meine Lieblingsprojekte – Gründonnerstag-GD mit Elementen des Pessachmahles, Osternacht – verwirklichen. An allen drei Orten meines Pfarrerdaseins hatte ich mich mehr oder weniger intensiv um die Fahrten des jeweiligen Dekanats zum Kirchentag gekümmert (in Weilburg war ich auch Dekanatsbeauftragter).

21. Welche davon haben Ihnen am meisten Freude gemacht?
Christl.-jüdischer Dialog samt »Passionsspiel« des jüdischen Autors; Kirchentag; Konfirmandenfreizeiten; Gründonnerstag-GD im Pessachstil, Osternacht.

22. Welche kirchlichen Dienste haben Sie neben dem Gemeindepfarramt übernommen?
Kirchentagsfahrten, Passionsspielaufführungen (auch in Wiesbaden und 2001 beim Frankfurter Kirchentag).

23. Was zeichnet für Sie einen guten Pfarrer bzw. eine gute Pfarrerin aus? (Wie sollten sie sein, was sollten sie können?)
Ein Pfarrer sollte eine gefestigte Persönlichkeit sein (worin ich für mich manche Defizite empfand), etwas Identifizierungsangebot für andere – mit Offenheit für Schwächen (eigene und die anderer). Er besitzt Kreativität (vor allem im Feiern und Predigen), Authentizität, Einfühlungsvermögen, Managementfähigkeiten, Sprachfähigkeit für Glauben und Zweifel.

24. Was kennzeichnet nach Ihrem Verständnis eine Christengemeinde?
Verbundenheitsgefühl von vielen Gruppen und Einzelnen, die sich dann auch insgesamt als Gemeinschaft verstehen mit der biblischen Botschaft im Mittelpunkt und als dem tragenden und zu feiernden Grund, von dem Handeln zum Menschlicherwerden (Frieden, Gerechtigkeit, Bewahrung der Schöpfung) der nahen Umgebung und der ganzen Welt ausgeht.

25. In welcher Weise war oder ist Ihr Lebenspartner oder Ihre Familie an Ihrem beruflichen Alltag beteiligt?
Wenig. Meine Frau stammt aus der ehemaligen DDR; unser Zusammenwachsen begann zur Zeit meines Wechsels von Eschborn nach Wiesbaden, und dort bewohnten wir ja kein Pfarrhaus, d. h. sie war wenig als »Pfarrfrau« gefragt und ging ihrem Beruf nach. Wir sind immer wieder gern gemeinsam auf Kirchentagen.

26. Wenn Sie die evangelische Kirche beschreiben, was würden Sie allgemein und im Blick auf die EKHN als besondere Merkmale (positiv und negativ) nennen?

Der Wandel von der irgendwie noch obrigkeitsverbundenen Kirche zu einer immer stärker basisorientierten Kirche mit kritischer Distanz zum Staat und auch zur herrschenden Meinung, das habe ich positiv erlebt; auch den gewissen Wandel von der Komm- zur Gehstruktur. Speziell heute freue ich mich über die Grundhaltung der ev. Kirche zur Flüchtlingsfrage. – Den Umgang mit der wohl unabwendbar enger werdenden Finanzsituation erlebe ich eher positiv. Wo Gemeindefusionen o. ä. Gemeindeverbünde angestrebt werden mussten und müssen, ist das weitgehend vorsichtig geschehen. Die Kirche wird akzeptieren und damit leben müssen, dass sie trotz zunehmender Anerkennung und Wertschätzung in der Öffentlichkeit schrumpft: »Kirche für andere«-Sein erntet relativ wenig Dank in Form von Unterstützung und Mitgliederzuwachs. Das Kirchensteuersystem finde ich trotz vieler nachvollziehbarer Kritik immer noch die bestmögliche Art von Ressourcensicherung und gerechter Lastenteilung.

27. Was ist für Sie das Beste und Schönste der evangelischen Kirche, und worin besteht ihre Schwäche oder Schattenseite?

Ihre Stellungnahmen zur Flüchtlingsfrage – und auch viele Stellungnahmen zum Antisemitismus Martin Luthers; hoffentlich sorgen die Synoden u. a. dafür, dass dieser Aspekt bei den Reformationsjubiläumsfeiern 2017 nicht zu kurz kommt. Gut und wichtig erlebe ich auch, dass nach Katastrophen die Kirche, die einzelne Gemeinde oft gefragt ist fürs Gedenken und Aufarbeiten. – Konkret in meiner neuen Gemeinde Büren-Fürstenberg in der Westfälischen Kirche (wo wir nach meinem Ruhestand hingezogen sind) erlebe ich die Beteiligung von allen Interessierten an einem Projektkreis »Zukunft der Gemeinde – Gemeinde der Zukunft«. Meiner Vermutung nach gibt es Ähnliches auch in anderen Gemeinden und Landeskirchen.

Als Schwachpunkt sehe ich die zuvor schon beschriebene Finanzsituation, die zu Fusionen, Personalabbau u. a. führt.

28. Wie sehen Sie die EKD auf dem Weg der Reformationsdekade bis 2017: hoffnungsvoll, skeptisch, enttäuscht, ...?

Der bisherige Weg stimmt mich im Großen und Ganzen positiv, aber mein Hauptaugenmerk gilt der weiteren Entwicklung: Wird es eine reine Jubelfeier (was mich sehr stören würde) oder wird es ein sachlich-kritisches Gedenken, das vor allem den Antisemitismus Luthers zur Sprache bringt?

29. Welches ist oder war Ihr Hauptanliegen und Ihr vornehmstes Ziel im Pfarrberuf?

Menschen inner- und außerhalb der Gemeinden fähig zu machen, ihren Glauben in ihren realen Alltag (und den der Welt) hineinzubuchstabieren, sich mit den neueren Forschungsergebnissen auseinanderzusetzen, vor allem mit dem christlich-jüdischen Dialog.

30. Haben sich Ihr Anliegen und Ihr Ziel im Lauf Ihrer Dienstzeit verändert?

Ja. Ungefähr in der ersten Hälfte meines Berufsweges wollte ich Menschen mitnehmen auf dem Weg, sich mit den Forschungsergebnissen seit Bultmann auseinanderzusetzen und damit Stärkung des eigenen Glaubens zu erleben. Ungefähr und allmählich in der zweiten Hälfte, als mir dämmerte, dass der entscheidende Schritt heute die Verwurzelung im Glauben Israels ist und die entsprechende Sicht auf Jesus, den Messias für die Völker (er ist das Fenster, durch das die Nichtjuden den Gott Israels sehen können), wollte ich die Menschen dorthin mitnehmen. Ich hoffe, es ist ein wenig davon gelungen. – Kontinuierlich war und ist hingegen das Ziel, die Menschen zur ganzheitlichen Sicht der Welt – und von sich darin – zu bewegen, und das sich daraus ergebende mitmenschliche, empathische Verhalten.

31. Gibt es etwas, was Sie im Rückblick auf Ihre (bisherige) Dienstzeit als Pfarrer bedauern oder gern anders gemacht hätten bzw. machen möchten?

Das ist schwer zu sagen. Allgemein hätte ich es begrüßt, wenn meine eigene Persönlichkeitsreifung schon früher so weit gewesen wäre, wie ich es an mir in den letzten 20–30 Jahren wahrgenommen habe. In den Anfangsjahren hatte ich mich manchmal zu sehr auf ein bestimmtes Ziel (Unterziel) versteift, ich konnte schlechter als später Wesentliches von weniger Wesentlichem unterscheiden. – Dass ich immer wieder auch »68er Themen« eingebracht habe, finde ich auch heute noch richtig, ich hätte mir aber mehr Geschick in der Vermittlung gewünscht.

32. Wofür ist nach Ihrer Ansicht theologische Arbeit im Pfarrberuf unabdingbar?

Sie ist nötig, um nicht in den Erwartungen an die Pfarrperson aufzugehen, so nachvollziehbar diese auch sind; um Distanz zur Pfarralltagsmühle zu gewinnen; um fürs Bedenken der künftigen Wege von Kirche und Gemeinde eine bessere Basis zu haben.

33. Wenn Sie nach Ihrem Glauben gefragt werden, was antworten Sie?

Ich glaube an Gott, der sich zuerst Israel geoffenbart hat und durch das Jesusgeschehen den anderen Völkern; den befreienden Gott, der stets die Partei der Schwachen, Unterlegenen, Leidenden ergreift, der bedingungslos liebt, weshalb ich auch nach dem größten Versagen mein Leben nicht für sinnlos halten muss, sondern immer wieder neu anfangen kann, was mich dazu bringt, auch anderen Menschen mit dieser Weite in Liebe zu begegnen und an einer besseren Welt mitzuwirken.

34. Was gehört für Sie persönlich zu einem Leben als Christ oder Christin?
Mich für alles zu interessieren, aber Wichtiges vom Unwichtigen zu unterscheiden, meine begrenzten Begabungen dort einzusetzen, wo es am nötigsten ist, aber auch zu mir passt; die Liebe Gottes zu feiern (mit allem Spaß, der dazu gehört) und gemeinsam mit anderen an einer gerechteren, friedvolleren Welt zu arbeiten, sie als Schöpfung Gottes zu bewahren.

19. Christen sind trotz allem fröhliche Menschen

Emeritus in Ostdeutschland

Frank Georg Philipps, 71 Jahre, Sitzenroda

1. Wie würden Sie das Verhältnis Ihrer Eltern zur evangelischen Kirche beschreiben?

Meine Eltern sind evangelisch. Meine Mutter, die aus Lodz stammt und ihre Heimat verlassen musste, war sehr christlich. Sie sind oft in die Kirche gegangen, Vaterunser und Credo waren schon wichtig, also Elementares wurde vermittelt. Ich bin in den Kindergottesdienst geschickt worden. Mein Vater starb, da war ich erst fünf Jahre. Ich kann mich kaum entsinnen und zu dem Punkt gar nichts sagen.

2. Stammen Sie aus einem evangelischen Pfarrhaus?

Ich stamme nicht aus einem evangelischen Pfarrhaus. Meine Mutter hat in der Fabrik gearbeitet und mein Vater im Bäckerladen seines Vaters als Bäcker.

3. Haben Sie Kinder, die Pfarrer oder Pfarrerin werden wollen oder geworden sind?

Von den drei der insgesamt fünf Kinder, die es hätten werden können, hat es einer mal in Erwägung gezogen. Es ist keiner den Fußstapfen seines Vaters gefolgt.

4. Arbeitet oder arbeitete Ihr Ehepartner in einem kirchlichen Dienstverhältnis?

Meine Frau, die aufgrund unserer fünf Kinder (erster Sohn zu 100 Prozent behindert, 31 Jahre, zweiter Sohn zu 70 Prozent [behindert], 30 Jahre) von Anfang an keine Arbeit aufgenommen hat, stand in keinem kirchlichen Dienstverhältnis, hat mich aber sehr unterstützt in vielfältiger Weise. Sie hat Telefonate entgegengenommen, Termine vereinbart, Krankenhausbesuche und zum Teil auch die meiner Amtskollegen gemacht, mit Kindern viele Projekte gestaltet, hat ihre Lizenz erneuert, mit Kindern Sport getrieben, getöpfert, gefilzt, war viel kreativ beschäftigt.

5. Wenn ja, in welchem Beruf?

Siehe unter 4.

6. Haben Sie während Ihrer Schulzeit etwas gelernt, was nach Ihrer Einschätzung für Ihren zukünftigen Pfarrberuf von besonderem Nutzen war?
Ich kann zunächst nur für die Grundschulzeit sprechen. Und da könnte ich nichts benennen, nur außerschulisch. Ich habe Mathematik, eines meiner Lieblingsfächer, einem Mitschüler vermittelt und an der Vermittlung Gefallen gefunden und mich gefreut, wenn er es kapiert hat. Das waren meine ersten pädagogischen Anfänge. Ich entsinne mich: Außerdem habe ich später in der Berufsschule, zur Zeit meiner Ausbildung als Koch, Ernährungslehre den anderen Berufsschülern anderer Fächer versucht zu vermitteln.

7. Was hat Sie dazu veranlasst, sich für den Beruf des Pfarrers oder der Pfarrerin zu entscheiden?
Der sehr frühe Tod meines Vaters war sehr entscheidend für den Verlauf meines weiteren Lebens; das hat mich sehr geprägt, zunächst weniger, als ich dachte.

Ich war krank und blieb zuhause, während meine Schwester, zwei Jahre älter als ich, im Kindergarten war. Mein Vater hat sich von mir verabschiedet, dann ging er von der Welt. Das war alles sehr tragisch. Ich habe mich später damit getröstet, wenngleich ich auch keinen irdischen Vater mehr habe, so doch einen im Himmel.

Die Frage nach dem Sinn des Lebens hat mich seitdem nicht mehr losgelassen. Die tolle Jungschararbeit, dann die Junge Gemeinde in Babelsberg waren immer sehr schön gewesen und für mich auch sehr prägend. Der Jugendwart Erich Pfuhl hat sicherlich wesentlich dazu beigetragen, dass schließlich in mir der Wunsch reifte, Theologie zu studieren.

8. Wann und wo haben Sie Theologie studiert?
Ich habe an der Humboldt-Universität zu Berlin, da war ich 25, von 1969–1974 studiert.

9. Haben Sie weitere Fächer studiert?
–

10. Welche Berufsausbildung haben Sie außerdem?
Nach der Grundschulzeit habe ich drei Jahre Koch gelernt in Potsdam. Dann habe ich die Fachschulreife, kurze Zeit nach dem Facharbeiterabschluss, versucht zu erwerben, d.h. leider kam im Mai der Einberufungsbefehl von der NVA (Nationale Volksarmee), sodass es mir auch nicht gestattet wurde, diesen Kurs zu Ende zu bringen.

Ich wollte ja Lehrausbilder werden. Im Rückblick war es gut, dass sich dieser Traum nicht erfüllt hat, denn ob ich dann später noch die »Kurve« gekriegt hätte, Theologie zu studieren, ist sehr fraglich. Ich habe, man glaubt es kaum, mich für drei Jahre verpflichtet, denn man sagte mir, dass sie Köche suchen, und außerdem könnte ich nach der Grundausbildung ja Außenschläfer sein, sodass ich dann immer nach Hause fahren könne.

Der Ort bei Potsdam war ja nicht weit von unserm Zuhause entfernt und mit dem Bus und der Straßenbahn gut zu erreichen, zumal ja meine Mutter alleinstehend und invalidisiert war, sodass ich sie dann immer unterstützen konnte. Es wohnte ja auch keiner mehr zu Hause. Obwohl man mich weiter verpflichten wollte, und dies immer wieder erneut, habe ich abgelehnt und irgendwie gesagt, dass die mich draußen auch brauchen.

Dann habe ich neben dem Schichtdienst im Haus des Handwerks als Jungkoch weitergearbeitet und die Hochschulreife, Abitur, in zwei Jahren nachgeholt: Einmal tagsüber, es gab ja schon den freien Samstag, den ich dafür verwandt habe, und dann an einem anderen Tag nach der Frühschicht bis zum Abend. Mein Chef war da kulant, sonst wäre es nicht gegangen.

Ich habe anfangs gesagt, als es um das Studienfach ging: Ökonomie, erst später habe ich als zukünftiges Studienfach Theologie genannt. Ich denke, die drei Jahre haben es mir ermöglicht, den Freiraum dafür geschaffen zu haben, sodass ich mein Fach benennen konnte. Eine Mathelehrerin an der Abendoberschule hat mir angeboten, mich in Latein zu unterrichten, was ich dankend angenommen habe. Griechisch konnte sie auch, aber sie hat sich nicht mehr zugetraut, es mir zu vermitteln. All dies hat dazu geführt, sich so wunderbar gefügt, dass ich meinen Traum, Theologie zu studieren, erfüllt habe.

11. Sind Sie vor dem Studium oder während des Studiums einer Erwerbsarbeit nachgegangen?

Ja, wie schon erwähnt, vor dem Studium zehn Jahre, zuerst als Jungkoch und dann in Vertretung als Abteilungskoch.

12. Wenn ja, in welchen Bereichen?

Immer in der Gastronomie.

13. Welche Hochschullehrer und andere Personen aus Ihrem Umfeld haben Sie während Ihres Studiums besonders beeindruckt und sind Ihnen zu Vorbildern geworden?

14. Was haben Sie diesen Lehrern und anderen Personen zu verdanken?

Das ist für mich nicht so trennbar. Prof. Dr. Dr. Georg Fritzsche, Systematischer Theologe, war auch Philosoph; er verknüpfte beide Disziplinen auf dem Hintergrund der jeweils anderen, das war sehr interessant und lehrreich.

Beeinflusst und beeindruckt hat mich mein Konfirmator sowie mein Heimatpfarrer, der uns getraut hat in der Kirche, wo ich zunächst Vikar und später einige Zeit Pfarrer war, besonders aber auch Dr. Günther Baumbach als Neutestamentler, der von Hause Pfarrer war und Gottesdienst – auch als Hochschullehrer – gehalten hat, also Theologie nicht nur als Wissenschaft betrieb, wie manch anderer ohne Bezug zum Glauben, wie ich es erlebt habe. Bei ihm habe ich eine Seminararbeit und meine Diplomarbeit geschrieben.

Eben: Er war ein Theologe aus der Praxis für die Praxis, der für das Fach brannte und andere dafür begeistern konnte. Dieser Funke sprang nicht nur auf mich über. Von ihm konnte man lernen, wozu das alles gut ist, das Wissen, was man sich angeeignet hat. Ihm verdanke ich am meisten. So ist er mir zum Vorbild geworden im umfassenden Sinn.

15. In welcher theologischen Disziplin bzw. welchen Disziplinen haben Sie hauptsächlich studiert?

16. Was hat Sie daran am meisten interessiert?

Es gab bei uns etwas, was man heute so Regelstudienzeit nennt, aber kaum Freiräume, wo wir uns hätten viel aussuchen oder entscheiden können. Die einzelnen fünf klassischen Fächer waren gleich schwer gewichtet, insofern kann ich auch nicht mehr nach 40 Jahren den Schwerpunkt benennen, höchstens, was mich am meisten interessierte, nämlich die Systematische und die Praktische Theologie. Die Frage kam später in der Reflexion auf, wie relevant war das Gelehrte für die Praxis eigentlich.

17. Worin sehen Sie im Rückblick den Ertrag Ihrer Vikarsausbildung (Predigerseminar und Gemeinde)?

Die Vikarsausbildung – endlich war ich in der Praxis, in der Kirchengemeinde angekommen – hat mir gefallen. Sie war vielfältig, intensiv, praktisch, ich konnte relativ eigenständig sein, weil mein Vikarsvater Dr. Turre, später Prof., im kirchlichen Fernunterricht und im Predigerseminar Lutherstadt Wittenberg tätig war.

So wurde ich relativ selbständig, was auch gut war. Auch die Predigerseminarsausbildung in Gnadau, inmitten der Herrnhuter Brüdergemeine, war für mich gut gelungen, mit den anderen gemeinsam auf dem Weg zu sein, auf dem wir gestärkt nach der Ordination unseren Dienst in den Gemeinden versehen werden, eben gerüstet, wie bei einer Rüste in der Jugendzeit.

18. Was kam dabei zu kurz oder worüber hätten Sie gern mehr erfahren?

Zu kurz kam ohne Frage die Liturgie und deren Umsetzung bei den einzelnen Kasualien, Gottesdiensten etc. Ich habe mir später das Buch mit der DVD (*Thomas Kabel, Übungsbuch Liturgische Präsenz, Gütersloh 2011, MH*) besorgt und manches noch hinzugelernt.

Das gab es zu unserer Zeit leider nicht. Beneidenswert für die, die den kasualen Vollzug üben und darüber auch reflektieren. Wir haben zwar im Predigerseminar unsere Predigten »zerpflückt«, sodass davon nicht mehr viel Gutes übrigblieb, und ein Feedback bekommen, was uns manchmal am Boden zerstört hat.

Heute gibt es ganz andere Möglichkeiten: Gottesdienst, Taufe, Konfirmation, Trauung, Beerdigung werden aufgezeichnet und dann wird Inhalt, Ausführung, Gestik etc. analysiert und hinterfragt, was ich sehr gut finde, um evtl. Fehler zu korrigieren. Das verhilft zu einem sicheren Auftreten, gerade heute in unserer medialen und digitalen Welt, die vernetzt ist.

19. Wie viele Jahre und an welchen Orten waren bzw. sind Sie im Pfarrdienst?
Als Vikar und dann als Pfarrer in Roitzsch/Bitterfeld von 1974 bis Herbst 1983, zehn Jahre, danach in Sitzenroda/Schildau bis Oktober 2009, dann drei Monate vollen Dienst versehen bis zur Fertigstellung des Gemeindezentrums in Schildau. Erst waren es drei, dann fünf, zum Schluss acht Gemeinden.

20. Welche Aufgaben haben Sie in dieser Zeit wahrgenommen?
Alle im Pfarramt anfallenden Dienste: Gottesdienste, Kasualien, Christenlehre, Konfirmandenunterricht, Erwachsenenunterricht, alle Pfarramtsgeschäfte, GKR-Sitzungen, Organisierung und Begleitung von Bauarbeiten,

Nach der Wende, was hinzugekommen ist: Organisieren von größeren Bauprojekten, vorrangig Turmsanierungen und deren finanzielle Absicherungen, Antragstellung von Beschaffungsmaßnahmen (ABM), später Ein-Euro-Jobbern und Begleitung der Personen. Ich habe das alles voll ausgeschöpft und viel ermöglicht. Sicherung der Finanzierung und der Restaurierung der historischen Vogler-Orgel in Schildau mit Hilfe der Denkmalpflege und des Kulturraumes Leipziger Raum, Religionsunterricht in der Schule, Andachten im Pflegeheim etc.

21. Welche davon haben Ihnen am meisten Freude gemacht?
Am meisten hat mir der Unterricht Freude bereitet, Wissen zu vermitteln, in Glauben einzuüben, die Konfirmandenvorstellungen waren für mich zunächst einmal der krönende Abschluss.

Gottesdienste habe ich sehr gerne gehalten, gepredigt habe ich zu gerne. Die sieben Turmbekrönungen (vier in meiner Amtszeit und drei in der meiner Nachfolger) waren für mich was ganz Besonderes, auch die Konfirmanden- und Hochzeitsjubiläen habe ich sehr gerne in Erinnerung.

22. Welche kirchlichen Dienste haben Sie neben dem Gemeindepfarramt übernommen?
[keine Antwort]

23. Was zeichnet für Sie einen guten Pfarrer bzw. eine gute Pfarrerin aus? (Wie sollten sie sein, was sollten sie können?)
Ein Pfarrer sollte sehr gut zuhören können. Wichtig ist das Aushalten der Situation; er sollte nicht sofort raten, wenn überhaupt, einen gemeinsam gangbaren Weg finden, trösten, aber nicht billig, und ermutigen, weiter Kontakt halten,

besuchen, ermutigende Gottesdienste mit anderen feiern, Gaben und Fähigkeiten von Mitarbeitern und Gemeindegliedern entdecken und fördern. Nichts muss perfekt sein. Er muss organisieren, begeistern können, besonders auch für Gott und Jesus, und dies in einer neuen verständlichen Sprache, weniger verkopft, aber mehr mit Herz.

24. Was kennzeichnet nach Ihrem Verständnis eine Christengemeinde?
Eine Christengemeinde besteht aus Christen, die sich begegnen – »Leben ist Begegnung« (Martin Buber) –, was für mich erst in jüngster Zeit bedeutsam wurde, gemeinsam was unternehmen und auch feiern zu gegebener Zeit und andere Leute von der Sache Jesu begeistern können.

25. In welcher Weise war oder ist Ihr Lebenspartner oder Ihre Familie an Ihrem beruflichen Alltag beteiligt?
Siehe 4. Meine zwei Söhne haben mich geläutert. Meine Frau hat mich sehr unterstützt und unterstützt mich auch jetzt weiterhin in meinen Vertretungsdiensten als Ruheständler.

26. Wenn Sie die evangelische Kirche beschreiben, was würden Sie allgemein und im Blick auf Ihre Landeskirche als besondere Merkmale (positiv und negativ) nennen?
[keine Antwort]

27. Was ist für Sie das Beste und Schönste der evangelischen Kirche, und worin besteht ihre Schwäche oder Schattenseite?
Das Beste und Schönste der evangelischen Kirche ist die Freiheit des Denkens und die Eigenverantwortung, die Vielfältigkeit und nicht die Uniformität. Es wird nicht vorgegeben, was zu glauben ist, und es wird nicht reglementiert. Es gibt zwar Vorbilder im Glauben für uns, aber keine Vordenker in der Weise, dass man auch so zu denken und zu glauben hat.

Der protestantische Glaube ist kein vorgegebener Glaube, sondern ein persönlicher, der eigene Erfahrungen macht, ein Glaube, der seine Stärke hat, eben nicht in vorgegebenen Bahnen zu denken und zu glauben, sondern sich auf die Suche macht, neu zu erkennen und neu zu glauben, der nicht am Ende steht, sondern eigentlich am Anfang – vergleichbar mit dem Satz: wirklicher Fortschritt besteht nicht im Fortgeschrittensein, sondern im Fortschreiten als einem Prozess, der nie abgeschlossen ist. Denn die Kirche ist immer eine zu reformierende. *Ecclesia semper reformanda.*

Kirche ist immer auf dem Weg, auch in der Weise und insofern, als dass Menschen sich begegnen und wir Gott und Jesus Christus im Leben und im Sterben und schließlich in der zukünftigen Welt begegnen. Wir gehen zu denen, die wir liebten und warten auf die, die wir lieben, wo Jesus uns an die Hand nimmt und uns zu seinem Vater führt, der unser aller Vater ist. »Unser Herz ist unruhig, bis es Ruhe findet in Gott.« Wir gehen dorthin, wo wir herkamen.

Wir sind Kirche, und sie ist so gut, wie wir gut sind, aber sie ist es weit mehr, als wir es sind. Denn wenn der Herr nicht das Haus baut, arbeiten die umsonst, die daran bauen.

Eine Schwäche, sagen wir mal ein Nachteil ist, dass, wenn alles gleich gültig ist, dies zur Gleichgültigkeit führt und man beim anderen kein Profil mehr erkennt. Die Gefahr ist, dass man von überall sich etwas hernimmt, von dem man meint, dass dies der Heilsweg ist, also synkretistisch verfährt.

28. Wie sehen Sie die EKD auf dem Weg der Reformationsdekade bis 2017: hoffnungsvoll, skeptisch, enttäuscht, ...?

Ich sehe der Reformationsdekade bis 2017 hoffnungs- und erwartungsvoll entgegen, zumal ich nicht weit von Torgau wohne, ein reformationsgeschichtlich bedeutsamer Ort, wo in der ersten Suptur [= Kirchenbezirk] die Torgauer Artikel verfasst worden sind, der erste evangelische Kirchenbau im Schloss Hartenfels gebaut und von Martin Luther am 5.10.1544 eingeweiht wurde etc., wo 2015 eine bedeutsame Ausstellung: »Luther und die Fürsten« stattfand – weitere sind in Vorbereitung – und im Schloss Tagungen und Vorbereitungen getroffen werden für das Refomationsjubiläum 2017, sagen wir mal Gedenken, denn zum Jubilieren gibt es keinen Grund.

29. Welches ist oder war Ihr Hauptanliegen und Ihr vornehmstes Ziel im Pfarrberuf?

Das Wort Gottes in Freude mit Begeisterung weitergegeben zu haben. Mein Lieblingsvers ist: »Das ist meine Freude, dass ich mich zu Gott halte und meine Zuversicht setze auf Gott den Herrn, dass ich verkündige all dein Tun« (Ps 73,28).

30. Haben sich Ihr Anliegen und Ihr Ziel im Lauf Ihrer Dienstzeit verändert?

Eigentlich nicht wesentlich. Ich habe meine Erfahrungen – Lebens- und Diensterfahrungen – zunehmend, zusehends und zuhörends – eingebracht.

31. Gibt es etwas, was Sie im Rückblick auf Ihre (bisherige) Dienstzeit als Pfarrer bedauern oder gern anders gemacht hätten bzw. machen möchten?

Naja, zu bedauern ist schon, dass die Verwaltung des Pfarramtes auf Kosten der Seelsorge und der eigenen Weiterbildung geht und mit Zunahme der Gemeinden (acht) mit ihren Kirchen noch mehr, was ja nicht mir allein so ergangen ist, was für mich natürlich kein Trost ist. Insofern, wenn man etwas anders seinen Pfarrdienst hätte gestalten wollen, gab es kaum Spiel- bzw. Freiraum, wie man es hätte besser lösen können aufgrund der Sachzwänge.

32. Wofür ist nach Ihrer Ansicht theologische Arbeit im Pfarrberuf unabdingbar?
Theologische Arbeit ist vergleichsweise und insofern mit der Bibelarbeit unabdingbar, weil sie fundamental und existenziell ist. Die theologische Arbeit ist für den Pfarrberuf eminent wichtig, um in diesem Beruf nicht nur bestehen zu können, sondern auch wegweisend zu wirken, die Erfahrungen der Menschen der Bibel von damals in den Erfahrungsbereich heutiger Menschen zu transportieren, für sie erlebbar, erfahrbar und fruchtbar zu machen für ihr Leben als Christ, der nie fertig ist, sondern immer auf dem Weg sich befindet, auch immer wieder ein Suchender und Fragender und Zweifelnder ist angesichts dessen, was wir heute erleben und erleben müssen.

Sie auf dem Weg des Glaubens zu begleiten, das ist unsere vornehmste Aufgabe und mit ihnen gemeinsam Antworten für uns heute zu finden, ohne dem Trend von Modeerscheinungen zu unterliegen.

33. Wenn Sie nach Ihrem Glauben gefragt werden, was antworten Sie?
Mein Glaube wird erst verständlich im Horizont meiner Biographie. In meinem Glauben hat die Sinnfindung, Sinndeutung, eine Erklärung meines Seins und meines Soseins gefunden. Der Glaube an Gott, Grund alles Seins, Werdens, Vergehens und neuen Seins bei ihm trägt mich, weil er mich trägt in Jesus Christus, lässt mich bodenständig bleiben und nicht abgehoben, sondern verwurzelt in ihm, der neues Leben schenkt schon hier auf Erden und dann in der Verwandlung bei ihm, sodass nichts vergeblich war: kein Tun, keine Worte, selbst die gute Absicht nicht.

34. Was gehört für Sie persönlich zu einem Leben als Christ oder Christin?
Authentisch zu sein ist ganz wichtig, auch Ausstrahlung, sodass andere vom Glauben angesteckt werden, vielleicht sogar mal Feuer und Flamme für die Sache Jesu sind. Denn sie braucht Begeisterte, um andere zu begeistern. Christen sind trotz allem, was immer sie auch erleben, fröhliche Menschen, die letztlich alles aus Gottes Hand nehmen, was auch immer kommen mag, »denn Gott ist mit uns am Abend und am Morgen und ganz gewiss an jedem neuen Tag«. Mit Blick auf Jesu Kreuz können wir Schweres in unserem Leben besser tragen und ertragen.

20. »Ich wünschte, alle könnten so gut erzählen wie die Inge!«

Emeritierte Pfarrerin im Schuldienst

Inge Volp, 91 Jahre, Lindenfels/Odenwald

1. Wie würden Sie das Verhältnis Ihrer Eltern zur evangelischen Kirche beschreiben?

Meine Mutter gehörte zu den Nachfahren der um ihres evangelischen Glaubens willen vertriebenen Salzburger. Mein Vater gehörte der reformierten Konfession an, man sagte, weil er Nachkomme reformierter Schweizer war, die ebenfalls im 18. Jahrhundert in Ostpreußen eingewandert waren.

Meine Heimat war das Gut Alt-Grünwalde im Kreis Gumbinnen in Ostpreußen, mein Vater war Gutsbesitzer. Unser Gut gehörte damals zum sogenannten »Kirchspiel« Szirgupönen (ab 1938: Amtshagen). Szirgupönen mit dem für uns zuständigen Kirchengebäude lag mindestens acht km von uns entfernt. Wir besuchten den Gottesdienst sonntags fast nie, die Wege waren sehr schlecht, mit dem Auto konnten wir nicht fahren. Für Wagen mit Pferden war unser Kutscher zuständig. Ihm wollten meine Eltern das jeden Sonntag nicht zumuten. Nur manchmal im Jahr, zum Erntedankfest Ende Oktober, fuhr meine Mutter zum Gottesdienst. Als ich etwa acht bis zehn Jahre alt war, begleitete ich sie, war aber jedesmal enttäuscht, weil ich die Predigt nicht verstanden hatte. Mit dem Pfarrerehepaar Hesselbarth hatten wir in anderer Weise Kontakt. Meine Eltern »verkehrten« mit ihnen. So nannte man das damals. Wir luden sie zu einer »Gesellschaft« ein, die mit einem großen Abendessen so gegen 18.30 Uhr oder 19.00 Uhr begann und ziemlich spät in der Nacht mit Unterhaltung und Tanz endete. Ich selbst wurde als kleines Mädchen zum Geburtstag der ältesten Tochter Annelotte eingeladen und sie zu dem meinigen.

Die kirchlichen Amtshandlungen – Taufen, Hochzeit und Beerdigung – spielten eine große Rolle. Am wichtigsten waren die sogenannten Beerdigungen (Bestattungen sagte man damals nicht). Wenn jemand von unseren Leuten (wir bezeichneten unsere Arbeiter nur als Leute) starb, ließ mein Vater den Herrn Pfarrer mit Pferd und Wagen aus Szirgupönen abholen.

Ich selber hörte schon als kleines Kind etwas von Gott durch meine Mutter, vor allem aus folgendem Anlass: Ich litt als kleines Kind oft unter schrecklichen Angstgefühlen, vor allem abends im Bett bei Dunkelheit, immer allein, ohne Geschwister. Wenn das Gefühl überhandnahm, begann ich furchtbar zu schreien, bis meine Mutter – endlich – kam. Regelmäßig beruhigte sie mich mit einem Gebet: »Falte deine Hände! Wir wollen beten! Der liebe Gott hört das!« Sie sprach das Vaterunser und sagte dann: »Du kannst dich auf Gott verlassen und brauchst keine Angst mehr zu haben, er beschützt dich!« Diesen Glauben lernte ich, wie gesagt, schon als kleines Kind. Abend- und Morgengebete wurden zu einer steten Gewohnheit.

2. Stammen Sie aus einem evangelischen Pfarrhaus?
Nein.

3. Haben Sie Kinder, die Pfarrer werden wollen oder geworden sind?
Ich habe zwei Töchter, keine ist Pfarrerin geworden.

4. Arbeitet oder arbeitete Ihr Ehepartner in einem kirchlichen Dienstverhältnis?
Ja.

5. Wenn ja, in welchem Beruf?
Zuerst kurz im Pfarrdienst in zwei Gemeinden, dann zehn Jahre als Religionslehrer, danach als religionspädagogischer Studienleiter.

6. Haben Sie während Ihrer Schulzeit etwas gelernt, was nach Ihrer Einschätzung für Ihren zukünftigen Pfarrberuf von besonderem Nutzen war?
In der Grundschule und in den ersten vier Jahren in der Oberschule in Gumbinnen hatte ich ganz regelmäßig und viel Religionsunterricht, der mich sehr interessierte. Ich hatte in Religion immer eine Eins (sehr gut) in meinen Zeugnissen. Ich erinnere mich, dass es die Menschen waren, die über ihren Glauben Aussagen machten, die mich so sehr interessierten.

In der einklassigen Dorfschule in Klein Baitschen begann unser Lehrer Adolf Weitkunat jeden Morgen mit einem Gebet. In der ersten Stunde hatten wir täglich »Religion«. Im Sommer von 7:30–9 Uhr, im Winter von 8:30–10 Uhr. Dabei stand unser Lehrer mit dem Rücken zum Ofen an der Längswand unseres Klassenraumes. Die ganze Klasse vom sechsten bis 14. Lebensjahr saß breitseitig zu ihm gewandt. Wir alle lauschten mit höchster Spannung seinen Erzählungen aus dem Alten und Neuen Testament: den Mosegeschichten, den Erzählungen von Joseph und seinen Brüdern, den Passionsgeschichten von Jesus. Wir freuten uns von einem Tag auf den anderen, für uns war das spannend wie Kino! Unser Lehrer konnte aber auch wunderbar erzählen. Natürlich mussten wir die Erzählungen im Religionsbuch nachlesen, nacherzählen und kamen damit auch dran. Ich selber war so voller Interesse, konnte sie schnellstens auswendig, sodass der Lehrer einmal sagte: »Ich wünschte, alle könnten so gut erzählen wie die Inge!«

Als ich dann 1935 zur Oberschule nach Gumbinnen wechselte, fand alles schon unter den Nazis statt! Anfangs hatten wir noch »Reli«, wie wir das nannten. Mit 14 Jahren kamen wir alle in den Konfirmandenunterricht. Die entsprechende Kirche in Gumbinnen war die reformierte Kirche in der Königstraße. Mein Vater ging nie zu den Gottesdiensten in die reformierte Kirche; warum, weiß ich nicht. Allerdings in den eineinhalb Jahren meiner Gumbinner Konfirmandenzeit fuhr er jeden Sonntag per Auto mit mir in die »altstädtische« Kirche.

1939 trennten sich meine Eltern und meine Mutter zog mit mir nach Potsdam. Dort setzte ich den Konfirmandenunterricht fort und zwar in der Garnisonskirche. Der Heerespfarrer Döring, den es dort gab, war bei der Wehrmacht angestellt und hatte für unseren Konfirmandenunterricht eine junge Vikarin, wahrscheinlich schon Pfarrerin, aber ohne Ordination, eine sehr nette adlige Dame, Inge Marie Freiin von Werthern. Eine schmale, sehr freundliche, sehr kluge junge Frau, deren Unterricht für mich interessant war. Sie erklärte uns die Bedeutung des Schöpfungsberichtes, was mich außerordentlich beeindruckte: So klug wie sie wollte ich auch einmal werden! Die Konfirmation vollzog Pfarrer Döring in der Garnisonskirche. Unsere Vikarin hatte mir einen wunderbaren Konfirmationsspruch herausgesucht: Jos 1, »Siehe, ich habe dir geboten, dass du getrost und freudig seist!«

Wenn ich diesen Spruch später hörte, bedeutete er mir einen Fingerzeig Gottes. Auch nach der Konfirmation ging ich jeden Sonntag in die Garnisonskirche zum Gottesdienst. Dort predigten verschiedene Pfarrer, immer sehr kritisch gegenüber den Nazis. Die Kirche war immer sehr voll ...

7. Was hat Sie dazu veranlasst, sich für den Beruf der Pfarrerin zu entscheiden?
Ich wollte einen für mich guten Beruf, da nach dem Zweiten Weltkrieg sieben Frauen auf nur einen Mann kamen! Eine Heirat war ausgeschlossen.

Nach unserer Flucht aus Potsdam gelangten wir nach Hameln/Weser. Dort lernte ich wieder eine Vikarin kennen, allerdings eine gestandene Pfarrerin, natürlich ohne Ordination. Es war Elisabeth Griesang, spätere Oberkirchenrätin in Hannover. Sie hatte einen Mädchenbibelkreis, dem ich vier Jahre angehörte. Unser Leben als Flüchtlinge hier im Westen war schwer und oft ging ich zu ihr, um sie um Rat und Hilfe zu bitten. Als ich ihr von meiner Absicht zum Theologiestudium erzählte, sagte sie nur zu mir: »Du musst immer sehr gut, eigentlich die Beste sein!«

Da hatte ich schon eine Ausbildung im Buchhandel absolviert. Aber der Beruf gefiel mir auf Dauer nicht. Ich ging in die Schweiz, um Hauswirtschaft zu lernen. Dort entschloss ich mich, Pfarrerin werden, und kehrte wieder nach Deutschland zurück.

8. Wann und wo haben Sie Theologie studiert?
Von 1951–1957 in Bethel, Heidelberg und Mainz.

Ich machte im Jahre 1957 in der Pfälzischen Landeskirche in Kaiserslautern mein erstes Theologisches Examen. Ich war von Hessen dorthin gewechselt, um keine große theologische Arbeit schreiben zu müssen. Das verlangte diese Landeskirche nicht.

9. Haben Sie weitere Fächer studiert?
Nein.

10. Welche Berufsausbildung haben Sie außerdem?
Buchhändlerlehre

11. Sind Sie vor dem Studium oder während des Studiums einer Erwerbsarbeit nachgegangen?
Ja, um das Studium zu zahlen und zu leben! Wir waren Flüchtlinge aus Ostpreußen.

12. Wenn ja, in welchen Bereichen?
Wo sich etwas fand! (Ich habe vergessen, wo.)

13. Welche Hochschullehrer und andere Personen aus Ihrem Umfeld haben Sie während Ihres Studiums besonders beeindruckt und sind Ihnen zu Vorbildern geworden?
Im Studium: Prof. Günter Bornkamm und Gerhard von Rad, später zwei Theologinnen. Neben den von mir benannten Professoren waren das die Vikarin Inge Marie Freiin von Werthern und Elisabeth Griesang, die auch Vikarin genannt wurde. Beide waren nicht ordiniert und deshalb nicht Pfarrerin. Für mich aber von größter Bedeutung. Kein Pfarrer hat mich so beeindruckt und berührt wie diese beiden »Vikarinnen«. Sie hatten mir zwei für mich wichtige Dinge vor Augen geführt: Einerseits die tiefere Erkenntnis von biblischen Texten, andererseits die Hilfe für Menschen in Not.

14. Was haben Sie diesen Lehrern und anderen Personen zu verdanken?
Günter Bornkamm war Neutestamentler und brachte uns diese Schriften besonders in seinen Seminaren nahe, indem er sehr gründlich auf unsere Fragen einging.

Prof. v. Rad gelang es, höchstes Interesse für das AT zu wecken. Für mich waren es alles sehr menschliche Fragen und Aussagen!

15. In welcher theologischen Disziplin bzw. welchen Disziplinen haben Sie hauptsächlich studiert?
AT, NT, Kirchengeschichte.

16. Was hat Sie daran am meisten interessiert?
Dass und wie die Bibel von Menschen geschrieben ist.

17. Worin sehen Sie im Rückblick den Ertrag Ihrer Vikarsausbildung (Predigerseminar und Gemeinde)?

Das Predigerseminar wurde mir erlassen, ich war zu alt.

Als Vikarin wurde ich ab 1. Januar 1958 an ein Mädcheninternat in Kaiserslautern zur Mithilfe bei der damaligen Leiterin versetzt. Ich musste morgens vor dem Frühstück immer eine kurze Andacht halten und im Übrigen mich um die Kinder kümmern, die viele Probleme hatten.

18. Was kam dabei zu kurz oder worüber hätten Sie gern mehr erfahren?

Nichts!

19. Wie viele Jahre und an welchen Orten waren bzw. sind Sie im Pfarrdienst?

Ich hatte keinen Gemeindedienst, nur Religionsunterricht, die längste Zeit an einer Oberschule in Offenbach am Main, dort hin und wieder Gottesdienste (»Predigten«).

Meinen Mann heiratete ich zu Pfingsten 1958 und zog dann zu ihm auf seine beiden ersten Pfarrstellen (Biebesheim/Rhein und Griesheim bei Darmstadt). Ich gab die Stelle in Kaiserslautern auf und bekam erstmal zwei Töchter, 1960 und 1964. In dieser Zeit arbeitete mein Mann im Religionsunterricht in Darmstadt, wo wir zehn Jahre blieben.

20. Welche Aufgaben haben Sie in dieser Zeit wahrgenommen?

Ich durfte, nachdem ich das nach den Geburten konnte, einige Stunden Religionsunterricht erteilen an den verschiedensten Schulen (Grundschule, Berufsschule, Oberschule) in Darmstadt.

Als mein Mann Studienleiter wurde (1972), zogen wir um nach Offenbach. Ich ging zum Oberkirchenrat Kratz und fragte, ob ich nun das 2. Theologische Examen machen könnte. Ich durfte noch in Darmstadt bei unserem Gemeindepfarrer ein halbes Jahr Vikarin sein und machte dann ein sehr gutes 2. Examen. Inzwischen durfte man auch als verheiratete Frau mit Kindern Pfarrerin werden.

Da mein Mann seine Stelle in Offenbach/Main hatte, zog ich nun auch nach Offenbach und hielt dort an einer Oberschule für Jungen und Mädchen 13 Jahre, von 1974–1987, Religionsunterricht, von denen ich allerdings ein ganzes Jahr krankgeschrieben war. Als ich mich bei der Kirchenleitung bewarb, war ich schon 50 Jahre alt und sollte kein Predigerseminar mehr besuchen. 1987 wurde ich pensioniert.

21. Welche davon haben Ihnen am meisten Freude gemacht?

Seelsorge an Kindern. Anhand biblischer Texte besprach ich mit den Schülerinnen und Schülern eigene Probleme. Es schien ihnen zu gefallen, sie kamen gerne zu mir. Meine Berufswahl habe ich auch nie bereut.

22. Welche kirchlichen Dienste haben Sie neben dem Gemeindepfarramt übernommen?

–

23. Was zeichnet für Sie einen guten Pfarrer bzw. eine gute Pfarrerin aus? (Wie sollten sie sein, was sollten sie können?)

Predigen! Auf Menschen und deren Schicksale zugehen und eingestellt sein!

24. Was kennzeichnet nach Ihrem Verständnis eine Christengemeinde?

–

25. In welcher Weise war oder ist Ihr Lebenspartner oder Ihre Familie an Ihrem beruflichen Alltag beteiligt?

Mein Ehemann war selbst Pfarrer. Die Töchter waren bei mir öfter im Gottesdienst.

26. Wenn Sie die evangelische Kirche beschreiben, was würden Sie allgemein und im Blick auf Ihre Landeskirche als besondere Merkmale (positiv und negativ) nennen?

Die hessen-nassauische Landeskirche (EKHN) ist sehr aufgeschlossen für Menschen.

27. Was ist für Sie das Beste und Schönste der evangelischen Kirche, und worin besteht ihre Schwäche oder Schattenseite?

Predigten! Es gibt »gute« und »schlechte«.

28. Wie sehen Sie die EKD auf dem Weg der Reformationsdekade bis 2017: hoffnungsvoll, skeptisch, enttäuscht, ...?

Skeptisch. Die jungen Leute sind ohne Interesse!

29. Welches ist oder war Ihr Hauptanliegen und Ihr vornehmstes Ziel im Pfarrberuf?

Was ich von den beiden Vikarinnen gelernt habe, das wollte ich auch selber als Pfarrerin vermitteln (siehe 13.).

30. Haben sich Ihr Anliegen und Ihr Ziel im Lauf Ihrer Dienstzeit verändert?

Nein.

31. Gibt es etwas, was Sie im Rückblick auf Ihre (bisherige) Dienstzeit als Pfarrerin bedauern oder gern anders gemacht hätten bzw. machen möchten?

Nein.

32. Wofür ist nach Ihrer Ansicht theologische Arbeit im Pfarrberuf unabdingbar?

Für das ganze Leben ist sie eine große Hilfe.

33. Wenn Sie nach Ihrem Glauben gefragt werden, was antworten Sie?
Ich glaube an Gott.

34. Was gehört für Sie persönlich zu einem Leben als Christ oder Christin?
Der Glaube an Gott.

Inge Volp hat einige Fragen handschriftlich beantwortet und für die übrigen Fragen auf Erinnerungen an ihre Kindheit und Jugend in Ostpreußen verwiesen, die sie in Gumbinner Heimatbriefen (Nr. 104-1/04-Juni 2004, 13-14; Nr. 127-2/15-Dezember 2015, 32-39) veröffentlicht hat. Ihre Antworten wurden zusammen mit Auszügen aus den Erinnerungen am 24. 2.2016 vom Herausgeber transkribiert. Für eine Antwort (zu Frage 7) wurde zusätzlich ein Zeitungsbericht herangezogen: Persönlich: Die Pfarrerin Inge Volp feierte ihren 90. Geburtstag. Lindenfels als die sechste Heimat, in: Bergsträßer Anzeiger vom 19. 2.2015.

In ihrem Ruhestand engagierte Inge Volp sich im Dekanatsfrauenausschuss, den sie selbst gründete. Sie setzte sich für die feministische Theologie ein, war in der Friedensbewegung aktiv und protestierte gegen Atomkraft.

21. Pfarrerin zu sein ist unglaublich erfüllend und schwer

Pfarrerin und Dozentin

Annette Cornelia Müller, 45 Jahre, Lage

Das Verhältnis meiner Eltern zur evangelischen Kirche ist höchst unterschiedlich. Mein Vater ist kirchenferner Katholik, hat sich aber zeitlebens intensiv für das dörfliche Gemeinwesen mit seiner Vereinsstruktur eingesetzt. Meine Mutter ist praktizierende Protestantin mit einem tiefen, reflektierten Glauben und ausdifferenzierten theologischen Auffassungen. Sie engagiert sich seit vielen Jahren als Prädikantin und übernimmt Verantwortung im Vorstand der Kirchengemeinde Waldems-Esch. Meine Eltern haben beide als Lehrer bzw. Lehrerin gearbeitet, wobei meine Mutter mit großer Freude Religionsunterricht an der Grundschule erteilt hat. Berufsbiographisch prägend war für mich gewiss, dass das Singen und Beten in meiner Kindheit so selbstverständlich war wie das Atmen und Essen. Meine Mutter lehrte mich überdies sehr früh, dass Glauben und Verstehen keine Gegensätze sind, sondern Pole, die sich ergänzen und wechselseitig durchdringen.

Meine eigenen Kinder zeichnen sich aus durch eine wache, kritische Haltung gegenüber der christlichen Religion und der evangelischen Kirche. Geprägt durch meinen Ehemann, der ebenso wie mein Vater Naturwissenschaftler ist, wird wohl keines meiner drei Kinder einen kirchlichen Beruf ausüben, auch wenn sie durchaus christlich sozialisiert wurden.

Das Sinnvollste, was ich in meiner Schulzeit gelernt habe, ist, systematisch mit Texten umzugehen. Dazu gehört, die Komplexität von Sach- und literarischen Texten entschlüsseln zu können sowie sie in eigenen Worten wiedergeben und interpretieren zu können. Ohne fundierte literale Kompetenzen ist kein erfolgreiches Theologiestudium denkbar. Die Freude an Literatur sowie an der Produktion von Texten ist das, was meine berufliche Praxis bis heute bereichert.

Nach meiner Konfirmation bis zum Abitur habe ich in meiner Heimatgemeinde in einem Kreis zur Vorbereitung von Gottesdiensten mitgewirkt. Dieser Kreis wurde geleitet vom Pfarrehepaar unserer Kirchengemeinde, Felizitas und Dieter Muntanjohl. Ausschlaggebend für die Wahl des Theologiestudiums war für mich, dass ich von ihnen in meiner intellektuellen Neugier gefördert und in meiner existentiellen Sinnsuche begleitet wurde. In meiner Jugendzeit, die von tiefen Glaubenszweifeln durchzogen war, haben Dieter und Felizitas Muntanjohl mir das Gefühl gegeben, als Suchende ernst- und als Gotteskind angenommen zu sein.

Nach dem Abitur im Jahr 1990 war ich zwar neugierig, was ein Theologiestudium beinhalten würde, dennoch hielten mich Vorurteile davon ab, mich für ein Studium der Volltheologie einzuschreiben. Deshalb immatrikulierte ich mich vorerst für ein Lehramtsstudium mit den Fächern Germanistik und Theologie. Nach kurzer Zeit jedoch wurde mir klar, dass mich das Germanistikstudium eigentlich nicht interessierte, und ich wagte den Sprung in die Volltheologie. Um diesem Studium, das ich als sehr theoretisch empfand, eine gewisse Bodenhaftung zu verleihen, wählte ich die Diplompädagogik als zweites Fach in einem Doppelstudium.

Die Systematische Theologie interessierte mich zwar sehr, ich fand es aber schwierig, mich in den Lehrveranstaltungen zu beteiligen, da ich anfangs so wenig von der Fachlektüre verstand. Von Beginn meines Studiums bis heute hat mich die Praktische Theologie am meisten begeistert. Besonders viel gelernt habe ich in Veranstaltungen zur Poimenik und Homiletik. In der Seelsorge fand ich es spannend, systemische Zusammenhänge zu ergründen und Lebenserfahrungen zu reflektieren. Das homiletische Lernen habe ich sehr genossen, weil wir die Diskussionen, die wir im Seminar begonnen hatten, in einer Gruppe von Studierenden den ganzen Tag bis weit in die Nacht hinein fortsetzten. Dabei ging es um eigene theologische Positionen, um *unsere* Wahrheiten, um unser Leben und unsere Erkenntnis. Es war *persönlich bedeutsames* Lernen, was dort stattfand. Von den Theologieprofessoren der Marburger Universität hat mich Dietrich Stollberg (Praktische Theologie) am meisten geprägt neben Siegfried Keil (Sozialethik). Im Neuen Testament habe ich mich intensiv mit dem Entmythologisierungsprogramm Rudolf Bultmanns auseinandergesetzt. Profitiert habe ich auch von einem selbst organisierten Lesezirkel: In einer Kleingruppe von drei Studierenden lasen wir Karl Barths »Römerbrief« und diskutierten darüber. Fundiertes und vernetztes Fachwissen habe ich mir im ersten Examen erworben. Intensiv lernend in einer Kleingruppe von fünf Studierenden wurden Wissensinseln zu einem Wissenspanorama weiterentwickelt.

In meiner Studienzeit hat mich eine Reihe von Menschen geprägt, u. a. meine Tanzlehrerin, die mich in Körperwahrnehmung schulte, sowie fünf Mitstudentinnen, mit denen ich in einem Kreis zur Vorbereitung von Frauengottesdiensten war. An der Universität waren es auch junge Wissenschaftler aus dem Mittelbau, bei denen ich viel gelernt habe: Michael Haspel, Martin Schindel und Birgit Müller. Diese Lehrkräfte waren altersmäßig noch »näher dran« an uns Studierenden. Ihnen gegenüber traute man sich Fragen zu stellen und Wissenslücken einzugestehen.

Während meines Studiums habe ich auch von einer pädagogischen Nebentätigkeit profitiert: Vier Jahre lang, in den Jahren zwischen 1992 und 1996, habe ich in Marburg in einem sozialen Brennpunkt als Honorarkraft für Jugendsozialarbeit gejobbt. Aufbauend auf einem Praktikum, das ich im Rahmen meines Pädagogikstudiums absolviert habe, betreute ich u. a. zwei Mädchengruppen. In der Jugendsozialarbeit habe ich Lebenswelten kennengelernt, die mir vorher verschlossen waren. Seitdem habe ich keine Berührungsängste mehr im Kontakt mit sozial benachteiligten Jugendlichen und kann mich mit Menschen dieses Milieus verständigen. Neben dieser Tätigkeit habe ich aushilfsweise als Köchin und als Servicekraft gearbeitet, in der Altenpflege sowie in der Betreuung schwerbehinderter Menschen. Ich bin überzeugt, dass man überall, wo man es mit Menschen zu tun hat, für die multidimensionalen Herausforderungen des Pfarramtes profitieren kann.

Persönlich prägend war für mich auch meine mehrjährige gestalttherapeutische Weiterbildung, die ich in den Jahren 1997–2004 in Marburg, Heidelberg und Bielefeld absolviert habe. In der Gestalttherapie lernt man, dem Hier und Jetzt einen hohen Stellenwert einzuräumen und Verantwortung für das eigene Leben zu übernehmen. Durch meine Lehrtherapeuten Christel Unseld-Nowak, Olga und Thomas Bungardt wurde meine Fähigkeit zur Selbst- und Fremdwahrnehmung geschult. In meiner jetzigen seelsorgerlichen Praxis kommen mir die dort gewonnenen Erkenntnisse sehr zugute.

Das Vikariat habe ich als Gast in der Lippischen Landeskirche absolviert. Da wir aus familiären Gründen 2001 nach Lage/Lippe gezogen waren, fragte ich beim Landeskirchenamt in Detmold an, ob es für mich als Angehörige der EKHN möglich sei, meine zweite Ausbildungshälfte in Lippe abzuleisten. 2002 begann ich mein Vikariat in der Evangelisch-reformierten Kirchengemeinde Heiden, einer lebendigen Dorfgemeinde, zu der acht kleinere Ortschaften und zwei Predigtstätten gehörten.

Die Ausbildung am Predigerseminar in Wuppertal war für mich sehr ertragreich, da Homiletik und Seelsorge vom selben Dozenten unterrichtet wurden, von Peter Bukowski. Weil Elemente der Selbsterfahrung konsequent verzahnt wurden mit theoretischen Impulsen, war es uns Vikaren möglich, nicht nur fachlich, sondern auch persönlich zu wachsen. Achim Reinstädtler, dem damaligen Dozenten in Gemeindeaufbau und Konfirmandenarbeit, verdanke ich neben fundierten Fachkenntnissen eine Frage, die ich auch heute noch als kritischen Maßstab anlege, wenn ich eine Aktion für Jugendliche meiner Gemeinde plane oder einen Kindergottesdienst vorbereite: »*Lohnt* sich das?!« Die Theorie-Praxisverzahnung in der zweiten Ausbildungsphase halte ich allgemein für sehr gewinnbringend. Wichtig war für mich in dieser Zeit auch, dass ich eine Vikariatsgemeinde hatte, in der ein »guter Geist« herrschte (in dieser Gemeinde bin ich jetzt auch Pfarrerin!). Mein Mentor agierte nicht nur mir gegenüber, sondern auch allen anderen Mitarbeitenden und Gemeindemitgliedern gegenüber wertschätzend und respektvoll.

Meinen pastoralen Hilfsdienst habe ich in den Jahren 2004–2005 in Bad Salzuflen absolviert. Interessant fand ich den Wechsel von einer Dorf- in eine Stadtgemeinde. Zu meinen Aufgabengebieten gehörten Kasualhandlungen und Gottesdienste, Konfirmandenarbeit, Seelsorgebesuche und Sitzungen. 2006 wurde ich ins

Ehrenamt ordiniert. Da in der Lippischen Landeskirche zu dieser Zeit ein kompletter Aufnahmestopp für Pfarrer bestand, musste ich mich beruflich umorientieren: In den Jahren 2008 bis 2014 habe ich als Trainerin für akademisches Schreiben sowie als Schreibberaterin gearbeitet. Angestellt als Wissenschaftliche Mitarbeiterin am Kompetenzzentrum Schreiben der Universität Paderborn, gehörte es zu meinen Aufgaben, Kurse für wissenschaftliches Schreiben durchzuführen und Lehrende verschiedener Disziplinen schreibdidaktisch weiterzubilden. Der Brückenschlag zur Theologie gelang mir durch mein Forschungsprojekt »Predigt schreiben«, das ich 2009 begann und 2014 mit der Promotion abschloss. Betreut wurde ich von Wilfried Engemann, der zunächst in Münster, dann in Wien Praktische Theologie lehrte bzw. lehrt. Meine Dissertation »Predigt schreiben. Prozess und Strategien der homiletischen Komposition« wurde im Sommer 2014 bei der Evangelischen Verlagsanstalt veröffentlicht.

Seit August 2015 habe ich eine halbe Pfarrstelle in Lage Heiden inne. Die andere halbe Pfarrstelle wird von meiner Kollegin Pfarrerin Brigitte Fenner bekleidet. Da wir einen Laienvorsitz im Kirchenvorstand haben, bin ich von vielen administrativen Aufgaben entbunden. Wie auch schon in Bad Salzuflen ist die pastorale Tätigkeit in Heiden äußerst abwechslungsreich. Gottesdienste vorzubereiten und zu feiern ist das Schönste an meinem Beruf, nicht nur, weil dort genuin theologisches Arbeiten erforderlich ist, sondern auch, weil ich als Person mit meinem Glauben davon profitiere. Daneben empfinde ich die Seelsorge als besonders intensiv. Als Seelsorgerin tätig zu sein ist bereichernd, aber auch schwer. Ich verbringe gerne Zeit mit hochbetagten Menschen, weil ich es so spannend finde, ihren Lebensgeschichten zu lauschen. Was ich aber auch genieße, ist die Arbeit mit Kindern und Jugendlichen. Unser neues Kindergottesdienstkonzept integriert zehn ehrenamtliche Helfer: junge Mütter und erfahrene Großmütter, Konfirmandinnen und ältere männliche Jugendliche überlegen miteinander, wie sie Sonntag für Sonntag ein spannendes und gehaltvolles Programm für Kinder unterschiedlicher Altersstufen »auf die Beine stellen« können. Im Bereich Gottesdienst experimentiere ich gerne: Im März beginnen wir, ein Konzept des Gottesdienstinstitutes der Nordkirche in unserer Gemeinde umzusetzen: Einmal im Vierteljahr werden sogenannte »Lebensexperten« in den Gottesdienst eingeladen, um der Gemeinde von ihren spezifischen Erfahrungen zu erzählen. Beim ersten Gottesdienst im März, in einem Passionsgottesdienst zum Thema »Geteiltes Leid«, wird beispielsweise die Leiterin des Detmolder Hospizes von ihrer Arbeit in der Sterbebegleitung berichten.

Neu an meiner jetzigen Tätigkeit ist, dass ich nun langfristig planen kann und nicht nur Kontakte knüpfe, sondern Beziehungen aufbauen darf. Neu ist auch, dass ich in meinem Wohnort, in Lage, eine koordinierende Funktion innehabe in der kirchlichen Arbeit mit Flüchtlingen. Als Sprecherin des Kontaktkreises Asyl ist es meine Aufgabe, die verschiedenen Akteurinnen und Akteure um einen Tisch zu versammeln und ins Gespräch zu bringen. Der

Kontaktkreis versteht sich auch als Unterstützungsorgan für die unabhängige und parteiische Flüchtlingsberatung in Lippe.

Neben meiner Tätigkeit als Pfarrerin arbeite ich mit geringem Stundenumfang freiberuflich. Ich biete Schreibwerkstätten für Pfarrer und Prädikanten an, daneben referiere ich auf Tagungen und Konferenzen über die Erkenntnisse, die ich in meiner Dissertation gewonnen habe. Daneben berate ich Predigende bei Schreibblockaden in der Predigtarbeit. Im Sommer 2016 habe ich einen Lehrauftrag für Homiletik an der Universität Göttingen inne.

Den Pfarrberuf zu ergreifen war für mich nicht wirklich eine Wahl, sondern eine innere Notwendigkeit. Getrieben von dem, was mich »unbedingt angeht« (Tillich), habe ich in Vikariat und Hilfsdienst erlebt, dass der Pfarrberuf so identitätsstiftend wirkt wie kein anderer. Dementsprechend schmerzlich war für mich die Erfahrung, dass mir der Zutritt zu dem Beruf aufgrund des notwendigen Personalabbaus der Landeskirchen so lange versperrt war.

Vorrangiges Ziel meiner Arbeit als Pfarrerin ist, Gemeindemitglieder in der Entwicklung ihrer religiösen Mündigkeit zu unterstützen. Ausgehend von unserer spirituellen Gleichrangigkeit vor Gott ermuntere ich Kinder, Jugendliche und Erwachsene, ihre religiösen Vorstellungen ins Gespräch zu bringen und ihre Vorstellungen vom Gemeindeaufbau zu verwirklichen. Auch sozial benachteiligten Menschen versuche ich auf Augenhöhe zu begegnen und sie als Mitarbeitende zu gewinnen. Meine Auffassung ist, dass Menschen dann eine Bindung an die Kirche entwickeln, wenn sie Aufgaben übertragen bekommen und Verantwortung übernehmen dürfen.

In den vergangenen Jahren habe ich vor allem zwei Personen viel zu verdanken: Meinem Mentor Wilfried Engemann bin ich dankbar für das Vertrauen, das er mir während meiner Forschungstätigkeit entgegenbrachte. Sein Optimismus und seine fachliche Expertise in der Forschungsplanung und der Homiletik haben mir ermöglicht, in meiner Dissertation verschiedene Bereiche zu integrieren: Schreibforschung und Schreibdidaktik einerseits, Homiletik und Predigtpraxis andererseits. Meiner Vorgesetzten am Kompetenzzentrum Schreiben der Universität Paderborn, Ingrid Scharlau, verdanke ich, dass ich als fachfremde Geisteswissenschaftlerin eine Anstellung an der Kognitionspsychologie gefunden habe. Darüber hinaus verdanke ich ihr viel Fachwissen: Durch sie habe ich schreibtheoretische Modelle kennengelernt, die ich für den homiletischen Diskurs fruchtbar machen konnte.

Meiner Familie danke ich für ihre Robustheit. Auch in Jahren hoher beruflicher Belastung waren mir mein Mann und meine Kinder ein sicherer emotionaler Rückhalt. Meine Mutter ist mir bis heute eine unersetzliche theologische Gesprächspartnerin und eine Seelsorgerin im besten Sinne.

Eine Pfarrperson ist meines Erachtens dann »gut«, wenn sie es geschafft hat, eine für sich stimmige Berufsrolle zu entwickeln. Maskenhaftes Auftreten ist dauerhaft weder für die Pfarrperson heilsam noch für die Gemeinde angenehm und glaubwürdig. Selektive Authentizität zu erreichen ist möglicherweise ein gutes Ziel für eine Pfarrperson: Sie muss bzw. sie *sollte* nicht alles nach außen zeigen, was sie bewegt, aber sie sollte auch ihren Gesprächspartnern kein Idealbild vorgaukeln. Eine gute Pfarrerin ist engagiert, ohne sich auszuzehren. Ein guter Pfarrer ist bereit, Neues auszuprobieren, ohne die Tradition über Bord zu werfen. Pfarrer und Pfarrerinnen wirken dann überzeugend, wenn sie sich Theologie und Tradition *angeeignet* haben, wenn sie die überlieferten Wahrheiten nicht nur kognitiv, sondern existentiell begriffen haben. Phrasen- und floskelhafte Rede wirkt dagegen distanzschaffend.

Eine Pfarrperson benötigt einerseits Führungskompetenz, andererseits die Bereitschaft und Fähigkeit, sich einzureihen. Kommunikative Kompetenz erachte ich für unabdingbar im Pfarrberuf. Dazu gehört die Fähigkeit, frei zu sprechen genauso wie hervorragende rezeptive Fähigkeiten: die Kompetenz, offen und aktiv zuzuhören.

Eine Christengemeinde ist in meinen Augen ein Zusammenschluss von Menschen, die gemeinsam auf dem Weg sind. Mit Christus in der Mitte richten sie sich aus auf das Licht. Lebendig ist eine Gemeinde, wenn Streit sein darf, ohne destruktiv zu werden. Dissens ist Ausdruck der Lebendigkeit. Kennzeichen der Gemeinde ist einerseits das gemeinsame Ringen um Wahrheit, andererseits die Geschwisterlichkeit, die Liebe und Verbundenheit. Die große Kraft, der Heilige Geist, ist das, was die Wärme und den Zusammenhalt dieser Gemeinschaft bewirkt.

Meine Familie nimmt oft einen Gegenpart zur Gemeinde ein: Sie ist mein Rückzugsort, der Ort, an dem ich regeneriere und keine Rolle ausüben muss. Selten nehmen Mitglieder meiner Familie an Gemeindeveranstaltungen teil, was ich einerseits schade finde, andererseits aber auch erholsam, weil Berufliches und Privates auf diese Weise recht deutlich getrennt sind.

Die EKHN hat sich meiner Meinung nach mit ihrer Personalpolitik der vergangenen 25 Jahre keinen Gefallen getan. Persönlich habe ich das EKHN-Auswahlverfahren für Pfarramtsanwärter als intransparent und unfair erlebt. Dass die evangelische Kirche in Deutschland inzwischen massive Nachwuchsprobleme hat, ist den Personalverantwortlichen dieser Jahre anzulasten.

Die größte Stärke der Evangelischen Kirche in Deutschland sehe ich darin, dass sie – im Kontrast zur römisch-katholischen Schwesterkirche – den Frauen die gleichberechtigte Teilhabe an allen Ämtern ermöglicht. Das presbyterialsynodale Element ist es, was zur Stärke unserer Kirche beiträgt. Dass die EKD sich in gesellschaftspolitischen Fragen so klar positioniert, macht sie in meinen Augen stark. Was ich mir für das Reformationsjubiläum wünsche, ist, dass wir als Kirche auch über unser Ureigenstes nachdenken. Ökumenische Verbundenheit ist wichtig, dennoch darf darüber nicht in Vergessenheit geraten, was das spezifisch Evangelische ist. Und dazu gehört beispielsweise, dass Lehrmeinungen nicht hierarchisch verordnet, sondern in der Gemeinschaft ausgehandelt werden. Was uns von der römisch-katholischen Schwesterkirche auch unterscheidet, ist unser Amtsverständnis. Das Priestertum aller Gläubigen ist ein hohes Gut, das es zu kultivieren gilt. Die religiöse Mündigkeit der eigenen Gemeindeglieder zu stärken sollte vorrangige Aufgabe derer sein, die ein pastorales Amt bekleiden.

Obwohl ich schon 45 Jahre alt bin, arbeite ich erst ein halbes Jahr im Pfarramt. Vikariat und pastoraler Hilfsdienst liegen mehr als zehn Jahre zurück. Was es wirklich bedeutet, Pfarrerin zu sein, entdecke ich jetzt erst neu. Für mich liegt der Reichtum des Pfarramtes darin, Menschen unterschiedlichster Altersstufen nahe sein zu dürfen. Ich habe Anteil an den großen Fragen, die Teenager stellen und Anteil an den Freuden und Nöten hochbetagter Menschen. Eine Pfarrerin versucht dem »Sein an sich« nachzuspüren. Ich begreife den pastoralen Dienst als Einübung in das Leben und Sterben im Angesicht Gottes. Ich bitte um den Heiligen Geist in meinem Tun, damit Menschen Gott als *das große Gegenüber* realisieren, als die Kraft, die retten und erlösen, begleiten und heilen kann.

Meine Aufgabe als Pfarrerin sehe ich darin, mit meinen geistlichen Schwestern und Brüdern auf dem Weg zu sein. Ich biete ihnen Begleitung als Seelsorgerin und ringe um ein Wort, das ihre Situation erhellt. Als Predigerin schöpfe ich aus unseren heiligen Quellen der Schrift und versuche meine Erkenntnisse zu öffnen auf die Lebenserfahrungen der Gemeinde hin. Die Relevanz, die *Aktualität* der christlichen Botschaft möchte ich vermitteln. Das Feuer, die Kraft des Evangeliums ist das, was uns als Gemeinde nährt und trägt. Manchmal bin ich als Pfarrerin diejenige, die andere auf dieses Feuer aufmerksam macht, manchmal sind es aber auch die Geschwister, die mich auf das Feuer hin ausrichten. Täglich nehme ich mit Demut zur Kenntnis, dass etliche meiner Glaubensgeschwister mir weit an Lebens- und Glaubenserfahrung, an Weisheit und Erkenntnis voraus sind.

Mein Ziel ist, Glauben und Vernunft immer wieder in Einklang zu bringen. An der Seite meiner Kollegin versuche ich, die in meiner Gemeinde verbreitete Atmosphäre von Wertschätzung und Respekt zu bewahren und zu kultivieren. Sozial benachteiligte Gemeindemitglieder und Gäste betrachte ich nicht als Objekte diakonischer Bemühungen. Vielmehr suche ich nach Möglichkeiten, sie gleichberechtigt teilhaben zu lassen als Glieder am Leib Christi. Als Pfarrerinnen versuchen wir Strukturen zu schaffen, in denen die Gaben aller Personen voll zur Geltung kommen können.

Wenn ich nach meinem Glauben gefragt werde, antworte ich, dass es mir vergönnt war, in ihn *hineinzuwachsen.* Gott war einfach *da* in meiner Kindheit, so selbstverständlich wie das Brot auf dem Tisch und die frische Wäsche im Schrank. Dass mein Glaube die Turbulenzen der Pubertät überstand, verdanke ich Pfarrerin Felizitas und Pfarrer Dieter Muntanjohl, die mich darin unterstützten, Glauben und Vernunft »unter einen Hut« zu bekommen. Ohne diese beiden Wegbegleiter, die mich konfirmiert haben, wäre mein Glaube wohl einer vernichtenden Skepsis anheimgefallen. Die Verkörperung von Annahme war wohl das, was mich an den beiden überzeugt hat sowie ein Satz: »Auch wenn du im Moment vielleicht nicht an *Gott* glauben kannst – sei dir sicher, er glaubt an *dich.*« Jetzt, als Erwachsene, begreife ich den Glauben als Fundament meines Lebens. Ohne den Glauben an Gott wäre meine Mitte instabil. Ich brauche den wöchentlichen Gottesdienst, um meine innere Ausrichtung auf Gott zu stärken. Im Gesang, im Gebet, im Hören auf Gottes Wort sowie im Gespräch mit meinen Glaubensgeschwistern erfahre ich Stärkung für meinen Glauben und für mein Leben.

Theologisch zu arbeiten im Pfarramt ist unabdingbar, damit die eigene geistige Kapazität nicht verkümmert. Das Predigen in einer Dorfgemeinde erfordert das Elementarisieren vieler Inhalte. Theologische Arbeit gewährleistet, dass das, was ich predige, sich nicht verflüchtigt in Allerweltswahrheiten. Ich bin darauf angewiesen, gute Literatur zu mir zu nehmen, um persönlich und professionell daraus zu schöpfen. Im Moment lese ich von Heribert Prantl »Der Zorn Gottes«. Prantl vermag es, große Fragen wie die Theodizeefrage so zu behandeln, dass ich sie ins Gemeindeleben transferieren kann. Er baut mir eine Brücke zwischen steiler Erkenntnis einerseits und den Fragen der gemeindlichen Basis andererseits.

Pfarrerin zu sein ist unglaublich erfüllend und schwer gleichzeitig. Erfüllend, weil es immer um die menschliche Existenz geht, und schwer, weil es eine riesige Herausforderung ist, den Dienst einzugrenzen. Die Arbeit einer Pfarrerin ist »nie getan«. Schwierig an meiner jetzigen Stelle ist, dass sie von einem vollen auf einen halben Dienstumfang reduziert wurde, ohne dass die Tätigkeitsgebiete verringert wurden. Die Erwartungen der Gemeinde sind dieselben wie zu Zeiten, als die Gemeinde noch über zwei volle Pfarrstellen verfügte. Nun teilen sich aber zwei Pfarrerinnen eine volle Pfarrstelle. Um mir eine ausreichende Altersversorgung zu erarbeiten, wäre es notwendig, ein volles Gehalt zu beziehen. So arbeite ich zwar annähernd voll, verdiene aber nur die Hälfte, was manchmal frustrierend und bezüglich meiner finanziellen Zukunft riskant ist, zumal ich mehrfach Kindererziehungszeiten und wiederholte Phasen der Arbeitslosigkeit in meiner Berufsbiographie zu verzeichnen habe.

Christsein kann meines Erachtens auf sehr unterschiedliche Weise gelebt werden. In den letzten Jahren war ich oft in der Evangelisch-methodistischen Gemeinde Lage zu Gast und war berührt von der Konsequenz, mit der die Glieder dieser Kirche versuchen, der christlichen Botschaft mit ihrem Leben Ausdruck zu verleihen. Jetzt, als Pfarrerin einer volkskirchlich geprägten Gemeinde, erlebe ich, dass der Glaube in dieser Gemeinde in großer Freiheit praktiziert wird. Die evangelische Kirche lebt von Freiheit *und* von Verbindlichkeit. Jeder Christ, jede Christin steht eigenverantwortlich vor Gott. Mir persönlich ist es wichtig, den Zuspruch Gottes stark zu machen und den Anspruch an den Menschen dennoch nicht in Vergessenheit geraten zu lassen.

Ausgedient? Die Kirche und ihre Pfarrer im »Ruhestand«

Eine Problemanzeige zum Schluss: Wie gehen Pfarrer mit dem »Ruhestand« um? Und wie geht die Kirche mit ihren Emeriti um? Die Beiträger der vorliegenden Sammlung wurden nicht explizit danach gefragt. Gleichwohl lässt sich aus den Antworten der Emeriti erschließen, wie unterschiedlich dieser Lebensabschnitt erlebt wird.

Ein Emeritus hat nach seinem offiziellen Dienstende noch rund 18 Jahre lang regelmäßig Vertretungsdienste in ländlichen Kirchengemeinden übernommen, bis es ihm aus Gesundheitsgründen nicht mehr möglich war (Nr. 1); andere übernehmen solche Dienste ebenfalls gern (Nr. 2, 18), ein anderer wird, obwohl er dazu bereit wäre, kaum angefragt (Nr. 3). Es gibt Emeriti, die ihre Freiheit nutzen, Nein zu sagen, und selten Vertretungsdienste wahrnehmen (vgl. Nr. 4). Einer der befragten Emeriti engagiert sich sehr bewusst nur noch bei einer Schwesternschaft und einer freikirchlichen Gemeinde (Nr. 5), ein anderer in kirchlichen Projekten und im christlich-jüdischen Dialog (Nr. 18). Eine aus dem Schuldienst emeritierte Pfarrerin hat sich mehr als 20 Jahre lang nach ihrer Versetzung in den Ruhestand ehrenamtlich in Kirche und Gesellschaft engagiert (Nr. 20). Der ostdeutsche Emeritus ist, da sein Nachfolger-Ehepaar sich zur Verwaltung von nunmehr 15 Gemeinden (!) nicht mehr imstande sah, weiter in ›seiner‹ alten Gemeinde mit Gemeindearbeit beschäftigt, wenn auch in geringerem Umfang (Nr. 19).

Natürlich haben emeritierte Pfarrer die *Freiheit*, pastorale Aufgaben dort zu übernehmen, wo sie darum gebeten werden und wo ihre Dienste, wenn sie sich selber dafür anbieten, erwünscht sind. Sie können nicht regulär zu solchen Diensten verpflichtet werden. Aber man kann sie anfragen und ihnen damit vermitteln: Wir legen Wert auf euren Beitrag! Ihr könnt uns etwas Wichtiges geben! Das gilt unabhängig von der kirchlichen Stellensituation, hängt also nicht von der Zahl vakanter Pfarrstellen oder der Zahl an Nachwuchskräften ab.

Wie in der Gesellschaft, wo jeder zweite Arbeitnehmer ab 55 gern den Übergang in den Ruhestand flexibler gestalten würde,[65] verhält es sich bei nicht

---

[65] Vgl. Ältere wollen länger arbeiten, in: FAZ Nr. 43 vom 20./21.2.2016, C 1.

wenigen Pfarrern. Sie würden bei reduzierter Arbeitszeit und in begrenzten Aufgabenfeldern gern noch weiterarbeiten. Da die evangelischen Kirchen unter einem akuten Nachwuchsmangel für den Pfarrberuf leiden, dürfte der Wunsch nach flexiblen Übergangslösungen für die letzten Dienstjahre aber kaum erfüllt werden. Vielmehr wird darauf gesetzt, dass Pfarrer bis zu ihrer »Entpflichtung«, d. h. in der Regel bis 67, auf einer ganzen Stelle arbeiten und danach freiwillig als Vertretungskräfte zur Verfügung stehen. Eine vorausschauende Personalpolitik sieht anders aus. Sie würde a) die wählerische Generation Y umwerben und für den Pfarrberuf mit flexiblen Bedingungen zu gewinnen suchen, b) die in parochialen und/oder funktionalen Ämtern bewährten Pfarrer gezielt nach ihren Begabungen fördern und c) die Kenntnisse und Erfahrungen von Emeriti stärker einbeziehen und abrufen. Tatsächlich wird jedoch vor allem die erste Aufgabe wahrgenommen, die zweite unzulänglich und die dritte überhaupt nicht.

Die Landeskirchen nehmen das Potential an Lebens- und Berufserfahrung, das die Emeriti mitbringen, nicht in Anspruch. Weder für die Aus- und Fortbildung von Pfarrern, noch für geistliche, seelsorgliche und theologische Beratung werden Emeriti in nennenswertem Maß angefragt. Ausnahmen bilden die Bereiche Kur- und Urlauberseelsorge, die ohne die Hilfe von Emeriti nicht auskommen. Einladungen zu Pfarrkonferenzen, früher selbstverständlich, sind nicht mehr überall die Regel. Die EKHN hat die Emeriti schon vor Jahren aus ihrem allgemeinen Adressenverzeichnis für Pfarrer gestrichen und führt nur noch eine lückenhafte interne Ruheständlerliste. Wie viele Emeriti werden als Prüfer im Zweiten Theologischen Examen herangezogen? Wo sind sie an der Lektoren- und Prädikantenausbildung beteiligt? Wo gibt es Fortbildungstagungen und Pastoralkollegs mit Emeriti als Referenten? Dabei könnten beide Seiten von regelmäßigen Begegnungen Nutzen haben, die im regulären Dienst tätigen und die emeritierten Pfarrer.

Der Pfarrkollege, dessen Beitrag ich den Titel dieses Buches entliehen habe, schrieb: »Ich bin als Pfarrer nichts Besseres als meine Gemeinde. Ich werde dafür bezahlt, dass ich mir mehr Zeit nehmen kann und soll, mir über geistliche Dinge Gedanken zu machen und diese an meine Gemeinde weiterzugeben« (Nr. 9). Sich mehr Zeit als andere zu nehmen zum Nachdenken über geistliche Dinge – Pfarrer sollten das können, dafür werden sie bezahlt. Gute Pfarrdienstordnungen sehen das auch vor; nur werden sie auf nicht wenigen Stellen im parochialen Pfarrdienst durch zunehmend erschöpfende Arbeitsbedingungen konterkariert. Die Emeritierten – die »Ausgedienten« – *haben* Zeit. Sie können frei entscheiden, wofür sie sie verwenden, sind also selbst dafür verantwortlich, womit sie ihre Zeit füllen. Aber die Leitungskräfte in den Kirchenkreisen (Propsteien, Superintendenturen, Dekanaten usw.) und Personalreferaten der Landeskirchen, die jetzt vor allem nach jungem, einsatzfreudigem Nachwuchs für pastorale Dienste Ausschau halten, sind auch verantwortlich für den Umgang mit »Ruheständlern«. Sie sollten sich nicht erst dann auf sie besinnen, wenn sie als Personalplaner und Personalentscheider mit ihrer Weisheit am Ende sind.

Bei der Befragung zur Berufsbiographie fragte ich die Emeriti nicht danach, ob sie sich, wenn sie die Möglichkeit dazu hätten, noch einmal für den Pfarrberuf entscheiden würden. Deshalb sei hier eine prominente Stimme zu dieser Frage zitiert. In einem Interview erklärte der damals 88jährige Martin Niemöller, der Pfarrberuf sei für ihn »die einzige Möglichkeit einer subjektiv anerkannten und gefundenen Erfüllung. Dafür würde ich heute noch mal selbst das Theologiestudium (!) auf mich nehmen, um Gemeindepfarrer zu werden«. Allerdings würde er, wie er in demselben Gespräch hinzusetzt, »nicht in einer sogenannten Landeskirche« ein Pfarramt übernehmen wollen.[66] Was für eine Kirche das sein soll, sagt er nicht. Es müsste wohl eine Freikirche sein, d. h. eine in Niemöllers Sinn *bekennende Gemeinde*, deren Glieder Jesus als den Herrn anerkennen und mit ihm leben wollen.

Sein Votum trifft auch heute, 35 Jahre danach, einen empfindlichen Punkt. Die Frage nach der Zukunft des Pfarrberufs hängt ja untrennbar zusammen mit der Frage nach Form und Substanz der verfassten Kirche, in der dieser Beruf ausgeübt werden soll. Was für eine Kirche hat Zukunft? Eine Kirche ohne Inhalt, die nur »Staffage« (Niemöller) ist, eine Kirche, die den Trends ihrer Zeit hinterher läuft, hat keine Zukunft. Kirche wird nur, indem sie neu wird. Und das kann nicht anders geschehen als durch gelebten Glauben. Die Kirche wird, entgegen Niemöllers Annahme, nur dadurch neu, dass sie »erglaubt«, d.h. im Glauben neu wahrgenommen wird. Denn Kirche existiert nur in der Spannung zwischen geglaubter und erfahrener Kirche, sie geht niemals nur in der erfahrenen Kirche auf. In seinem Unmut über die Theologen und den katholisierenden alten Weggefährten Hans Asmussen ließ Niemöller sich zu dem Kurzschluss hinreißen, ein evangelischer Christ brauche nicht an die Kirche zu glauben. Aber darin besteht gerade die typisch protestantische Schwäche: Kirche als lediglich empirische Größe zu behandeln, die man je nach den Erfordernissen der Zeitumstände so oder so ›reformieren‹ kann, für ein Leben als Christ, als Christin aber eigentlich nicht benötigt. Deswegen ist Niemöller hier entschieden zu widersprechen: an die Kirche zu glauben ist keineswegs bloß ›katholisch‹, keine Besonderheit nur der römisch-katholischen Schwesterkirche, sondern durchaus auch evangelisch. Kirche will visionär erglaubt sein.[67] Wie soll denn eine Pfarrerin, ein Pfarrer, es aushalten, auch mit der verfassten Kirche aushalten, ohne Kirche zu erglauben? Diejenigen, die künftig Pfarrer werden wollen, werden neue Wege gehen müssen, um die Menschen zu erreichen. Aber ohne sich täglich im Glauben an die Kirche zu üben

---

66 Was ist aus dem Neuanfang geworden?, in: MARTIN NIEMÖLLER, Was würde Jesus dazu sagen? Reden – Predigten – Aufsätze 1937–1980, hrsg. von WALTER FEURICH unter Mitarbeit von CARL ORDNUNG, (Ost-)Berlin 1980, 272–285, hier: 282 und 284.

67 Vgl. MARTIN LUTHER, Vorrede zur Offenbarung des Johannes (1530), in: WADB 7, 418f. Dazu CHRISTIAN MÖLLER, Lehre vom Gemeindeaufbau, Bd. 2, Göttingen 1990, 161–184.

werden sie scheitern. Sie brauchen das Gespräch mit denen, die ihnen im pastoralen Dienst vorangegangen sind (was auch erlaubt, ihnen zu widersprechen), sonst werden sie ihren schönen und schweren Beruf nicht ausüben können.

Mit 67 Jahren schrieb Heinrich Niemöller, nachdem er 40 Jahre (!) sein Pfarramt geführt hatte, einen »Pastorenspiegel«, den er »in herzlicher, väterlicher Liebe« seinen Söhnen Martin und Wilhelm widmete, die beide Pfarrer geworden waren. Mag seine Sprache und Denkweise uns heute auch altväterlich anmuten, mag sein Vergleich von Pfarrer und Soldat uns auch befremden, so bringt dieser alte westfälische Pastor doch eine Auffassung von seinem Beruf zum Ausdruck, die geeignet ist, einer Pfarrperson für schwierige Zeiten Mut zu machen: Wie ein Soldat, der sein Vaterland verteidige, so müsse ein Pastor mit geistlichen Waffen (Eph 6) »erst recht für die ungleich wertvolleren Güter wehrend und wahrend, bauend und hauend in die Schranken treten: für das heilige Evangelium, das, wie der Schrein das Kleinod, unseren einigen Trost im Leben und im Sterben in sich birgt, für das mit Blut und Tränen benetzte Erbe der Väter, auf daß wir es unversehrt und ungeschmälert an unsere Kinder und Enkel weitergeben, für unsere teure evangelische Kirche, von der es trotz aller Flecken und Runzeln dennoch gilt: ›Sie ist mir lieb, die werte Magd, und kann ihr'r nicht vergessen.‹«[68]

Die Liebe zur evangelischen Kirche fällt Pfarrern nicht einfacher zu als ihren Glaubensgeschwistern in den Gemeinden. Sie ist nur da, wo für sie gekämpft und gestritten wird. Auch die Emeritierten müssen für ihre Liebe zur Kirche kämpfen, damit sie nicht erstirbt.

---

[68] Heinrich Niemöller, Ein Pastorenspiegel, Elberfeld ^{2}1929, 49.

Über den Herausgeber

Dr. theol. habil. Michael Heymel, geb. 1953 in Frankfurt am Main, ist ordinierter Pfarrer der Evangelischen Kirche in Hessen und Nassau (EKHN), auf eigenen Wunsch seit März 2016 im »Ruhestand«. Zusammen mit seiner Frau, der Altenheimseelsorgerin und Gemeindepfarrerin Felizitas Muntanjohl, lebt er in Wiesbaden. Er hat aus erster Ehe drei erwachsene Söhne.

Michael Heymel war 24 Jahre in hessischen Landgemeinden tätig, danach mehr als sieben Jahre im Vertretungsdienst in Darmstädter Kirchengemeinden und im Pfarrdienst in Trebur und Astheim. Von 1991–2006 war er als Beauftragter für Prädikantenausbildung im Dekanat Rimbach (später: Bergstraße SÜD, heute: Bergstraße) und von 2007–2008 als Referent für Ehrenamtliche Verkündigung in der EKHN tätig. Von 1998–2004 gehörte er als gewähltes Mitglied der 9. Kirchensynode der EKHN an. Seit 2008 widmet er sich als theologischer Mitarbeiter im Zentralarchiv der EKHN in Darmstadt zeit- und kirchenhistorischen Projekten, u. a. der Edition aller Predigten aus der Dahlemer Zeit Martin Niemöllers und einer Darstellung der hessen-nassauischen Geschichte der Kirchenmusik.

Wissenschaftlicher Werdegang: 1984 erfolgte die theologische Promotion bei Prof. Dr. Lothar Steiger in Heidelberg mit einer Arbeit über Sören Kierkegaard, es folgten Lehraufträge in Frankfurt am Main und Heidelberg sowie 2003 die Habilitation bei Prof. Dr. Karl-Heinrich Bieritz in Rostock für das Fach Praktische Theologie mit einer Arbeit über Seelsorge und Musik. Von 2004–2012 war Michael Heymel als Privatdozent für Praktische Theologie an der Universität Heidelberg tätig, hier kam es zur Zusammenarbeit mit Prof. Dr. Christian Möller. Michael Heymel hat zahlreiche Bücher zur Praktischen Theologie veröffentlicht.

Homepage: http://www.michaelheymel.de